华信经管创新系列

Enterprise crisis management

企业危机管理

向荣 岑杰□主编

電子工業出版社
Publishing House of Electronics Industry
北京·BEIJING

内容简介

本书从管理学科的基本思路和框架出发，将企业危机管理的体系划分为“基础篇”“职能篇”和“网络篇”三大部分。在“基础篇”中，主要介绍危机、危机管理、企业危机管理的基本概念、特征、模式和原则，并根据传统的预警-处理-恢复的顺序，奠定整个危机管理的基础。进而，在“职能篇”中，结合“管理学”的职能观点，从沟通、领导和决策这三个职能出发，进一步凸显出了危机管理的“管理”特性，把握住危机得以解决的组织基础和管理基础。最后，针对互联网给企业和社会带来的极大冲击，在“网络篇”中分析网络危机和网络舆论管理的重要性和应对策略。本书基于“过程—职能—网络”来构建企业危机管理课程的传统内容、学科基础和前沿情景，希望对丰富和完善企业危机管理课程的建设与发展有一定的贡献。

本书是大学工商管理专业必修课程，同时也适用于相关商科专业读者阅读、学习、培训与参考使用。

图书在版编目（CIP）数据

企业危机管理/向荣，岑杰主编. —北京：电子工业出版社，2016.5
（华信经管创新系列）
ISBN 978-7-121-28821-0

Ⅰ. ①企…　Ⅱ. ①向…②岑…　Ⅲ. ①企业危机-企业管理　Ⅳ. ①F272

中国版本图书馆 CIP 数据核字（2016）第 103926 号

策划编辑：王赫男
责任编辑：王赫男
印　　刷：河北虎彩印刷有限公司
装　　订：河北虎彩印刷有限公司
出版发行：电子工业出版社
　　　　　北京市海淀区万寿路 173 信箱　邮编 100036
开　　本：787×1092　1/16　印张：12.75　字数：327 千字
版　　次：2016 年 5 月第 1 版
印　　次：2025 年 7 月第15次印刷
定　　价：49.00 元

凡所购买电子工业出版社图书有缺损问题，请向购买书店调换。若书店售缺，请与本社发行部联系，联系及邮购电话：（010）88254888，88258888。

质量投诉请发邮件至 zlts@phei.com.cn，盗版侵权举报请发邮件至 dbqq@phei.com.cn。

本书咨询联系方式：wanghn@phei.com.cn。

前　言

现代企业危机频现，给其生存与发展带来了巨大的威胁，也许仅仅因一项重大危机的处理不当，便会使苦心经营多年建立起来的企业迅速崩塌。管理学大师彼得·德鲁克曾在其所著的《21 世纪的管理挑战》一书中做过粗略统计，美国大约有 85% 的企业在危机发生一年后就会处在倒闭破产的边缘，或者已经消失，而国内也不乏这样的案例。随着市场竞争激烈化、互联网技术发展而引发的信息大爆炸，以及全球一体化程度加深，越来越多的企业面临难以应对的危机。如何建立起危机事件预防及处理的模式、策略，有效防范危机、转危为安，逐渐被企业所重视。

到目前为止，"企业危机管理"的知识体系、核心内容和分析框架尚处于探索状态，相应地，不同的教材基于编者自身的认知和偏好进行编撰，体现出了这门课程极大的知识流动性质和知识探索性质。相较而言，从"过程"的角度来建立企业危机管理课程结构的做法占主流。本书从管理学科的基本思路和框架出发，将企业危机管理的体系划分为"基础篇"、"职能篇"和"网络篇"三大部分。在"基础篇"中，主要介绍危机、危机管理、企业危机管理的基本概念、特征、模式和原则，并根据传统的预警—处理—恢复的顺序，奠定整个危机管理的基础。进而，在"职能篇"中，结合"管理学"的职能观点，从沟通、领导和决策这三个职能出发，进一步凸显出了危机管理的"管理"特性，把握住危机得以解决的组织基础和管理基础。最后，针对互联网给企业和社会带来的极大冲击，在"网络篇"中分析网络危机和网络舆论管理的重要性和应对策略。本书基于"过程—职能—网络"来构建企业危机管理课程的传统内容、学科基础和前沿情景，具有一定的特色。

本书由浙江工商大学工商管理学院向荣和岑杰主编。在 2015 年教育部公布的学科评估结果排名中，浙江工商大学工商管理学科全国排名第 24 位；工商管理专业是浙江省省级重点专业。依托于相对领先的学科建设，保证了本书的高起点和高水准。

向荣和岑杰全面负责本书的体系设计、观点提炼、内容撰写和校对定稿，同时有部分学生参与了本书不同章节的编写过程，具体包括：吴东霞、周奕婷、汪晓萌、徐信、庞雨润、吴琳霞、胡冬冬、谢静含、王楚韵、俞囡。

本书提供配套的课程讲授 PPT（请与出版社联系或者发电子邮件至：mbazuye@126.com）。另外，作为本书的配套和延伸，浙江工商大学企业危机管理课程组还将继续出版《〈企业危机管理〉配套习题集》《企业危机管理案例集》等相关书籍，敬请关注。

本书编写过程中，参考了国内外相关的著作、报刊和网络资料等，对案例和有关资料的原始作者，我们在书中做了详细的标注，并同时在此深表谢意。本书的出版得到了电子工业出版社王赫男编辑的帮助，在此一并表示感谢。

向荣　岑杰

2016 年 2 月

前言

目　录

第一篇　基　础　篇

第二篇 职 能 篇

第三篇 网 络 篇

第一篇 基 础 篇

第1章

企业危机管理概述

管理箴言

21 世纪，没有危机感是最大的危机。

——理查德·帕斯卡尔(哈佛商学院教授)

本章要点

- 危机的定义、特征、类型及生命周期
- 企业危机的定义及类型
- 企业危机管理的内涵、特征、原则及模式

引导案例

马航 MH370 失联事件

2014 年 3 月 8 日凌晨 2 点 40 分，马来西亚航空公司称一架载有 239 人的波音 777－200 飞机与管制中心失去联系，该飞机航班号为 MH370，原定由吉隆坡飞往北京。该飞机本应于北京时间 2014 年 3 月 8 日 6 点 30 分抵达北京，马来西亚当地时间 2014 年 3 月 8 日凌晨 2 点 40 分与管制中心失去联系。失去联络的客机上载有 227 名乘客(包括两名婴儿)和 12 名机组人员，其中有 154 名中国人(其中中国大陆 153 人，中国台湾 1 人)。24 日晚 10 点，马来西亚总理纳吉布宣称失联的马航 MH370 客机在南印度洋坠毁，无人幸存。

在事件发生后，马航并没有在第一时间发布消息，而是在时隔 7 小时之后才发布第一份新闻稿，对于这样的做法，引起公众的强烈不满与疑惑，并且对于救援工作的展开也是不利的。随后，马航在 MH370 失联 13 小时后召开第一次新闻发布会，发布会不仅比原计划推迟半小时开始，还几次更换场地，整场发布会仅持续 5 分钟就结束。此次新闻发布会并没有起到相应的作用，反而引起媒体和家属们的不满。同时马航对于事件进展没有及时发布应有的消息，使得外界谣言四起、真相迷离……

资料来源：改编自 360 百科，词条“3.8 马来西亚飞机失联事件” http://baike.so.com/doc/7358420-7625031.html

1.1 危机

1.1.1 危机的定义

中文"危机"一词来源于三国时期魏国吕安的《与嵇茂齐书》："常恐风波潜骇，危机密发。"这里的危机亦作"危几"，指的是潜伏的祸害或危险。而危机(Crisis，即Crimein)最早源于希腊语，意思是决定(to decide)。在《韦斯特词典》里，把危机定义成"决定性或至关紧要的时间、阶段或事件"。19世纪60年代，随着市场竞争的加剧，企业生存的环境越来越险恶，企业危机管理作为一门新兴学科就此应运而生。但在企业危机管理领域，对危机概念的界定一直没有统一的说法，不同学者从不同角度给出了不同的观点。

赫尔曼(Hermann)早在1969年时，对危机的定义给出系统性表达，并为学者所接受。赫尔曼从情境角度，认为危机是一种出乎决策者意料之外的情境状态，决策者想要达成的根本目标受到威胁，并且可供决策者改变决策的反应时间非常有限①。

美国传播学者里宾杰(Lerbinge，1997)认为，危机是对公司未来的获利率、成长甚至生存，产生潜在威胁的事件。并认为危机具有三种特性：一是管理者首先要认知到威胁的存在，并相信这种威胁会阻碍公司发展的优先目标的实现；二是管理者必须认识到如果不采取行动将会使情况恶化并达到无法挽回的地步；三是这种威胁是突然间遇到的，具有突发性②。

巴顿(Barton，1993)作为危机管理领域的权威，认为危机是"一个会引起负面影响的具有不确定性的大事件，此事件及其后果可能对组织以及其中的员工、产品、服务、资产和声誉造成重大损害"③。巴顿教授已经考虑到危机对企业声誉影响的问题。

华盛顿大学传播学教授班克斯(Banks,1996)把危机定义为可能会对组织产生潜在负面影响的事件总和，包括对组织的产品或名声等④。

皮尔逊和克莱尔(Pearson & Clair)从多学科背景来定义危机，结合心理学、政治学、社会学以及科技哲学角度认为，危机是一种由关键利益关系人所认知且主观经验判断的情境，发生概率低但对组织有高度的影响性和威胁性；由于其产生的原因、结果和解决方法都混沌不清，常常会导致群体心理共享的意义、信念和价值的损失甚至毁灭。⑤

中国学者胡百精(2005)提出，危机是由组织外部环境变化和内部管理不善造成的可能破坏正常秩序、规范和目标，要求组织在短时间内做出决策，调动各种资源，加强沟通管理的一种威胁性形态或状态。他认为将危机定义为事件的做法是狭隘的，危机的发生和组织

① Hermann, C. F. International crisis: Insights from behavioral research [J]. New York: Free Press, 1969.
② Otto Lerbinger. The crisis manager: Facing risk and responsibility(Lawrence Erlubaum Associates: New Jersey), 1997
③ 劳伦斯·巴顿. 组织危机管理 [M]. 符彩霞. 译. 北京：清华大学出版社，2002.
④ Kathleen Fearn- Banks. Crisis Communication: A Casebook Approach [M]. Lawrence Erlubaum Associates: New Jersey, 1996.
⑤ Pearson, C. M., Clair, J. A. Reframing crisis management [J]. Academy of Management Review, 23(1):59-76.

内外部的构成要素、运作规则及发展环境的异化有关，危机是涉及内外部多重利益主体的复杂情境。①

刘刚（2013）将危机界定为："危机是一种对组织目标的实现构成威胁，要求组织必须在极短的时间内做出关键性决策和进行紧急回应的突发性事件。"②

李志祥和刘铁忠等（2014）认为危机是："由组织（政府或企业）内部或外部因素引起，造成特定对象运行严重失衡，引发社会性不良后果，进而对不特定人群利益和国家利益造成重大损害和威胁的紧急态势或事件。"③

根据上述学者对危机定义的不同理解可以发现，首先，危机是一种情境，也可以说是特殊的危急的事件，而这种情境是混沌的、不清晰的，是由不平衡和混乱状态引发的。其次，危机是潜在发生的，开始时并未引起组织的注意，意味着一旦组织有所察觉并快速反应，将会大大减小危机的破坏性。最后，危机会威胁到组织的利益相关者及资产。危机处理不当可能会导致组织利益相关者的利益受损，组织的产品、服务、品牌、声誉等受到毁灭性伤害。因此，本书将危机定义为：**危机是潜在于组织中、对组织目标构成威胁的突发性事件，并要求组织及时作出决策和采取行动。**

1.1.2 危机的特征

1. 突发性

任何危机在发生之前都具有一定的征兆，但是人们往往会忽视这些征兆和潜在威胁因素。所以一旦危机爆发，个人、组织和社会都会感到措手不及、难以应付。而这个过程也就是一个量变到质变的飞跃，处理危机时，需要快速反应能力、决策能力以及非凡的领导力。如2008年汶川大地震，虽然在发生之前有一些征兆，但并没有引起民众和政府的注意，在危机发生之后，对社会和政府的应急能力是个严峻的考验。

2. 危害性

危机具有危害性是毋庸置疑的。所有的危机都必然会给国家、社会、企业和个人带来不同程度的破坏，危害性是危机的本质属性。2002年的SARS病毒和2004年印度洋大海啸给整个人类带来了巨大的伤害，成千上万的人失去家园甚至生命。除自然危机外，企业一旦发生危机，企业的员工首先会陷入震惊和恐慌之中，打乱了企业正常的运作秩序，影响了企业产品和服务的供给，甚至影响企业的资产、声誉和最优目标的实现。在三鹿集团爆发了"三聚氰胺事件"之后，偌大企业轰然倒塌、今非昔比，不仅给自身造成了不可挽回的伤害，也给整个行业带来前所未有的危机。

3. 不确定性

不确定性是危机的最重要特征，很多学者以此作为危机定义的内涵之一。危机的不确

① 胡百精. 危机传播管理［M］. 北京：中国传媒大学出版社，2005.

② 刘刚. 危机管理［M］. 北京：中国人民大学出版社，2013.

③ 李志祥，刘铁忠，陈妍，等. 危机管理专题研究［M］. 北京：国防工业出版社，2014. 2.

定性体现在危机是否会发生、危机的影响范围、危机的发展趋势、危机的结果等方面。这些不确定性表现了危机的低度可控性。一旦决策失误，在危机的动态变化过程中会引起连锁反应，可能会走向完全相反的结果。

4. 紧迫性

在危机发生之后，个人、组织、政府、社会等都应该在第一时间做出反应，才能最大限度地控制危机，减小危机的破坏性。任何危机在错失最佳补救时间后，如救援的黄金时间和危机公关的黄金时间，其他措施可能只能事倍功半，造成不可挽救的伤害和损失。

5. 易引起广泛关注

在互联网和移动传媒的背景下，危机在媒体报道之后很快会引起社会的广泛关注，并成为一个新的社会热点。有关危机的信息传播比危机本身事件发展还要来得快。此时，组织的任何行为都会引起社会公众的注意，所以组织要在审慎思考、决策后作出应对行为，借助舆论和媒体扭转局势，转危为安。

前沿案例

“六六维权”事件中“看人下菜碟”的京东

2015年7月11日，作家六六发了一条微博，称自己在京东上购买的天天果园水果是烂的，要求退款却被拒绝。作为一名拥有1000多万粉丝的女作家，这条微博一面世，立刻引来大量关注。一个小时后，天天果园即联系六六提出全额退款。六六拒绝后，京东和天天果园又相继联系商讨退款，天天果园还邀请六六为其质量监督员。7月13日，六六再次在微博上发表名为《我要的是公平》的文章，拒绝和解。7月14日，天天果园在微博上公开道歉，京东进行转发并表示要加强自身服务。

正当舆论趋缓时，王思聪却在7月18日转发六六微博，表示自己也拥有同样经历。7月19日，京东官方微博向王思聪道歉。然而，事情反而引来了更多的质疑：为什么王思聪就能得到公开道歉？“看人下菜碟”的帽子，就这样戴在了京东的头上。

资料来源：作者杨洁，文章来源：i黑马网，时间：2015年9月11日。http://www.iheima.com/toplist/2015/0911/151930.shtml

6. 双重性

中国文化博大精深，“危机”一词中既包含“危”又包含“机”。危机对企业来说既是挑战又是机遇。有一些企业对危机处理得当，善于引导舆论，在危机之后迎来了春天。一方面，企业认识到自身的问题，对症下药；另一方面，企业借助媒体公关，大力宣传企业的正面形象。如当年的王老吉和加多宝陷入商标之争时，虽然加多宝失去了商标，但是加多宝在后续的公关、营销上做了充分的工作，加多宝把自己包装成一个为他人做嫁衣的受伤者形象，利用公众的同情心理，让消费者理解加多宝的无奈和努力，获得了消费者对加多宝的支持和认可。改名后的加多宝在2012年一季度的销量没有降低，反而同比增长了30%[①]。

7. 复杂性

学习型组织之父彼得·圣吉（Peter M. Senge）在其著作《第五项修炼》（*The Fifth Discipline*）中提到，看待任何事都要用系统性思维，要看到事物发展过程中的相互关系，不可只看一面而丧失全局。危机也是如此，任何组织或社会都是一个大系统，系统中的要素和子系统密切相关。一旦危机事件发生，复杂的组织系统中的要素相互作用，发生连锁反应，如若处理不当，将会造成不可逆转的损失。

1.1.3 危机的类型

不同的分类标准下能够区分出不同的危机类型。我们应根据研究需要和危机处理需要，来对危机进行不同的划分。笔者就目前学界几种比较主流的分类进行整理。

1. 按危机产生的诱因分类

（1）外生性危机。外生性危机是指由于外部环境变化引起的危机。如一些日本企业的产品在中国市场上随着中日关系的变化，其市场份额也在变化。一旦中日关系陷入冰点，日货在中国市场上遭到抵制，使一部分想买日货的人也不敢买。所以一些日本企业的营销在中国市场上不仅受产品、营销的影响，更会受到外部环境的政治影响。

（2）内生性危机。内生性危机是指由于内部环境变化引起的危机。内部环境变化主要表现为高层管理的偏失、组织内部架构不合理、企业资金链断裂等。2010年富士康全国各地的工业园内先后发生了“十三连跳”，因此富士康倍受社会关注，社会上出现了很多诟病富士康在员工关怀上非人性的舆论，为了追求经济利益而忽视员工的心理健康，富士康的股价也因此事件如洪水决堤般一落千丈。究其根本，在于富士康本身的企业文化和管理制度。富士康奉行半军事化管理制度，崇尚刚性文化和军队文化，对员工的心理变化缺乏感知，更缺乏对员工的关怀。

（3）内外双生性危机。目前更多的危机是由外部环境变化和内部环境变化共同作用而成的。当企业的内部环境已经出现问题时，加上外部环境的影响作用，会使企业危机的负面影响大大加重，当年的三株口服液就是典型案例。三株口服液一开始被卷入一场索赔官司中，后来上诉说明其产品安全无毒、质量可靠并赢得了上诉，但是由于企业内部管理不当，终端销售陷入混乱，导致三株口服液最终未能起死回生。

2. 按危机影响的时空范围分类

（1）国际危机。国际危机是指国际关系行为主体的冲突不断激化，导致现有关系发生质变，通常泛指从严重对抗到国际战争临界状态的阶段。

---

① 数据来源于AC尼尔森。

(2) 国内危机。国内危机的影响只限在某个国家或区域内，对国家社会稳定、人民生活产生影响。如叙利亚国内局势紧张，出现25年来最严重的难民危机。①

(3) 区域性危机。区域性危机是指在特定区域内产生的危机。如区域性污染、局部战争等。

(4) 组织危机。组织危机是指由于组织的内外部因素导致组织面临突发事件，造成公众舆论反应强烈，组织的形象受到严重损害而陷入困境的状况。如因被闹得沸沸扬扬的郭美美事件，中国红十字会在民众心中的形象大打折扣，使得中国红十字会遭受到前所未有的信任危机。

3. 按危机情境中主体态度分类

(1) 一致性危机。一致性危机是指危机中的利益主体具有相同的要求。自然灾害就是典型的一致性危机，受灾利益主体都想要减少利益损失。

(2) 冲突性危机。冲突性危机是指该事件中存在两个或两个以上的利益主体，不同的利益主体存在不同的要求。典型的案例是在企业产品有大规模的质量问题时，消费者更担心自身健康以及后续的索赔问题，而公司的股东则更关注公司的声誉、资产是否会有很大的损失。

然而，一致性危机和冲突性危机并非不可转化，一致性危机中也存在着冲突的可能，冲突性危机中也存在着共识和沟通。② 如面对地震灾害，所有灾民共同的心愿是抗震救灾，但是在抗震救灾的物质配给、人员调度、灾后重建等问题上会有一定的冲突性意见。同样，如在美俄问题上，对峙划分势力范围，双方互不相让，但在世界和平、拒绝战争的认同上是一致的。

4. 按危机的生命周期变化来分类

冈萨雷斯和帕瑞特(Gonzalez-herrero and Pratt，1995)在将危机管理分为四阶段模型后，按照危机的生命周期变化提出了以下三种危机的类型：③

(1) 风潮型。风潮型危机是指稍纵即逝的危机，组织在处理得当的情况下，可以在短时间内化解危机，转危为安。如因为盲目无知所引发的抢盐等社会性危机，政府借助媒体普及知识，消除谣言就能很快化解此类危机。

(2) 攀高型。攀高型危机是指本身复杂度较高，所牵涉的关系较多的事件。在处理不当后，危机将会如滚雪球般越滚越大，牵涉的范围和主体也会增多，危机的强度相应增大，如希腊的债务危机。希腊本身工业基础薄弱，在加入欧元区后利用欧元区的低利率政策，大量借入外债，刺激经济实现较快增长。但随着2008年金融危机爆发，对希腊的旅游业产生巨大冲击，同时希腊出口少进口多，在欧元区内长期存在贸易逆差，只能举债度日并且债务负担日趋严重。近年来，希腊政府的救援方案并没有起到明显的效果，希腊债务危机可能演变成欧洲债务危机进而影响世界经济。

---

① 《参考消息》，2015年7月11日。

② 薛澜，张强，钟开斌. 危机管理［M］. 北京：清华大学出版社，2003，33.

③ Gonzalez-Herrero A.，Pratt，C. B. How to manage a crisis before or whatever it hits［J］. Public Relations Quarterly，1995，40(1)：25-29.

(3)循环型。循环型危机往往和季节时间、阶段等有关。如经济危机具有周期性的特点，每年台风季节都会给沿海省市造成直接经济损失。

5. 按危机的成因分类①

(1)急性危机。急性危机主要是由自然灾害、意外事故、政策突变、媒体曝光、公共危机与其他外部事件五类原因造成。

(2)慢性危机。慢性危机也称内因危机，是由内部管理因素造成的，而且形成过程比较缓慢。慢性危机可以分为财务危机、人力资源危机、产品质量危机、安全事故危机、营销危机、战略决策及体制危机等类型。

6. 基于危机影响的领域和危机参与者的态度分类②

罗森塔尔和柯兹敏(Rosenthal & Kouzmin，1997)提出危机的归类方法可以分为两个维度，一是基于危机影响的领域，二是基于危机参与者的态度。可以分为以下几类危机，如表1.1所示。

表1.1　危机类型

基本威胁 Basic Threat	冲突性危机 Conflict Crisis		一致性危机 Solidarity Crisis	
诱因 / 涉及领域	内生型	外生型	内生型	外生型
国际	恐怖主义行为		切尔诺贝利核泄漏对东欧的影响	
国内			广西南丹事件	
地区	地方暴乱			
当地	暴力冲突			
个别组织	工厂停工		工厂火灾	

1.1.4　危机的生命周期

1986年，芬克出版了《危机管理：对付突发事件的计划》一书，首次提出了危机的生命周期理论。任何事物都会有出生、发展、维持、衰退直至死亡的一个过程，被称为生命周期。危机也具有生命周期，在不同的生命周期阶段呈现出不同的特点。不同学者对危机生命周期的认识不同，一些学者认为危机从产生到死亡包括4个阶段——潜伏期、爆发期、持续期和解决期，还有学者认为危机的生命周期包括5个阶段——潜伏期、爆发期、蔓延期、恢复期和消除期。本书将着重介绍5个阶段危机生命周期的观点。危机生命周期各个阶段的特点如表1.2所示。

---

① 孙继伟. 从危机管理到问题管理［M］. 上海：上海人民出版社，2013. 5.

② Rosenthal U.,' t Hart, P., Charles, M, T. The World of crisis Management. In: U. Rosenthal, M. T. Charles P. ' t Hart, ed. Coping with Crisis: The Management of Disasters, Riots and Terrorism. Springfiled: Charles C Thomas, 1989.

表 1.2　危机生命周期的划分及各阶段的特征

危机阶段	特　征
潜伏期	不易察觉、识别，隐藏性强，危害性小
爆发期	危机事件突发，危害性很强，破坏了系统的平衡，影响巨大
蔓延期	危害继续蔓延，产生连锁反应
恢复期	危机被控制，影响范围缩小，不良影响逐步消除，系统开始修复
消除期	危机影响消除，系统恢复正常运转

资料来源：张岩松，许峰. 企业危机管理案例教程 [M]. 北京：清华大学出版社，北京交通大学出版社，2012.7.

1. 潜伏期

危机的爆发是一个从量变到质变的过程，危机的潜伏期就是之前各种因素量变积累的过程。在这个阶段，危机还没有真正产生，但是会出现一些明显或不明显的征兆，这些征兆往往十分隐秘，不易被察觉、发现或预测。所以该时期是危机处理的最佳时期，可以将威胁降低为最小，在危机爆发之前扼杀在襁褓之中。但是由于受对危机认知能力和监测技术的局限，组织经常会错失处理危机的最佳时期。

2. 爆发期

爆发期是指危机的第一阶段潜在期所积蓄的负能量爆发出来的过程。主要表现为突然爆发并且发展轨迹不定，演化极快。可能分秒之内局势就出现大变动，往往会使组织内的人乱了阵脚、措手不及。这便需要组织及时采取措施，临危不乱，以冷静的分析和丰富的经验做出决策来扭转局势的发展，促进危机向正面发展。在这一阶段，主要有 4 个特征：一是在事态的强度上不断升级，由不为人知到引起公众的广泛关注；二是事件会引来媒体的关注，而媒体的介入就像是一把双刃剑；三是危机事态势必是打乱正常的运作秩序；四是危机会影响组织的形象和声誉。

3. 蔓延期

蔓延期是指随着危机的爆发，危机给组织和个人带来的危害不会马上结束，状况可能会持续恶化。此时，危机会带来一系列问题，并可能渗透进入组织或社会的很多方面。在这个阶段，组织面临的危机比爆发时可能更加严重，这个阶段的长短也将取决于组织内部控制和处理危机的能力和组织外部环境的变化。如希腊债务危机发生之后，连带葡萄牙、意大利、冰岛、爱尔兰均被卷入欧债危机，并可能影响到欧洲一体化的进程和世界格局的演变。

4. 恢复期

危机到该阶段，事态已经得到初步控制，但是并没有结束，危机给组织带来的负面影响还在持续。对危机管理者来说，危机恢复期是一个关键的时期，在该时期，危机管理者需要开展一系列的工作来减少甚至消除危机的影响。应通过各种有效的措施，对危机事件进行诊断、沟通和控制，掌握危机发展的路径；虽然在这个阶段组织会面临一些波动，危机管理者要控制事态发展、尽量将企业带回到正常的运行轨迹。

5. 消除期

在这个阶段，组织已经从危机中解脱出来，正常的工作运行秩序已经基本恢复。但是为了预防下一次危机的产生，组织需要做总结反思、学习经验，抓紧时间进行危机问题诊断、组织结构调整或组织声誉恢复等工作。善于思考的组织还将利用危机使自己进入一个新的发展阶段，所以也有学者称其为善后期。

值得注意的是，上述危机的5个阶段并不是每个危机都会经历，只是危机生命周期的一般状况。有些危机在爆发前可能没有任何征兆，或者潜伏期极短；有些危机在潜伏期内被发现，并被妥善有效地解决，使得危机并没有进入爆发阶段；还有一些危机在爆发后没有很好地被解决，反而愈演愈烈没有缓和的趋势，从而使组织或个人陷入破产、倒闭的境地，因此也必然不会经历所谓的恢复期和消除期。

1.2 企业危机

1.2.1 企业危机的定义

当今的企业处在复杂多变的商业环境中，必然会无时无刻地遭受危机。企业危机是企业经营活动中的突发性事件，会使企业陷入一种生存和发展的困境。企业危机不同于一般的自然危机，是由企业内外部环境的某些矛盾激发所引发的非常规状态，通常企业危机都涉及企业内部潜在的危机因素，需要企业自身通过评估、检测、学习不断完善自身，来防范和抵御危机的产生。在对企业危机的研究中发现，企业危机的产生、发展过程、运动形式都呈现出一定的规律性，并在企业正常的生产经营活动中有所表现。关于企业危机的定义，学界也没有固定的说法。

沈灼林和何俊德(2002)给出企业危机的定义："企业危机是指企业因受外部环境或内部经营管理等原因使得销售增长率、市场份额、企业获利能力等指标下降，甚至导致企业破产倒闭这样一种状态。"①

杭建平(2002)将企业危机定义为："企业危机是指能够对企业及其产品和声誉造成极大潜在破坏的事件。它一旦发生，可能给企业带来巨大的威胁，若处理不当可能给企业带来灾难性的影响。"②

郭际和李南等(2006)从危机定义的角度提出了企业危机的概念："一般是指企业在高度不确定的情况下，在有限的时间内利用企业有限的人力和物力对突发性事件进行处理。如果处理得当，会使危机转化成企业的机遇，如果处理不当，危机会发生扩散，给企业经营带来一定的影响，甚至导致企业破产。"③

日本企业危机协会会长龙泽正雄认为，企业危机有5个内涵：一，危机即事故；二，危机即事故发生的不确定性；三，危机即事故发生的可能性；四，危机即危险性的组合；五，危机即预料和结果的变动。

---

① 沈灼林，何俊德. 企业危机的类型及其对策［J］. 华中科技大学学报，2002(3)：83-88.

② 杭建平. 现代企业危机管理［J］. 北京工商大学学报，2002(1)：36-39.

③ 郭际，李南，吴先华. 企业危机的成因和对策研究［J］. 武汉理工大学学报，2006(12)：81-84.

管理学之父彼得·德鲁克(Peter Drucker)提出了“成功的失败”(the failure of success)的观点。他认为许多企业危机都是因为企业的墨守成规，安于现状而产生的。企业危机的来源不在于企业的失败，恰恰是企业过去的成功将企业推向危机的泥沼。

朱礼龙和陶新萍(2004)提出了企业文化颓废引发企业危机。认为企业危机是：“危及企业形象和生存的突发性、灾难性事件。企业在经营活动中总是伴随着企业与外部世界的交流以及内部员工与股东之间利益的调整行为。由于各利益主体的利益取向不同，不可避免地会导致各主体之间产生利益冲突，当这种冲突发展到一定程度并对企业声誉、经营活动和内部管理产生重大压力和负面影响时，就演化成了企业危机。”①

徐丽莎(2004)认为企业危机既是一个状态结果也是一个过程。企业危机是指企业在内部和外部因素的作用下状况持续恶化，使得企业处于潜在或已经危及其生存的一种状态。通常陷入危机的企业会出现财务困难，最终破产，并且企业危机有一个潜伏期、扩大期、灾难期的过程。②

基于以上学者对企业危机的定义，笔者找到一些共性。多数学者都认为企业危机的产生是由于外部环境和内部运行环境相互作用而产生的，并且危机对企业的损害较为直接地体现在财务数据上，然而企业危机的出现也存在高度的不确定性和突发性，便需要考验企业应对危机的能力；不恰当的处理危机，可能会让企业蒙受巨大的损失。故本书认为企业危机是企业在经营过程中，由于外部环境的冲击或内部经营不善，而使得企业出现市场占有率降低、员工积极性受挫、利润较少及企业声誉受影响的情况。

1.2.2 企业危机的类型

根据众多学者对企业危机定义的理解，可以将企业危机分为两大类：一类是由于企业外部环境引起的危机，即企业外生危机；另一类是因企业内部环境引起的危机，即企业内生危机。

1. 因企业外部环境而起的危机

(1)政治危机

政治危机可以从两个角度分析：一是当前政局的不稳定，二是当前政府政策不稳定。政局的不稳定主要表现在政权的更迭、暴乱、革命、战争等，对企业的生存和发展具有致命的打击。企业在政权不稳定的情况下，难以展开正常的生产经营活动，导致生产设备资源的浪费和破坏。政治危机不仅影响当地企业的发展，也会影响到其他相关进出口的企业。比如，2014 年乌克兰政局动荡时，仅 2014 年第一季度，浙江省对乌克兰的出口额同比下降了 28.5%，并有 1525 家企业停止对乌克兰出口。政局动荡导致乌克兰银行体系出现大量存款外逃迹象，当地进口商融资成本和难度加深，对浙江省出口的中小企业来说，不仅是政治风险，更有政治风险连锁反应导致的辖内收汇风险。③

---

① 朱礼龙，陶新萍. 文化颓废与企业危机［J］. 市场周刊. 2004.10：40-41.

② 徐丽莎. 企业管理与企业舞弊的相关性研究［J］. 华东经济管理. 2004.(18)-5. 127-130.

③ 浙江民营经济网 http://www.zjmy.net/Zixun/Show.asp? ID=45697.

政府政策不稳定也会影响企业的发展，妨碍企业最优目标的实现。如政府在出口退税上的连续波动政策，拿纺织服装业来说，政府将出口退税率从最开始的17%调整到13%，再从2007年的13%下调至11%，2009年又调整至16%，2015年出台新政策，上调回17%。这一系列政策的变动对于行业内的企业来说简直是一次又一次的大"地震"。纺织服装行业是劳动密集型产业，带动着国内的整个就业局势，然而近年来国内原材料成本的上升，出口型纺织服装企业的利润空间已经减少很多，但是国家政策对出口退税率的不断调整对出口企业的冲击巨大，直接决定着企业的利润空间，所以不难发现，持续的减税率会让许多出口型的企业面临破产倒闭的危机。①

(2)经济危机

经济危机是由于经济政策或金融政策的错误而直接导致的区域性或全球性危机。经济危机给企业带来的危机主要表现在价格管制、外汇管制、进出口贸易、购买力、货币和利率政策等。在经济全球化的背景下，全球经济已经形成牵一发而动全身的局面，一旦某个国家爆发经济危机，势必影响全球经济的发展。如2006年底美国的次贷危机，最直接地影响了我国众多出口企业的发展并带来了巨大的危机。次贷危机后，美、日、欧等主要进出口国都出现了不同程度的经济衰退，进口量减少直接导致中国企业打价格战，利润空间下降，有些中小企业甚至因为没有订单就此倒闭。同样，危机之后人民币升值压力巨大，国内企业的生产成本由此提高，利润被压缩。

(3)社会危机

社会危机是指社会系统中的某个构成部分突发剧烈失调和畸变，导致社会生活秩序偏离正常轨道从而影响和威胁国家和公众安全，整个社会处于高度危险的紧急状态的社会现象②。社会危机无时无刻地威胁着企业，许多看上去非常强大的企业，一旦没有处理好遭遇的社会危机，可能会像"多米诺骨牌"一样发生连锁反应，一发不可收拾。社会危机可以分为以下三类。

一是自然灾害性危机，如地震、洪水、干旱、瘟疫等，这些危机都是不以企业的意志为转移，但是在客观上会给企业经营活动带来重要影响。2004年禽流感在东亚地区肆虐，经营炸鸡、鸡肉为主的肯德基受到巨大打击，肯德基在东亚市场上受到重挫。但是肯德基在面临危机时优秀的处理能力为其长远发展奠定了基础。

二是人为事故性危机。一般是由于管理人员渎职、工作人员缺乏安全意识或违规操作造成的。如毒气泄漏、核辐射、矿难等引发的社会危机。

三是对立冲突性危机。对立冲突性社会危机最为常见，如因宗教、信仰、意识形态对立发生的罢工罢课、示威游行、恐怖事件和革命战争等。这些冲突事件必将直接或间接地影响企业的正常经营。如2014年越南的打砸抢烧暴力事件，越南的极端分子针对外国投资者和企业进行打砸抢烧，在越南生产经营的中国大陆、中国台湾、中国香港、新加坡、韩国等企业都遭到了不同程度的冲击，造成不同程度的生命和财产的损失。

(4)竞争危机

从广义上说，企业的竞争危机就是企业的竞争对手给企业带来的危机。企业竞争危机

---

① http://hn.rednet.cn/c/2009/02/06/1702207.htm.

② 王忠武，吴焕文．试析社会危机的类型与成因［J］．河南社会科学．2003.(11)-5.34-36.

主要体现在知识技术的竞争、人才的竞争、信息占用与处理能力的竞争、企业预测与决策能力的竞争，以及应付危机能力的竞争。

随着知识经济时代的到来，知识和技术成为企业竞争的两种核心要素。知识和技术的匮乏势必会导致企业在竞争浪潮中被无情淹死，事实证明，从20世纪80年代以来，我国一贯使用的以市场换技术的政策并不可行，使得我国本土企业在自主创新上的问题更为捉襟见肘。尤其是在汽车行业，国产汽车由于技术知识的支撑不够，难以在国内巨大的市场上立足，国产汽车企业如果缺乏自主研发和技术创新上的持续投入，将会给企业带来巨大危机。

2. 因企业内部环境而起的危机

(1) 经营危机

企业经营危机是指企业在营运活动中所出现的矛盾和困境，致使企业的生存和发展受到威胁直至破产、倒闭。企业经营活动涉及两个层次，分别是微观环境和宏观环境，我们主要从微观环境来分析企业经营危机，即单个企业在市场上主要受企业员工、产品的类型和成本、定价原则、产品收益、组织架构等因素影响。20世纪90年代以来，我国一些国有大中型企业出现了不同程度的企业经营危机问题。刘晓龙(2001)发现国有企业出现经营危机主要表现在所有者无责任倾向、经营者牵制失控，以及劳动者劳动积极性降低。①

前沿案例

国企上海燃料深陷经营危机

上燃，全称上海燃料有限公司，是上海物贸旗下的地方国有企业，曾是华东地区无论燃料油市场还是成品油市场的一块金字招牌，却于2014年9月初因资金链断裂而官司缠身。由于欠下银行上亿贷款，目前部分银行账号已经被封，进入内部整顿程序，油品业务基本停滞。

其直接导火索是上燃为舟山市浩泰石油有限公司提供担保，想借此获取一笔不菲的收入并将其油品贸易业务量计入进上燃的业绩中，但因存款人舟山市浩泰石油有限公司未能偿还银行欠款，上燃被卷入其中。

近年来，随着2009年成品油的定价改革，国内石油市场不再是供不应求，反而这种局面彻底改变，油价涨跌幅价差在每吨几十元到百余元不等，囤油、给予融资都存在着巨大的风险。但是上海物资、上燃内部对该趋势并没有有所防范，甚至试图通过做假账的方式掩盖亏损。

由此上海物资准备转让上燃20%的股权，表示："上海燃料于2000年12月起成为本公司全资子公司。近几年受能源结构调整、市场萎缩等因素影响，目前该公司业务正处于收缩、调整中"。

资料来源：改编自《国企上燃遭遇经营危机 陷资金链断裂困境》(该标题为投融界网页上的标题，并不是21世纪经济报道的原标题，原标题不能在互联网上查到。)，来源：21世纪经济报道 时间2014年10月11日 http://news.trjcn.com/detail_117938.html

① 刘晓龙. 关于企业经营危机的探讨 [J]. 财经科学，2001.

(2)制度危机

企业制度危机是由于企业在制度上的缺失、不连贯或混乱所引起的企业危机，是造成企业危机的直接原因。在现代经济体系下，旧的企业制度显然已经不适应企业的发展，但是多数企业在制度上并没有跟上时代的步伐，导致在发展过程中受到制度的约束和羁绊，给企业本身招致了危机。

(3)战略危机

企业战略危机是指管理者对企业内外部环境的错误判断，使得企业战略制定失误；或是在战略制定得当的前提下执行不当，给企业带来危机的一种状态。① 在战略管理的三阶段(战略制定、战略实施、战略评价)都有不同的危机表现形式。

张茂林(2004)形象地提出了战略管理三阶段出现的不同危机时的表现形式。② 在战略制定阶段，企业"流浪倾向"和"东施效颦"会给企业带来危机，"流浪倾向"是指企业缺乏战略，企业家喜欢脚踩溜冰鞋，滑到哪儿是哪儿；"东施效颦"是指企业在定制战略时，不是建立在对企业自身全面的分析上，而是看见别的企业战略获得成功，便盲目跟风。

在战略实施阶段，"航母情结"、"旧瓶子装新酒"、"赶鸭子上架"和"见异思迁"，又会给企业带来新的危机。"航母情结"体现在国内企业认为企业做得越大越好，行业和地区跨得越多越好。"旧瓶子装新酒"的企业在企业战略上虽做了更新，当时并没有调整组织结构，企业的战略具有全局性作用，有什么样的战略就应该有怎么样的组织结构。"赶鸭子上架"是在战略实施时企业人才匮乏，企业在制定了宏伟的目标后，一时难以找到合适的人才，便出现赶鸭子上架的情形。"见异思迁"是指企业在战略实施过程中出现短期目标和长期目标的矛盾。管理者虽然在制定战略时专注，但是逐利是企业的最终目标，当看到有很好的利润机会时，原先的战略可能会被抛之脑后，一直被短期利益所操纵着。

在战略评价的阶段，由于企业评价的时机不当会出现"亡羊补牢"的危机。市场是瞬息万变的，企业应该持续对战略进行评估，而不是在出现了问题或者特定的时期才进行。企业战略评估时评价指标过于片面易导致"见树不见林"的问题，企业的战略评价指标倾向于强调企业的财务指标，认为财务上的增长就是企业的全部。但是过于追求财务指标，可能会弱化企业的最终目标，而对企业战略的实施带来误导。

前沿案例

格力多元扩张，手机业务前途难料

由于空调行业增速放缓等因素，近年来格力电器开启了多元化路线。公司高层曾公开表示，格力电器要造手机、造机器人，甚至要涉足城市垃圾循环利用领域。其中，最为投资者所熟知的是格力手机。从 2015 年年初定下的 1 亿台目标到 5000 万台，再到现在连公开销售都无法实现，可见，格力公司的多元化战略并不顺利。

① 刘刚. 危机管理［M］. 北京：中国人民大学出版社，2013：14.

② 张茂林. 企业战略危机的九大表现［J］. 企业管理. 1999：26-28.

格力为增加营收进入智能手机领域，但在业内专家看来，在这片“血海”中分得蛋糕的难度本是超乎寻常。从国内智能手机市场来看，增长趋势已放缓，格力手机定位千元档并不是明智的选择。以小米为例，去年小米超出6000万出货量目标依靠的就是千元机红米系列。另外，魅族蓝魅、华为荣耀、酷派大神等也在千元机市场刮起阵阵旋风。

也有学者认为，格力应该把握好多元化的节奏，但多元化的结果将使得格力优势产业被弱化。例如，12年前的春兰空调，就是朝着摩托车、汽车、房地产等领域转产导致企业资金被掏空。而转产手机领域，格力在研发、市场和相关配套资源上都不具备优势。

格力的手机业务究竟是好是坏，还是要靠市场的检验……

资料来源：投资时报，2015年5月7日，作者丁凯。改编自《天上每年掉不下200亿智能手机能帮上董小姐吗?》http://www.zmoney.com.cn/shangshi/show.php?itemid=302

(4)组织危机

组织危机是指由于组织规模过大，组织效率低下，组织机构和企业成长阶段或企业战略不契合，企业文化落后和管理体制不完善导致的危机。① 企业组织危机通常体现在以下三个方面：一是组织机构臃肿，办事效率拖沓，管理成本高企，也表现为组织内成员的积极性较差、创造性受挫，过多的组织层次引发大量的行政工作。二是组织管理体制不完善。管理者在企业内具有很大的权威性，“人治”甚于“法治”。企业管理者在资源分配、决策等领域缺乏监督和控制，很容易导致企业内部管理的混乱，资源利用率低下，员工扯皮推诿现象严重。三是企业的组织结构与企业的成长阶段和战略变化不协调。每种组织结构都有相应的优缺点，而企业又在不断的发展，企业的组织结构应该适应企业战略的变化而有所调整。

(5)职能危机

职能危机是指企业各职能管理与企业的业务、多变的内外部环境不适应而产生的企业危机。② 具体体现为以下几种类型：

一是财务危机。财务危机是指企业资金链紧张或断裂，使企业无法正常运营。企业出现财务危机的原因有很多，如企业的投融资失败、利率汇率政策的变化、企业资产的挪用或盗用、财务管理制度的混乱、证券市场的波动以及资本结构不当等。在一些上市公司中的年报中可以看到，负债成为公司的主要利润，公司的现金流明显不足，这样的企业在后期的发展中可能会因为资本结构的不协调而出现危机。

二是人力资源危机。当今社会，人才是最宝贵的财富，然而人才荒在各种规模的公司中随处可见。当今人力资源危机主要体现在企业缺乏前瞻性的企业家和经理人、关键人才的流失、人才结构的不合理、激励政策消极、员工积极性普遍不高等。“小霸王”在人力资源危机上是个典型的案例，20世纪90年代“小霸王”产品几乎家喻户晓，但是由于总经理段永平的出走，并带走了一批骨干人才，使得“小霸王”从此一蹶不振，走向破产倒闭。

---

① 黎敏. 论企业组织危机及其处理策略［J］. 北方经济，2006(4)：46-47.

② 沈灼林，何俊德. 企业危机的类型及其对策［J］. 华中科技大学学报，2002(3)：83-88.

三是营销危机。营销危机是指因企业的营销理念、产品组合及定价、品牌管理难以适应企业内外部环境的变化，而使企业销售陷入窘境的状态。营销危机主要包括：第一，营销理念的偏差。管理者往往会出现“营销近视症”即重产品轻市场及“营销远视症”即重市场轻产品两类偏差，导致企业的产品和市场之间总有一定的差距。第二，市场细分的失误。企业在选择目标市场时出现错误，或者该细分市场并不青睐企业的的产品，将会导致企业在该市场上难以立足。如万宝路在早期定位于女性市场时，并不受欢迎。第三，销售渠道的混乱。渠道是营销的重要要素，如果企业在渠道的设计时不考虑产品的特点，企业与经销商缺乏沟通和默契都会引起营销过程中的震荡。第四，产品定价不合理。如果产品的定价过高，高估细分市场消费者的承受能力，会导致销售不畅；同样，定价过低，也会影响品牌形象、被卷入价格竞争中。第五，品牌策略偏失。品牌策略是用营销方法来赢得市场的一种手段。但品牌策略使用失误，会使得消费者对产品的认同感降低，弱化了其在市场的地位。如我国的三九集团以“999”胃泰起家，在具有一定知名度后，进军啤酒行业，采用统一品牌策略，对啤酒命名为“999”啤酒，然后消费者在饮用“999”啤酒后就会想起胃药，所以“999”啤酒难以为消费者所认同，遂被市场淘汰。①

四是产品质量危机。周永生，曾湘东(2008)认为，企业在生产经营决策中，产品危机可以分为两类：一类是由于企业在产品质量功能上与消费者产生纠纷甚至给消费者造成巨大损失的事件；另一类是由于企业在生产经营决策中对产品的品种、包装、结构、生产经营程序、技术、布局、规范方面与市场需求脱节，短时间内造成产品大量积压，使企业生产经营的运转发生困难。② 生产技术落后、生产流程不科学、生产人员素质不高，产品质量危机意识淡薄以及产品质量管理体系不规范都是产品质量危机的诱因。

前沿案例

尼康陷入“黑斑门”

尼康 D600 率先在美国和英国上市后，就深陷“黑斑门”。在 2013 年 2 月 22 日，尼康发表公告，承认一些用户指出使用尼康 D600 数码单反相机拍摄时，照片上会出现多个颗粒状影像。当时尼康给出的解决办法是让用户按照用户手册(第 301～305 页)关于“清洁影像感应器”进行清洁，或用气吹手动清洁，或者到尼康售后服务中心进行清洁。

央视报道称，全国多位消费者发现新买的尼康 D600 拍摄照片后出现黑点。用户就此到尼康维修点进行过四五次清洗进灰，也无法解决问题。随后尼康通过更换快门等方式，也无法解决这款宣称“防尘防潮”相机的问题。按照“三包”规定，相机因质量问题返修两次之后，可以退换产品。不过尼康售后辩称清灰不算修理，但尼康官方规定清灰属于修理范围。在随后发布的公告中，尼康再次要求用户对 D600 进行清理更换。

2014 年 2 月 26 日，尼康再度发表公告，表示将免费为所有出现进灰问题的全幅单反 D600 用户进行检查、清洁，并进行快门等相关零部件的更换。

---

① 赵静. 浅析企业的品牌策略［J］. 商业经济. 2013(4)：62-63.

② 周永生,曾湘东. 产品质量危机管理及对策探讨［J］. 商场现代化,2008(10)：122-123.

据悉，尼康在处理D600"黑斑门"事件时内外有别。据外媒报道，欧洲部分用户把机身内部进灰的D600相机送到服务站除尘后收到了全新的D610相机；而在法国，进灰D600换全新D610的代价也仅需要支付很小一笔费用；但是在中国，遭受D600进灰困扰的用户显然没能受到如此待遇，尼康在拖延一年之后给出的解决办法仅是免费清洁而已。

资料来源：北京晨报，2014年3月16日A06版。http://bjcb.morningpost.com.cn/html/2014-03/16/node_7.html

1.3 企业危机管理

1.3.1 企业危机管理的内涵

企业危机管理(Enterprise Crisis Management，ECM)概念最早由美国一些跨国公司在20世纪80年代提出，主要针对影响企业正常经营的外部因素如自然灾害、环境污染等问题。随着企业经营环境的不断复杂化，企业面临的危机也呈现出多样化的特征，伴随危机的来临和类型的多样，危机影响的广度、深度和时效性也不可同日而语。所以对企业危机管理的研究也越发受到学界的关注，不同学者对企业危机管理有不同的理解。下面将罗列一些国内外学者对企业危机管理内涵的理解。

芬克(Steven·Fink)①于1986年在其《危机管理》一书中定义道：企业危机管理是组织对所有危机发生因素的预测、分析、化解、防范等而采取的行动，包括对政治、经济、法律、技术、自然、人为、管理、文化、环境和不确定等所有相关因素的管理，它是有计划地挪去风险与不确定性，使企业能够更好地掌握自己前途的艺术。芬克是从规避企业危机的角度来定义企业危机管理。

1992年，格林(Green，P·S)②认为企业危机管理就是尽可能地控制住事态，把损失控制在一定范围内，在事态失控后要争取重新控制住事情的发展。格林更为关注危机发生后的危机管理。

1993年，米特罗夫和皮尔逊③(Mitroff & Pearson)认为，企业危机管理是协助企业克服难以预料事件的心理障碍，保证管理人员在面对最坏状况时，能做最好的准备，在危机发生伊始，管理者应同步采取"甄别事实，深度分析，控制损失，加强沟通"一系列行动。

1999年，日本学者龙泽正雄④从经济学角度，将效用理论引入危机管理。认为在发现、确认、分析、评估、处理危机流程的每个阶段，必须以最小费用获得最大效用。

2003年，南加州大学教授鲍勇剑和陈百助通过why-what-how的思维理解企业危机管

① StevenFink. CrisisManagement：PlanningfortheInVisible. NewYork：AmerieanManagement Association，1986.

② Green，P·S，Reputation Risk Management [M]. London：Pitman /Financial Times，1992.

③]Mitroff，I. I.，Pearson，C. M. Crisis Management：A Diagnostic Guide for Improving your Organization's Crisis-Preparedness [M]. San Francisco：Jossey-Bass Publishers，1993.

④ [日]铃木敏正，等. 危机管理系统 [M]. 玄美兰译. 沈阳：辽宁科学技术出版社，2009：47.

理。认为企业危机管理研究为什么(why)人为造成的危机会发生；什么样(what)的步骤或方法可以避免这些危机的发生；一旦危机发生如何(how)控制危机的发展和消除危机的影响。

2007年，北卡里兰那州立大学佩吉和沃尔(Don Pagach & Richard Warr)从风险管理的角度给出了定义：企业危机管理是一个组织兼顾到战略风险和操作风险的整体管理方法，整合了企业所有的风险管理职能。

2009年，奥罗斯(Orrors)认为，企业危机管理是为了提高商业绩效而采用的有效组织来建立战略方向和渡过更大风险的商业风险管理。

随着国内市场环境的复杂化，国内学者在企业危机管理领域的研究逐渐开始。真正的管理危机研究是从2001年美国的“9·11”事件和2003年“非典”后开始的。之后危机管理成为新的热点，并取得了相当丰硕的成果。以下主要介绍几位国内学者的观点。

1998年，何苏湘①认为：“企业危机管理是企业为了预防、摆脱转移危机而采取的一系列措施以维护生产经营的正常运行、促使企业脱离逆境、避免或减少财产损失，以及将危机化解为转机的一种积极主动行为。”他从危机预防、化解、转化全视角给出了定义。

杭建年②于2002年从管理职能角度界定了企业危机管理，他把企业危机管理视为一种能使危机对企业造成的潜在损失最小化且有助于控制事态发展的一项职能，并能够使危机对企业实体和企业声誉所造成的损失最小化且充分利用危机带来的机遇。

2003年，台湾学者朱延智③从危机解决方法的角度出发，认为企业危机管理是有计划、有组织、有系统地在危机爆发前力争解决危险因子，在危机爆发后以快速有效的方法使企业转危为安。

2005年，罗贤春④从危机管理过程中的信息活动分析角度给出界定：危机管理过程实质上是一个信息收集、分析、传递、利用的信息管理过程，并对危机管理中的危机信息监测、危机准备、危机抑制、危机恢复和危机学习五个阶段中的信息活动中进行了分析。

基于上述学者对企业危机管理内涵的认识，笔者给出本书对企业危机管理内涵的认识。企业危机管理是指管理者有计划、有系统思维地为企业消除危机隐患或减少危机给企业带来的威胁所采取的一系列活动，目的在于一旦危机爆发，能够迅速有效地解决危机，并设法变危机为契机。

1.3.2 企业危机管理的特征

1. 预控性

企业危机管理具有预控性的特征，危机管理的工作始于对组织有威胁的因素的调查、认识和清除。预控是危机管理的最前端，企业尽量在危机未爆发之前将其遏制在萌芽中，

① 何苏湘. 对企业危机管理的理论界定 [J]. 商业经济研究. 1998.(10):29-31.

② 杭建年. 企业危机管理 [J]. 北京商学院学报. 2004-(6): 8 .

③ 朱延智. 危机处理理论与实务 [M]. 北京：纺织工业出版社，2003：27-43.

④ 罗贤春. 企业危机关系的信息机制研究 [M]. 北京：科学出版社，2009：12-16.

使损失降低到最低，如若爆发，后期也可以适当减少人力、物力、财力的投入。企业应该建立合适的危机预警机制，对危机的关注点从事中的管理转移到事前的控制上将收获事半功倍的效果。

在对企业危机管理过程的众多研究成果中，几乎所有的学者都将危机预防作为第一阶段的工作，无疑体现了预防和控制在企业危机管理中的重要性。余廉（1999）在企业危机预警的研究上有重要成果，认为，所谓对企业危机的预警，就是在可能产生危机的源头上设置警情指标，随时对企业的运行状态进行监测，并用危机警度来预报危机的程度。①

除了建立危机预警机制，企业还应该在以下几方面做好危机防控工作：一是在员工中树立危机意识，形成向上前进的企业文化；二是建立危机管理机构，通过危机行动小组等形式灵活、积极应变危机管理工作；三是制定危机管理计划，危机具有非常态性、复杂性等特点，企业不能依靠常规思路来解决危机问题，要根据企业的特点和规模事先拟定处理的程序并随机应变。

2. 动态性

动态性是危机最重要的内涵之一。由于危机的动态性，企业危机管理必然也是动态的、权变的。伴随着危机的产生、发展、进程、结果的不确定性，在相应的危机管理的每个阶段采取的方法、策略、手段都是变化的。针对不同的情况，采取不同的组织和领导方式，建立相应的管理机制，能够更加切实有效地解决企业在实际发展中遇到的危机。

赵定涛、李蓓、扶元广（2004）②通过设计危机管理过程动态分析图，并结合了影响危机管理的 4 个要素，即战略管理、企业文化、危机管理小组以及危机沟通来分析危机管理的动态过程，在此基础上初步建立了企业危机管理系统。该系统模型直观地体现了企业危机管理的动态性。

3. 全局性

一方面，由于危机处理的最终目的是为了不影响企业的目标实现，危机管理工作需要全局性思维，从整体出发，把握企业发展的大方向。危机管理者需要协调不同的利益相关者，当冲突性危机发生时，能够站在全局的高度，权衡和协调不同利益主体的诉求。

另一方面，危机处理不仅只是危机职能部门或者危机公关小组的事情，而需要组织各部门协调沟通，共同面对危机。尤其是在危机预防阶段，危机管理小组需要全面了解各部门，通过和各部门的协调配合，形成一套完善高效的危机管理机制，组织成员之间达成理念一致的默契，致力于使企业转危为安。

4. 目的性

企业危机管理具有明确的目的，即在危机未爆发之前，清除组织内潜在的威胁因子，一旦危机爆发，力争在有限的条件下迅速高效地减小危机的影响，并设法将危机变成转机。

---

① 余廉. 企业预警管理理论［M］. 石家庄：河北科学技术出版社，1999. 45.

② 赵定涛，李蓓，扶元广. 基于动态过程的企业危机管理系统［J］. 管理科学. 2004.（17）-3. 21-24.

同时危机管理者应该明确企业的最终目标和长远利益，在处理危机时，使用的方式方法切不可和企业的长远利益相矛盾，避免出现保住了眼前利益而失去了长远利益的情况。一个优秀的危机管理者在解决危机的同时也要保证企业能够持续的发展。

5. 艺术性

管理既是一门科学，也是一门艺术。企业危机管理作为管理的一部分同样也具有艺术性。主要表现在危机管理的要素是动态的、不确定的，虽然有给定的目标和原则，但不同的管理风格和方式会产生不同的结局和效果。

危机公关是危机管理中的核心部分，能在危机爆发之后利用大众传媒和舆论改变企业被损的形象，在和媒体和舆论交手时，危机管理显得更为艺术了。不同危机管理者尤其是新闻发言人的不同表达能力、变通能力、沟通技巧、应对策略都能给结果带来巨大的变化。通过艺术性的危机管理，公众更深层次地了解企业，对企业产生更大的认同，进而可以发现、培育、收获潜在的机会。

前沿案例

“微博大V”留几手质疑聚美优品销售假货

2014年8月4日，微博大V留几手给“达令”做推广，发表长微博:《留几手教你识别网购陷阱》，提及“××优品售假”。聚美优品CEO陈欧发微博反击。然后留几手又发表长微博直指聚美优品售假:《陈欧和他的××优品，在知假售假这条不归路上到底要走多远?》，引起网友广泛关注。

随后，聚美优品CEO陈欧一天之内连发5条微博，其本人也在朋友圈称:“达令电商，无耻至极，没有之一。”除了留几手、陈欧之外，达令的创始人也加入了这场口水大战。

陈欧作为聚美优品的CEO，他的公开回应和反击直接与公司品牌形象挂钩。除了情绪化的表达之外，要想说服用户还需要有具体的数据、事实作为支撑。

陈欧的情绪化回应与留几手在文章中用腾讯科技、网易财经、新浪财经以及外媒的相关报道材料相比，显得不够那么有说服力。

资料来源：插座学院，《危机发生后，这10家企业的媒体公关最引人深思(2015年度盘点)》作者：崔盈盈。http://chuansong.me/n/2076695

1.3.3 企业危机管理的原则

有效的危机管理必须遵循以下9项原则，分别是预防第一、树立全局观念、快速反应、真诚坦率、主动沟通、媒体关系和谐、信息应用、领导重视参与以及创新性原则。

1. 预防第一

防患于未然永远是危机管理不变的根本。将危机管理的重点放在危机预防上是最经济的危机管理手段，也是最成功的危机管理措施。“凡事预则立，不预则废”，企业危机管理工作必须着眼于危机预防控制，从危机监测和危机预控两个步骤入手，应用相关预测技术对危机发生的可能性和危害程度进行预估，对可能引发危机的各个因子进行控制，以防危机发生。

2009 年，山东移动在央视的 3 · 15 晚会上被曝光“滥发垃圾短信并泄漏用户个人信息”的丑闻。起因就是山东移动内部员工为谋私利而牺牲集团的整体利益，员工在记者暗访的过程中也表现出极差的新闻意识，对媒体的敏感度很低。如果山东移动在内部管理上加强对员工的行为规范和制度约束，及时消除危机因素，也许就不会发生这样的丑闻事件，影响企业树立的良好形象。①

2. 公众利益至上

管理大师德鲁克指出，企业的目的必须超越企业本身，存在于社会之中。企业在危机管理时要注意处理长期利益和短期利益的关系，要将长期利益放在任何行动的第一位。而在危机事件被激化之后，公众关注的焦点往往集中在利益上。企业危机的爆发从某种程度上说是不同利益主体之间利益冲突，企业一旦引起消费者利益的损失，便会引起消费者的不满，从而引发企业危机，这里的损失不仅仅指金钱，也可以指健康、精神、名誉等无形的价值。所以在危机爆发之后，企业应该主动承担责任，把公众利益放在首位，既合乎公共关系的原则，又合乎企业的伦理道德。

一些目光短浅的企业在处理危机时着眼于企业目前的短期利益，而不顾长期利益和社会责任。如宝洁公司旗下 SK-II 品牌由于产品质量问题引发的危机事件，在危机处理时一直将自己认定为“阴谋”的受害者，把事件定义为“恶意炒作”，指称背后有利益集团的指使，所有的危机管理活动都围绕着自身利益，带来的结果是消费者对 SK-II 的怀疑和恐慌。从最先的消费者投诉到工商部门介入，再到法院立案，短短几天 SK-II 品牌遭受了巨大的损失，在中国区的专柜被全面撤柜。②

3. 快速反应

由于危机具有突发性、扩散性和变异性等特点，需要危机管理者在第一时间做出反应，否则可能导致企业危机的不良影响迅速扩散并呈现愈演愈烈的趋势。一旦危机爆发，企业就要牢牢掌握主动权，主动出击，占取先机；绝不拖泥带水，心猿意马。管理者需清楚地认识到速度是解决危机的关键。在具体实施过程中，管理者需要根据危机产生的起因和发展方向，及时向外界公布信息，以免因和外界的信息不对称而导致谣言四起，企业的产品和声誉受到影响。企业在危机处理上的快速反应不仅是对企业本身利益的维护，更是对消费者和股东的责任感体现。企业让消费者和股东在第一时间了解事态的详情和发展，赋予消费者和股东知情权，及时挽回其对公司产品和形象的良好印象。

2009 年，丰田公司在“召回门”事件上的表现是典型的反应迟钝的案例。“他们浪费了

① http://news.9ask.cn/zzpd/jdal/200908/221968.html.

② http://biz.163.com/06/0925/15/2RSI48Q100020QDS.html.

太多的时间，却无所作为。"东京 Mizuno Credit Advisory 汽车分析师 Tatsuya Mizuno 说，"丰田曾经是一个有远见的公司，随时准备采取行动，但他们现在明显反应迟钝。"丰田汽车由于零部件出现缺点，召回部分凯美瑞、雅力士、威驰及卡罗拉轿车，起因是在美国丰田车因油门踏板存在问题导致刹车失灵。在整个事件中，丰田汽车的决策缓慢。丰田美国公司的所有决策都必须等待丰田总部给出指示，直到一周后，美国国会宣布对此事进行调查，当天在参加达沃斯论坛的丰田总裁丰田章男才给出几句轻描淡写的致歉说明。当美国运输部长严厉批评其反应过于迟钝时，丰田才认识到问题的严重性，并宣布不惜一切代价从海外大规模召回，这一次召回是我国自 2004 年来实施汽车召回制度以来数量最多的一次。①

4. 真诚坦率、主动沟通

在危机爆发之后，企业越是遮遮掩掩，公众就会越发想知道真相，并会轻易相信一些谣言，对企业造成适得其反的影响。等到企业反应过来，想要将事实的真相再告诉公众时，真正的真相可能就变得不可信了。公众可以原谅一个犯错的企业，但绝不容许一个撒谎的企业。很多企业的危机本身就由于公众对企业的误解而产生的，只要企业能在第一时间公布事情的真相，谣言和误解自然会不攻而破。除此之外，企业应该站在受害者的角度考虑问题，表达歉意和提供补偿方案。一切以消费者的利益为重，不回避不推脱，及时通过媒体和消费者沟通，向消费者阐明进展，赢得信任。消费者在危机中特别注重企业是否在意自己的感情，企业和消费者在长期的互动中建立起的信任可能被危机一举击破，危机管理者要善于利用情感联系，唤起消费者对企业的品牌信任，积极倾听消费者的需求，显示出对消费者的尊重和真诚态度，勇于承担责任，以挽回消费者对企业的支持行为。

2010 年，可口可乐公司曾爆发雪碧"汞毒门"事件。虽然可口可乐公司第一时间做出了危机公关，声明雪碧产品的安全性，但是一直没有向两位受伤消费者和广大忠实消费者道歉，虽然后来也被证明可口可乐公司产品是在流通环节被人恶意添加，但是这样的做法对消费者的情感伤害极大。

5. 媒体关系和谐

在危机处理的沟通阶段，所谓"成也媒体，败也媒体"，企业和公众之间的沟通渠道主要依赖于新闻媒体，新闻媒体是企业和公众沟通的桥梁。企业在危机公关中的成败，很大程度上取决于企业和媒体之间的沟通是否顺畅，媒体是否能够准确无误地将企业的意思传递给消费者，争取到媒体的合作，借助于媒体的力量能够给企业带来更多的利好消息。

媒体具有传播渠道广、传播速度快、传播范围广等特点，使得企业一旦发生危机，就会变成公众的焦点。当企业发生危机后，如果媒体能够对企业多做一些正面报道，将企业维护公众利益、积极处理问题的态度展现在公众面前，对企业重新梳理良好形象具有重要意

---

① http://wenku.baidu.com/view/f13457e9856a561252d36f11.html.

义。反之，企业和媒体关系僵化，媒体对企业的负面消息大肆宣扬，便会加剧企业危机，使得企业重新赢回消费者的信任变得困难重重。

2005年，雀巢奶粉“碘超标事件”给雀巢公司带来了一场危机。雀巢公司明知被检出碘含量超标，但仍未采取任何行动，甚至放任不合格产品在市场上继续销售。被媒体曝光该事件后，雀巢公司处理危机的态度又不断改变，在危机发生时，不但没有及时向媒体说明情况，反而回避媒体，甚至以不礼貌的态度中断央视的采访。当全国媒体的批评如潮水袭来，将雀巢公司的危机事件上升到雀巢的商业道德、双重标准和歧视性经营的高度，致使该危机不断升级。该危机事件不仅表现了对媒体的不尊重，更是对消费者的轻视，雀巢奶粉在消费者心目中的形象从此也一落千丈。①

6. 信息应用

随着信息技术的普及，管理信息系统也被用在企业管理的各项职能中。管理信息系统之于企业管理作用不言而喻，使得企业管理更为科学化、精确化。管理信息系统运用在危机管理中，会使得危机预警更为敏锐、危机响应更为迅速以及危机评估更为科学。

如在企业中建立危机预警机制，前提就是要收集危机信息，将收集到的危机信息作为危机预警机制的输入系统，作为一项基础性工作。通过已收集的信息分类并存入数据库中，定时分析信息，帮助有效诊断企业危机原因，及时反馈信息并采取相应措施。

7. 领导重视参与

企业危机管理是影响企业战略实施的重要工作，并且涉及的部门多、范围广，不仅与企业内部的要素有关，还与外部环境有关。如在危机处理中可能涉及生产部门、人力资源管理、营销架构、政策法律等，要和不同的主体打交道，如政府、媒体、银行、股东等，所有这一系列活动都需要领导的支持和指导，有些活动必须要领导出面才能有效解决。

领导的危机处理艺术在企业危机管理中也具有重要意义。危机公关是最需要领导艺术的管理，是领导者聪慧、学识、魄力、胆量、经验、作风、能力的综合体现。领导者代表着企业的形象，领导者对危机管理的重视和在其中的积极参与，有利于展现企业良好的一面，给公众以良好印象。

8. 创新性

随着知识经济时代的到来，知识和技术成为重要资源，而知识和技术的来源就是创新，没有创新，就没有新的知识和技术。在危机管理的过程中，也要注重创新性，把握新的契机，采用新的思路，从而为企业创造更多的商机。

在“非典”时期，大多数企业都遭遇了危机，而青岛啤酒转换思路，通过“两个创新”给企业带来了活力。首先是在渠道上有所创新，青岛啤酒开始在许多城市通过与供水系统联合，利用供水系统的配送网络，实现了“非接触式”的送货过程。其次在零售终端上创新，

---

① 李尘. 危机公关：成也媒体 败也媒体［J］. 市场调研. 2006：155-156.

改变以酒店作为终端的重点，逐步将力量集中在社区和农村市场，进一步开发了家庭消费终端市场。①

1.3.4 企业危机管理的模式

关于对危机管理过程的不同理解，学者给出了不同的危机管理模式，以下介绍几种被学界认可的观点。

1. 希斯的“4R”模式

罗伯特·希斯(Robert · Health)将危机管理过程概括成“4R”模式。分别是缩减(Reduction)、预备(Readiness)、反应(Response)、恢复(Recovery)。有效的危机管理是对4R模式所有方面的整合。表1.3及图1.1是希斯“4R”模式各阶段的主要工作。

表1.3 希斯“4R”模式各阶段的主要工作

危机管理过程	主要工作
缩减阶段	确认引发危机的隐患，进行危机预防、风险评估和风险控制
预备阶段	制定危机管理计划，提高员工的抗危机能力
反应阶段	开展措施来控制危机，避免负面影响进一步扩散
恢复阶段	对受影响的人、物、工作流程进行恢复工作，进行反思和改进

资料来源：罗伯特·希斯著. 王成，宋炳辉，金瑛译：危机管理［M］. 北京：中信出版社. 2001

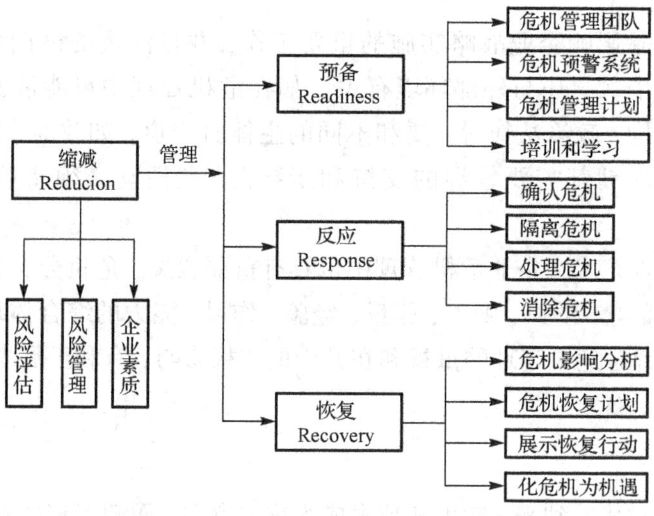

图1.1 希斯“4R”模式

资料来源：罗伯特·希斯著. 王成，宋炳辉，金瑛译：危机管理［M］. 北京：中信出版社. 2001.

一是缩减阶段。在缩减阶段，企业的主要任务是对危机进行预防，扫清可能引起危机的隐患；如果发生危机，减小危机发生后对企业的冲击程度。缩减是这一阶段工作的核心，最成功的危机管理往往始于缩减阶段，因为该阶段的工作可以使得企业以最小的成本来获

---

① 吴言忠. 论企业危机管理的指导原则［J］. 商业时代. 2005(27)：30-31.

取最大的发展利益。千里之堤毁于蚁穴，企业在该阶段应该建立有效的预警和监测机制，防微杜渐，动员组织成员加入到危机预防的行列中，尽最大可能减小危机的隐患，降低危机发生的概率。

二是预备阶段。等到危机发生之后再进行危机演练已经为时过晚。在预备阶段，企业的主要工作就是要制定危机管理计划，同时对员工进行技能培训和模拟演习，提高员工的抗危机能力和心理素质，保证企业在危机发生之时能够沉着应对。目的在于一旦危机爆发，能够以最小的成本度过危机，使损失最小化。

三是反应阶段。在这一阶段，企业的重点在于动员一切人力、物力、财力在最短的时间内解决危机或遏制危机的进一步发展，避免事态恶化扩散。

四是恢复阶段。企业在经历危机之后，都会有不同程度的损伤。一旦危机得以控制，企业就应该尽可能恢复正常的运营。在这个阶段，重点是要从危机中走出来，并恢复到正常状态。同时，企业还应该就危机中反应出的问题进行反思和学习，增强企业未来的抗危机能力。

2. 米特罗夫和皮尔逊的危机管理五阶段处理模式

美国南加州大学教授米特罗夫和皮尔逊(Mitroff & Pearson)就危机管理过程，提出了5个阶段的处理模式。

一是信号侦测(Signal detection)阶段。这一阶段的主要任务是为了识别危机发生前的征兆。

二是准备及预防(Preparation & Prevention)阶段。主要是对可能发生的危机做好准备工作和防范措施，目的是为了减少潜在损害。

三是损失控制(Damage containment)阶段。主要是在危机发生后，控制危机的影响范围，遏制危机的恶化和扩散，努力减少危机向内外部扩散和渗透。

四是恢复(Recovery)阶段。主要目的是使企业从危机中尽快恢复过来，保持正常的运营。

五是学习(Learning)阶段。该阶段主要发生在危机之后，企业对危机处理工作进行总结，发现问题，吸取经验和教训，来提高企业的危机处理能力。

3. 奥古斯汀的六阶段模式

普林斯顿大学教授奥古斯汀(Augustine)将危机管理分为6个阶段，并针对不同的阶段给出了不同的管理建议，如图1.2所示。

一是危机避免阶段。危机避免就是避免危机的发生，预防、降低或消除危机发生的可能性。当企业面对无法避免的危机时，应仔细分析该危机可能带来的危害，并建立相应的保障机制。

二是危机管理准备阶段。没有什么措施是万无一失的，企业需要为危机爆发做好危机管理的准备工作。包括建立危机处理中心、制定危机管理计划、开展危机应对演练、选定危机处理小组成员、提供相应的硬件和软件设备、建立重要的关系等。在准备阶段，企业应该不余遗力地考虑到企业的方方面面，这样才能保证机制顺利地运行。

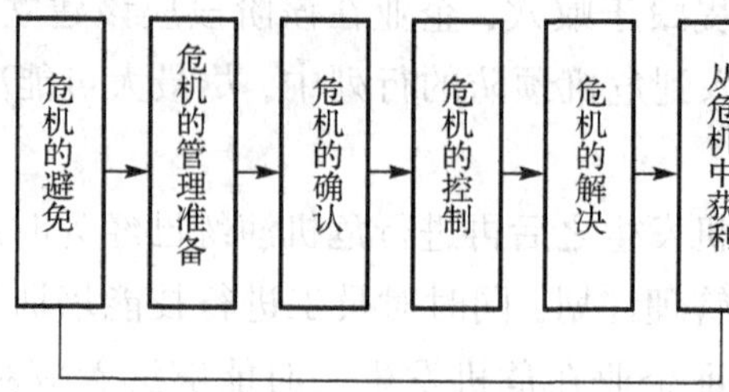

图 1.2　奥古斯汀的六阶段模式

资料来源：诺曼·R·奥古斯汀. 危机管理［M］. 北京：中国人民大学出版社，2001.

三是危机确认阶段。这一阶段主要任务是识别危机，在识别危机的前提下才能有效地控制危机。企业通过收集的各种资料，尽快识别危机并找到危机发生的根源，此时企业可以从多渠道收集信息，如听取专家意见、了解公众和员工的看法。

四是危机控制阶段。企业在这阶段首先要控制危机所造成的损失和负面影响。具体企业根据不同的情况确定控制工作的优先次序，尽快高效地将危机所造成的损失减小到最低程度。在这一阶段，企业需要果断地决策，尤其在危机发生前已经有明确的危机管理办法的公司，在危机控制阶段有一定的章法可循。

五是危机解决阶段。在这个阶段，速度是关键要素。企业要迅速根据危机发生的原因有针对性地解决危机。

六是从危机中获利的阶段。这里的利不一定是物质上的利益，也可以是经验、教训等。企业在危机过后对前面 5 个阶段进行评估和总结，汲取经验，完善制度，为未来危机管理工作更好的开展奠定基础。

本章小结

1. 危机是潜在于组织中对组织目标构成威胁的突发性事件，并要求组织及时作出决策和采取行动。具有突发性、危害性、不确定性、紧迫性、易引起广泛关注、双重性以及复杂性的特点。

2. 根据研究需要的不同，学界对危机进行不同的划分。本书主要介绍了以按危机产生的诱因、按危机影响的时空范围、按危机情境中主体态度、按危机的生命周期变化、按危机的成因以及按危机影响的领域和危机参与者的态度这 6 种方法来分类。

3. 本书认为危机的生命周期具有 5 个阶段，分别是潜伏期、爆发期、蔓延期、恢复期和消除期。危机生命周期的各个阶段都有自己的特征。

4. 企业危机是企业在经营过程中，由于外部环境的冲击或内部经营不善，而使得企业出现市场占有率降低、员工积极性受挫、利润减少及企业声誉受影响的现象。故本书对企业危机的分类也主要从两类出发，一类是由于企业外部环境引起的危机，另一类是因企业内部环境引起的危机。因企业外部环境引起的危机有政治危机、经济危机、社会危机和竞争危机。由企业内部环境引起的危机有经营危机、制度危机、战略危机、组织危机以及职能危机。

5. 企业危机管理是指管理者有计划、有系统思维地为企业消除危机隐患或减少危机给企业带来的威胁所采取的一系列活动，目的在于一旦危机爆发，能够迅速有效地解决危机，并设法变危机为契机。企业危机管理具有预控性、动态性、全局性、目的性及艺术性。

6. 有效的危机管理必须遵循以下 9 项原则，分别是预防第一、树立全局观念、快速反应、真诚坦率、主动沟通、媒体关系和谐、信息应用、领导重视参与以及创新性原则。

7. 关于对危机管理过程的不同理解，不同学者给出了以不同的危机管理模式。本书介绍了希斯的“4R”模式、米特罗夫和皮尔逊的危机管理五阶段处理模式及奥古斯汀的六阶段模式。

思考题

一、选择题

1. 下列哪个特征是危机最重要的特征(　　)。

A. 不确定性　　B. 紧迫性　　C. 复杂性　　D. 双重性

2. 以下哪项不属于按危机影响的时空范围分类的危机类型(　　)。

A. 国际危机　　B. 外生型危机　　C. 组织危机　　D. 区域性危机

3. 以下哪种危机是稍纵即逝的危机(　　)。

A. 突发型危机　　B. 风潮型危机　　C. 渐进型危机　　D. 攀高型危机

4. 以下哪项不属于危机生命周期的五个阶段(　　)。

A. 潜伏期　　B. 恢复期　　C. 渐进期　　D. 蔓延期

5. 以下不属于企业的职能危机的是(　　)。

A. 人力资源危机　　B. 营销危机　　C. 战略危机　　D. 财务危机

6. 以下哪项不属于企业危机管理的特征(　　)。

A. 预控性　　B. 危害性　　C. 全局性　　D. 艺术性

7. 以下哪项不属于企业危机管理原则(　　)。

A. 预防第一　　B. 树立全局观　　C. 快速反应　　D. 提防媒体

8. 以下哪项不属于希斯的“4R”模式(　　)。

A. 缩减　　B. 预备　　C. 防御　　D. 恢复

9. 希斯的“4R”模式中主要开展措施来控制危机，避免负面影响进一步扩散的是哪个阶段(　　)。

A. 反应　　B. 缩减　　C. 恢复　　D. 预备

10. 以下哪项不属于奥古斯汀的六阶段模式(　　)。

A. 危机避免　　B. 危机预备　　C. 危机确认　　D. 危机解决

二、名词解释

危机　企业危机　企业危机管理

三、简答题

1. 试述危机有哪些特征？并举例说明。

2. 简述一致性危机和冲突性危机的区别。

3. 试述危机的生命周期。

4. 简述企业危机管理的原则。

5. 简述米特罗夫和皮尔逊的危机管理五阶段处理模式。

案例讨论

携程“泄密门”风波

2015年3月22日晚，国内漏洞研究机构乌云平台曝光称，携程系统开启了用户支付服务接口的调试功能，使所有向银行验证持卡所有者接口传输的数据包均直接保存在本地服务器，包括信用卡用户的身份证、卡号、CVV码等信息均可能被黑客任意窃取。

正处于央行对于第三方支付表示质疑的关口，加上安全漏洞关乎携程数以亿计的用户财产安全，舆论对于这一消息表示了极大的关注，用户由此引发的恐慌和担忧亦如野火一般蔓延开来。根据中国上市公司舆情中心监测数据显示，从“泄密门”事发至截稿时止，以“携程+安全漏洞”为关键词的新闻及转载量高达120万篇之多，按照危机事件衡量维度，达到“橙色”高度预警级别。

3月22日晚23时22分，携程官方微博对此予以回应，称漏洞系该公司技术调试中的短时漏洞，并已在两小时内修复，仅对3月21日、22日的部分客户存在危险，“目前没有用户受到该漏洞的影响造成相应财产损失的情况发现”，并表示将持续对此事件进行通报。

这一说法引发了用户的重重回击。认证为“广西北部湾在线投资有限公司总裁”的严茂军声称，携程“官方信息完全在瞎扯”，并附上信用卡记录为证。作为携程的钻石卡会员，他早于2月25日就曾致电携程，他的几张绑定携程的信用卡被盗刷了十几笔外币，但当时携程居然回复“系统安全正常”。他以强烈的语气提出，携程应该加强安全内测，“尽快重视和处理用户问题，水能载舟，亦能覆舟”。这一微博得到了网友将近900次转发，评论为150条，大多对其表示支持。

3月23日，携程官方微博再以长微博形式发表声明称，93名潜在风险用户已被通知换卡，其余携程用户用卡安全不受影响。

不过，其微博公关并未收到很好的成效，不少网友在其微博下留言，以质问语气表达不信任的态度：怎么证明携程没有存储其他客户的CVV号？怎么才能确认用户的信用卡安全？……面对质问，携程客服视若无睹，仅以“关于您反馈的事宜，携程非常重视，希望今后提供更好的服务”等官方话语加以回应。

在舆论对其违规存储用户信用卡信息、并未能妥善保存的重重压力下，3月25日，携程发出最新声明承认此前的操作流程中确有违规之处，今后携程将不再保存客户的CVV信息；以前保存的CVV信息将删除。

3月26日，21世纪网直指“携程保存客户信息属于违反银联的规定，携程不是第三方支付机构，无权保留银行卡信息。另一方面，PCI-DSS（第三方支付行业数据安全标准）规定了不允许存储CVV，但携程支付页面称通过了PCI认证，同样令人费解”。

《21世纪经济报道》更是简单明了地表示，在线旅游网站中，只有去哪儿网已经引入该认证标准，“此前携程曾有意向接入该系统，但是公司工作人员去考察之后发现，携程系统要整改难度太大，业务种类多且交叉多，如果按照该系统接入而整改会使架构都会有所变化”。

针对上述质疑，携程一直保持着沉默，而不少业内人士已经忍不住跳出来指责其“闭着眼睛撒谎”。3月27日，《中国青年报》更是发表题为《大数据时代个人隐私丢哪儿了》的署名文章，谴责企业“在用户不知情的情况下收集有限的数据，在一定程度上忽略了人的权利”。

资料来源：中国公关网，《2014年上半年十大危机公关案例》，时间2014年7月21日。http://www.chinapr.com.cn/templates/T_Second/index.aspx?contentid=7962&nodeid=3&page=ContentPage

讨论题：

1. 携程针对泄密用户个人信息的举动是作何反应的？
2. 试评价携程应对危机的措施。

延伸阅读文献

1. 诺曼·R·奥古斯汀，等. 危机管理［M］. 北京：中国人民大学出版社，2001.
2. 罗伯特·希斯. 危机管理［M］. 北京：中信出版社，2004.
3. 胡百精. 中国危机管理报告（2005、2006、2007、2008—2009）［M］. 北京：中国人民大学出版社.
4. 肖鹏军. 公共危机管理导论［M］. 北京：中国人民出版社，2006.

参考文献

［1］Hermann, C. F. International crisis: Insights from behavioral research［J］. New York: Free Press.

［2］Otto Lerbinger, The crisis manager: Facing risk and responsibility (Lawrence Erlubaum Associates: New Jersey), 1997

［3］劳伦斯·巴顿. 组织危机管理［M］. 符彩霞，译. 北京：清华大学出版社，2002

［4］Kathleen Fearn-Banks, Crisis Communication: A Casebook Approach (Lawrence Erlubaum Associates: New Jersey), 1996

［5］Pearson, C. M., Clair, J. A. Reframing crisis management［J］. Academy of Management Review, 23(1): 59-76

［6］胡百精. 危机传播管理［M］. 北京：中国传媒大学出版社，2005. 5.

［7］刘刚. 危机管理［M］. 北京：中国人民大学出版社，2013. 3

［8］李志祥，刘铁忠，陈妍，等. 危机管理专题研究［M］. 北京：国防工业出版社，2014. 2.

［9］薛澜，张强，钟开斌. 危机管理［M］. 北京：清华大学出版社，2003，33.

［10］Gonzalez-Herrero A., Pratt, C. B. (1995). How to manage a crisis before or whatever it hits［J］. Public Relations Quarterly, 40(1): 25-29.

［11］孙继伟. 从危机管理到问题管理［M］. 上海：上海人民出版社，2013. 5.

[12] Rosethal U., ' t Hart, P., Charles, M, T. The World of crisis Management. In: U. Rosenthal, M. T. Charles P. ' t Hart, ed. Coping with Crisis: The Management of Disasters, Riots and Terrorism. Springfiled: Charles C Thomas, 1989.
[13] 沈灼林，何俊德. 企业危机的类型及其对策 [J]. 华中科技大学学报，2002(3)：83-88.
[14] 杭建平. 现代企业危机管理 [J]. 北京工商大学学报，2002(1)：36-39.
[15] 郭际，李南，吴先华. 企业危机的成因和对策研究 [J]. 武汉理工大学学报，2006,12：81-84.
[16] 朱礼龙，陶新萍. 文化颓废与企业危机 [J]. 市场周刊，2004,10：40-41.
[17] 徐丽莎. 企业管理与企业舞弊的相关性研究 [J]. 华东经济管理，2004(18)-5. 127-130.
[18] 王忠武，吴焕文. 试析社会危机的类型与成因 [J]. 河南社会科学，2003(11)-5. 34-36.
[19] 刘晓龙. 关于企业经营危机的探讨 [J]. 财经科学，2001.
[20] 张茂林. 企业战略危机的九大表现 [J]. 企业管理，1999：26-28.
[21] 黎敏. 论企业组织危机及其处理策略 [J]. 北方经济，2006(4)：46-47.
[22] 周永生，曾湘东. 产品质量危机管理及对策探讨 [J]. 商场现代化，2008(10)：122-123.
[23] StevenFink. CrisisManagement: PlanningfortheInVisible. NewYork: AmerieanManagement Association, 1986.
[24] Green, P · S, Reputation Risk Management [M]. London: Pitman /Financial Times, 1992.
[25] Mitroff, I. I., Pearson, C. M. Crisis Management: A Diagnostic Guide for Improving your Organization' s Crisis-Preparedness [M]. San Francisco: Jossey-Bass Publishers, 1993.
[26] 铃木敏正，等. 危机管理系统 [M]. 玄美兰，译，沈阳：辽宁科学技术出版社，2009：47.
[27] 何苏湘. 对企业危机管理的理论界定 [J]. 商业经济研究，1998(10)：29-31.
[28] 杭建年. 企业危机管理 [J]. 北京商学院学报，2004(6)：8 .
[29] 朱延智. 危机处理理论与实务. [M] 北京：纺织工业出版社，2003：27-43.
[30] 罗贤春. 企业危机关系的信息机制研究，[M] 北京：科学出版社，2009：12-16.
[31] 余廉. 企业预警管理理论 [M]. 石家庄：河北科学技术出版社，1999：45.
[32] 赵定涛，李蓓，扶元广. 基于动态过程的企业危机管理系统 [J]. 管理科学. 2004(17)-3. 21-24.

第2章 危机预警

管理箴言

安而不忘危，存而不忘亡，治而不忘乱。

——周易·系辞下

本章要点

- 危机预警的内涵及方法
- 危机预警的功能及作用
- 危机预警过程及预警系统的构建
- 危机诊断的原则及方法

引导案例

居危思危的格兰仕

“危机，离我们并不远”，格兰仕的员工也经常听到这句话。格兰仕老板梁庆德曾说：“格兰仕成功的最为锐利的武器就是在企业内部实行危机管理，这种危机意识不是‘居安思危’，而是‘居危思危’。我们格兰仕从来都没有处于过‘安全地带’，而一直都是停留在‘危险区域’。”

在格兰仕，员工的脚步总是急匆匆的，而梁昭贤接受采访，也是一路小跑来，一路小跑回去。执行总裁梁昭贤甚至认为可以从一个公司员工的走路是不是快来判断这个公司的发展是否良好。梁昭贤表示：“企业速度变慢，我们将会变成‘煮熟的青蛙’。”在格兰仕，我们感受到了这种紧迫感。

危机管理杜绝了骄傲自满的情绪的滋生。不仅如此，格兰仕总是保持着当小学生的心态，向先进的企业学习，实行标杆管理。

梁庆德、梁昭贤经常到国外参观先进的公司，尤其是梁庆德，一年之中大部分时间都在国外，他们看到了先进的生产和管理方式，再对比自己，便感受到很多不足。

格兰仕很早就开始学GE、学丰田，2004年，梁昭贤又为公司定下了“三大标杆运动”：制造学丰田——干毛巾里拧出水；营销学可口可乐——无处不在，心中首选，物有所值；创新学三星——除了老婆、孩子不能变，一切都可以变。

格兰仕的学习对象其实远远不止于这三个标杆。远的也学，近的也学。公司常常组织管理人员去临近的公司参观学习，回来之后无论是带队的副总裁还是车间的管理者都写总结，比照对方先进的地方提高自己。

“我们的危机时刻存在”，格兰仕把这些警句式的观念作为企业的世界观印在自己的宣传品上。他们认为，昨天的辉煌不足以抵抗明天的危机，今天必须拼搏才能消除明天的危机。

资料来源：整理自朱月容.《梁庆德谈格兰仕商经》. 浙江人民出版社. 2008.

2.1 问题管理与危机管理

一个企业在经营过程中，难免会受到多种因素和多变环境的影响，发生难以预料的事件，而一些事件会使企业的形象、声誉、财务、组织等受到损害。由于风险和危害的难以预测性，企业需要提前做好准备工作，保持基本的危机处理能力，做好危机管理。但企业仅有危机管理是不够的，危机只不过是问题积累后的突然爆发。只有从“问题管理”入手，做到未雨绸缪，消除危机于未发之前，才能有效保障企业经营的安全。

2.1.1 从危机管理到问题管理

随着危机管理理论和实践的持续发展，大量学者通过过程方法来识别危机并进行管理后，危机管理的研究对象从危机本身转变为危机的问题和危机背后的问题。问题管理实际上已成为危机管理研究和应用的深化和自然延伸。近几年来，随着国内外政治、经济的不断变化，社会组织所面临的环境日趋复杂，问题管理逐渐成为企业组织战略管理中的一个核心。

由危机管理转向问题管理是管理理念的重大转型，首先要在观念上确立问题是可以管理的，问题管理强调组织应事先确定潜在的变化，并且在该变化产生消极影响之前，做出改进的决策，从而避免危机的发生。另外，要把这一观念转化为具体行动，落实到日常的工作细节中，渗透到每个部门和每个员工的工作中，如此才能有效地避免危机的发生。

2.1.2 问题管理的概念

美国著名公关专家海恩思沃斯(Hains Worth)把问题管理定义为：“一种行动型的管理职能，它谋求确认那些可能影响某一组织的潜在的或萌芽的各种问题。然后，动员并协调该组织的一切资源，从战略上来影响那些问题的发展。”①

问题管理是在挖掘问题的基础上，合适地表达问题，正确地解决问题，以此来防范问

① 海恩思沃斯.《问题管理：发现与定义》，1988.

题演化为危机的一套管理理论和方法。[①] 也可以说，问题管理就是借助问题优化管理。问题管理的三要素是挖掘问题、表达问题、解决问题。其中，挖掘问题包括发现问题、分析问题和界定问题，解决问题包括制定解决方案、实施解决方案和跟踪反馈，表达问题不是独立的环节，而是体现和融入到挖掘问题和解决问题的每个环节中。

问题管理作为一种行动型的管理职能，主要表现为企业对社会环境变化的一种主动和积极的反应，要求企业在有关问题进入法规制定、公共政策形成之前就采取措施进行管理。这需要企业能够找到现存问题，并解决这些问题，同时还要预见到将要发生的问题，事先投入，及早防范，而不至于在问题突然出现时措手不及。所以，问题管理要求对企业现有问题、潜在问题采取积极的行动，并制定相应的对策。由此，可以得出结论，问题管理就是指企业通过调查，预测政治、经济和社会环境的发展给企业带来的新问题，并及时制定相应的对策，消除由于环境变化所产生的问题给企业及其公众关系带来的潜在影响，促成有利于该企业的公共政策的实现，使企业在未来的机遇、威胁和竞争中增强自身的适应能力。

2.1.3 问题管理的程序

问题管理作为企业管理的一项新职能，其工作需要按照一定的程序，并运用科学的理论和最有效的方法进行。

1. 发现问题，找出潜在危机

企业需要通过收集信息、调查预测来发现自身存在的问题。在调查过程中，会遇到多种问题，这就需要企业对问题进行识别、检查和筛选，缩小范围，注重实际的问题。企业发现和识别现时的问题可以利用许多方法，如民意测验、媒介内容分析和文献研究等。也可以通过一些方法来预测较长时期内可能出现的问题或趋势，如历史分析法、直觉判断法、矩阵分析、德尔菲法等。在此过程中，较为关键的是要公开公正地站在公众的角度观察企业，发现问题，找出潜在危机。

2. 分析问题，做出评价

企业在找到问题后，需要对问题进行分析研究。研究的内容主要包括：按照性质进行问题分类；探究问题出现的原因；评价问题所产生的影响，如影响范围、影响程度；将问题进行排序，可以分为重要和紧急两个维度来进行，这样能使企业将其各种资源集中于应立即解决的问题上。这一过程中不能盲目接受公众意见，不能完全受舆论左右，必须把握问题的实质和内在原因，对各方面意见进行综合评判，得出结论。

3. 解决问题，消除潜在危机

问题管理的最后程序是制定解决问题的计划方案，采取相应的措施，消除问题或防患于未然。这一环节最重要的是对症下药，因此需要考虑：检查所有可能对企业有影响的问题或趋势；确定需要考虑的具体问题；估计这些问题对企业的生存和利益的潜在影响；确

---

① 孙继伟，从危机管理到问题管理［J］，企业管理，2005(3)：40-42.

定企业的应对态度；确定问题解决的行动方针；实施具体的解决计划；监控行动的结果，以便做出修改方案。在此阶段还要着重考虑成本这一重要因素，权衡计划实施的投入与产出比。另外在解决措施的制定时，要多与员工交流商讨，发挥集体智慧和团队精神，集思广益，以此提高员工参与解决问题的积极性，增强企业的危机预防能力。

2.2 危机预警概述

古语有云“凡事预则立，不预则废”。这便是暗示人们无论做什么事，都需要提前做好准备，以便更好地应对各种突发状况。很多事情的发生之前往往会有一些征兆，有些征兆可能因为隐秘而很难被人们发现，或者即使有人发现了，也并没有引起足够的重视。因此在这个竞争激烈的时代下，企业若想要脱颖而出，就需要树立起未雨绸缪的危机意识，做好危机预警工作，增强危机应对能力。

2.2.1 危机预警内涵

危机预警包含危机正式爆发前所有的预警工作，即在危机爆发前就进行危机管理，避免危机爆发。对于现代企业而言，在危机四伏的市场环境下，若不具备基本的危机预警能力，那么，当危机真正来临时，企业会因无法招架而难以生存。因此危机预警在危机管理中就显得尤为重要。

预警一词源于军事领域，它是指通过各种手段提前获取信息并经过分析、判断等预知敌方的动态，给予动态分类定级并由总部决策，以便提前采取行动来应对敌方可能的行为。危机预警是整个危机管理过程的第一阶段，目的是有效预防和避免危机事件的发生。它能在危机未发生之前就及时把产生危机的根源消除，企业也可以节省大量的人力、物力和财力，是一种既经济又简便的方法。

各学者对于危机预警的内涵有着不同的见解。

罗伯特·希斯(Robrt Heath)认为企业危机预警是采用一定手段，监测特定环境，从而对每个细小的不良变化都会有所洞察，并发出信号给其他系统或负责人的过程。[①] 在复杂多变的商业环境中，企业时时刻刻都面临着威胁，同时随着发展，危机的种类以及发生的概率和频率有不断增加的趋势。企业危机的频繁发生及其破坏性要求决策者运用预测技术对危机进行早期预警以便及时控制。

刘刚认为所谓危机预警是企业采用定量与定性相结合的方法，对危机的诱因及危机的征兆进行事先的监测与评判，并由此发出危机警示的管理活动。[②]

陈青姣认为企业危机预警是根据企业危机前兆，查找导致前兆的根源，控制危险事态的进一步发展或将危险事件扼杀于萌芽状态，以减少危机的发生或降低危机危害程度的过

① 罗伯特.希斯.危机管理.王成译.[M].北京：中信出版社，2001.

② 刘刚.企业财务危机识别与预警[D].长春：吉林大学，2005.

程。企业危机预警的目的是减少危机的发生或降低危机的破坏程度，实现企业的持续经营。①

本书认为企业危机预警是指企业决策者根据企业内外部环境的变化，对企业将要面临的能够威胁到企业生存的事件进行提前预测和分析，发出警报，以便企业决策者提前采取应对措施，降低企业损失，规避风险的过程。

危机预警的主要特征包括快速性、准确性和公开性。

1. 快速性

危机预警系统的第一要务就是建立灵敏快速的信息搜集、信息传递、信息处理、信息识别和信息发布系统，这一系统的每一个环节都必须建立在快速的基础上，失去了快速性，危机预警机制就失去了任何意义。因为危机预警尚未发出，危机很可能已经大规模爆发，根本来不及发布危机预警警报，也不可能实施预控。危机预警这个报警器就没有发挥任何作用。

2. 准确性

现代社会的信息复杂多变，危机预警不仅要求快速搜集和处理信息，更重要的是要对复杂多变的信息做出准确的判断。判断是否正确，关系到整个危机管理的成败。要在短时间内对复杂的信息做出正确判断，必须事先针对各种危机制定出科学、实用的信息判断标准和确认程序，并严格按照制定的标准和程序进行判断，避免信息判断及其过程的随意性。

3. 公开性

危机信息一经确认，就必须客观、如实地向社会公开发布信息。因为战胜危机需要动员团体的力量，隐瞒危机信息，不利于团队的合作。

建立危机预警系统，提前发现危机征兆是有效开展危机预警工作的前提。危机预警的一般过程如图 2.1 所示。②

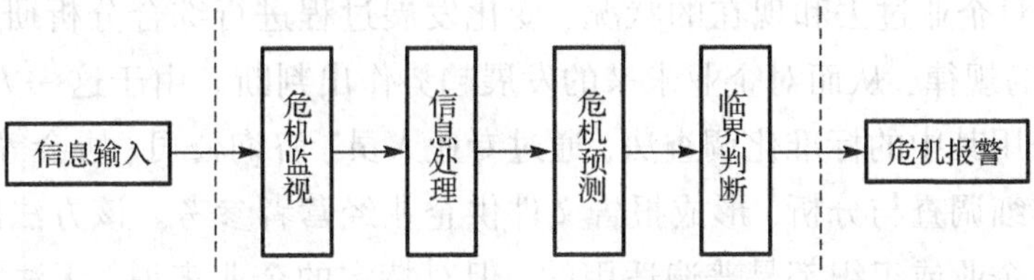

图 2.1　危机预警的过程

2.2.2　危机预警方法

1. 预警方法的分类

目前预警的方法主要分为三类，即指数预警、统计预警和模型预警。③

---

① 陈青姣. 企业危机预警探析［J］. 决策咨询通讯，2007(1)：88-91.

② 周永生. 现代企业危机管理［M］. 上海：复旦大学出版社，2007.08.

③ 王超，樊宏烨. 我国危机预警方法研究现状评析［J］. 交通企业管理. 2005(12)：6-7.

(1)指数预警

该类方法是通过制定综合指数来评价监测对象所处的状态，目前主要应用于宏观经济领域(如景气指数法)，多用来预测经济周期的转折点和分析经济的波动幅度。

(2)统计预警

该类方法主要是通过统计方法来发现监测对象的波动规律，在企业财务危机预警中应用较为广泛。该方法的使用变量少，数据收集容易，操作比较简便，如多元判别分析法、Logistic 回归分析等。

(3)模型预警

该类方法是通过建立数学模型来评价监测对象所处的状态，因而在监测点比较多、比较复杂时广泛使用，该类模型分为线性和非线性模型。主要经济变量之间有明确的数量对应关系时就可用线性模型预警。非线性预警模型则对处理复杂的非线性系统具有较大的优势，但如何对监测对象的复杂表现状况进行有效预警评价是目前在预警方法领域中的难点。

2. 主要的预警方法

(1)Logistic 回归分析法

Logistic 回归分析法是统计方法的一种，也被广泛运用到预警领域，其具体方法是通过选择样本和定义变量进行描述性统计及简单指标检验，然后根据检验结果进行变量间的相关性分析，剔出高度相关的变量，在此基础上进行 Logistic 回归，然后选择最优概率阈值(分割点)，阈值就是预警的临界点，对所得到的预测方法和效果进行检验，可以得到最终可以信赖的模型分析。

(2)专家调查法

专家调查法是企业组织各领域的专家运用专业知识和经验，根据企业内外部环境，通过直观的归纳，对企业过去和现在的状况、变化发展过程进行综合分析研究，找出企业运动、变化、发展的规律，从而对企业未来的发展趋势作出判断。由于这一方法的成本较高，大部分企业只采用其中的标准化调查法，通过专业人员、咨询公司、协会等，就企业可能遇到的问题讲行详细调查与分析，形成报告文件供企业经营者参考。该方法的优点在于所提出的问题对所有企业或组织都是普遍适用的，但对特定的企业来说，无法提供个性化的特定问题。

(3)基于人工神经网络(ANN)的预警评价方法

ANN 是在对大脑生理研究的基础上，用模拟生物神经元的某些基本功能组件(即人工神经元)，按各种不同的联结方式组织起来的一个网络。其目的在于模拟大脑的某些机理与机制，通过事先不断学习，可实现自学习的功能。人工神经网络模型主要是基于 BP 的神经网络模型。BP 人工神经网络是 Rmenlhart、McClelland 等研究并设计的、基于误差反向传播算法的一种多层前向神经网络。由于 BP 神经网络的神经元采用的传递函数通常是 Sigmoid 型可微函数，可以实现输入与输出间的任意非线性映射，在模式识别、风险评价、自适应控制等方面有着最为广泛的应用，目前广泛应用于预警指标的评价。在预警指标的历史数据比较少，非线性变化的情况下，可用人工神经网络方法对预警指标进行自学习的评价。

(4) 智能预警支持系统(IEWSS)

智能预警支持系统是决策系统的一个重要分支，随着神经网络、案例推理、模糊推理、规则推理等技术逐渐进入预警领域，给智能化预警支持系统的知识表示和推理带来了新的理论和方法。其中，案例推理技术更为广泛地应用于预警领域。案例推理首先对预警对象进行特征描述，根据这些特征，从案例库中检索相似案例，比较旧案例与新问题的异同之处，对旧案例进行调整，通过预警信息与案例库所存信息进行比较来达到预警的目的。

(5) 失败树(FCTA)预警法

预警实质是一种预先防范失败的方法，所以 FCTA 法在预警领域也得到广泛应用。FCTA 预警法是对已经发生的失败事件进行分析，此时失败事件的路径、源因素和失控条件相对而言是确定的，失败树的结构相对肯定和明晰。通过对大量失败实践总结，可从管理角度构建图示的失败树。失败树的构建有利于传授失败预防知识。失败学研究涉及多门学科领域，必须借助于各种科学手段，建立失败知识库和进行失败形成机制的仿真分析。研究的一般技术路线如图 2.2 所示。①

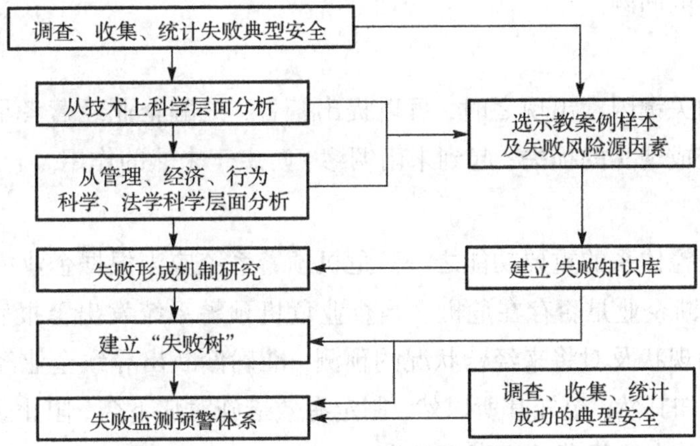

图 2.2　失败树预警法技术路线

除了以上的预警方法，还有景气指数法、基于概率模式分类法、VAR 系统、KLR 信号分析法、基于数据挖掘的危机预警方法等。每种预警方法在使用时都具有一定的局限性，因此，在使用时要根据具体情况选择恰当的方法进行预警。在复杂的情况下，可以通过组合的方式，综合运用不同的预警方式，实现全方面的预警。

预警技术的不断发展，使危机的监测和预测更为准确，帮助企业在危机发生前做好预防工作，尽可能地防止危机发生或减小危机的危害。

① 潘洁珠. 基于数据挖掘的预警技术研究［D］. 合肥：合肥工业大学，2007.

2.2.3 危机预警的功能与作用

危机预警是一种预先管理，不仅是为防止危机的形成，还要在危机形成后使用各种方式遏制其发展，消除危机爆发的根源，争取将危机消除在萌芽状态。所以，正常发挥危机预警机制的功能与作用至关重要。

1. 危机预警的功能

危机预警主要有六大功能，即信息搜集功能、监测功能、预报功能、诊断功能、治疗功能和保健功能。

(1) 信息搜集功能

危机预警的过程同时也是一个收集信息的过程，它通过收集企业经营相关的产业政策、市场竞争状况、企业本身的各类信息，进行分析比较开展预警。信息收集也是一个贯穿危机预警始终的活动。

(2) 监测功能

监测即跟踪企业的生产经营过程，将企业生产经营的实际情况同企业预定的目标、计划、标准进行对比，对企业营运状况做出预测，找出偏差，进行核算，考核，从中发现产生偏差的原因或存在的问题。

(3) 预报功能

当危害企业的关键因素出现之时，可以提出警告，提醒企业经营者早日寻求对策，避免潜在的风险演变成现实的损失，起到未雨绸缪、防患于未然的作用。

(4) 诊断功能

诊断是危机预警体系的重要功能之一。危机预警系统应当根据企业内部信息和外部环境的综合信息，诊断企业是否存在危机。当企业危机预警系统发出警报后，预警系统还应该根据企业经营的现状及对将来经营状况的预测，准确诊断出导致企业经营状况恶化的原因，使相关决策者知其然，更知其所以然，制定有效措施对症下药，阻止企业经营状况进一步恶化，避免严重的企业经营危机真正发生。

(5) 治疗功能

危机预警系统通过监测、诊断，判断企业存在的弊病，找出病根后，能帮助经营者有的放矢，对症下药的制定有效措施更正企业经营中的偏差或过失，防止企业危机状况进一步恶化，使企业回复到正常运转的轨道。

(6) 保健功能

通过预警分析，企业能系统而详细地记录危机发生的缘由、处理经过、平息波动和解除危机的各项措施，以及处理反馈与改进建议，作为未来类似情况的前车之鉴。还可将企业纠正偏差与过失的一些经验、教训转化成企业管理活动的规范，以免重犯同样或类似的错误，不断增强企业的免疫能力。

2. 危机预警的作用

危机预警对于企业的各方面都有着重要作用，包括以下几个方面。

(1) 实现企业日常经营活动的监测与评价

企业危机预警可以实现对企业的监测，即在企业正常经营条件下对企业的研发、生产、销售和服务进行监督。当发现其实际运行情况与企业的战略目标计划不一致时，进行分析，及时发现企业运营中的细小问题，避免给企业带来重大损失。在这种监督下，企业决策者可以随时了解实际现场情况与计划是否相符，使企业的执行力进一步加强。

企业危机预警可以评价企业运营情况，即通过监测了解企业计划实施的好坏，进而明确企业经营情况是否良好。企业危机预警为企业决策者认识自己企业提供了工具。

(2) 帮助企业培育和提高危机意识

一些危机的发生主要原因往往是企业缺乏危机意识。没有危机意识，企业就难以形成危机应对计划。企业危机预警可以培育并提高企业的危机意识，帮助企业看清现在的环境，辨别未来的风险与机会。当监测预测系统发出预警信号时，就说明企业的经营状况出现了问题，若不采取措施加以弥补，将有可能威胁到企业的生存。这就提醒了企业中的每个人：危机即将到来。这无形中加强了人们的危机意识，这也促使企业进一步采取行动，避免危机的降临。

(3) 增强企业的危机适应能力与应对能力，利于企业进行快速反应

企业危机预警可以提高企业的适应能力，企业通过对内外环境的监测，可以收集到大量信息。对信息整理分析之后，企业可以更加了解外部环境的变化趋势和内部运营情况，同时提供解决问题的具体方法，测定目标以及可行途径。这样，通过预测分析，企业就可以预知事态的发展，企业可以进一步做好充分的准备，如相应的处理计划、各项人力、资源储备。

(4) 有助于企业执行力的提升

企业的危机预警工作不仅有着预测性质，还有一定的控制性质。在对企业日常经营活动的监测中，就可以根据现实情况及时给予反馈控制。一方面，是企业的预警系统在执行其功能；另一方面，也为企业执行计划提供了一个保障，从而提升企业的执行力。

(5) 有助于提高企业危机决策的质量

信息的质量对企业的决策有重大的影响，经过危机预警系统整理的信息具有全面性、针对性和可操作性，因而对企业的管理者来说具有较好的参考意义，对企业危机管理的决策水平有着较大的影响。

2.3 危机预警过程

企业在危机管理的前期，需要经过一系列筹划、酝酿，为企业危机管理运作做好一些实质性的准备工作，这样才能保证危机管理活动的顺利开展。因此企业需做好相关危机预

警工作。在危机预警阶段，主要目的是为了科学有效地预防和避免危机事件发生，其中主要包括培养危机意识、危机预警计划、危机预警演习和危机预警系统。

2.3.1 危机意识

谈到危机意识的来源，不免想到古语“投之亡地然后存，陷于死地而后生”，这一思想主要体现了孙子“以患为利”的用兵策略，兵法的最终目的是激励士气。用兵打仗需有危机意识，企业经营亦是如此。

1. 危机意识的内涵

任何危机都不是随机出现的，它总是潜伏在没有危机意识的企业中。明智的管理者总是能够居安思危，建立预警机制，防患于未然。

闻名于世的波音公司，为了增强员工的危机意识，别出心裁地摄制了一部模拟公司倒闭的电视片，该电视片的主要内容是在一个天空灰暗的日子里，波音公司高挂着“厂房出售”的招牌，振聋发聩的扩音器里传来“今天是波音公司时代的终结，波音公司已关闭了最后一个车间”的通知，员工们一个个垂头丧气地离开了工厂。该电视片在员工中产生了巨大震撼，强烈的危机感使员工们以主人翁的姿态，努力工作，不断创新，使波音公司始终保持了强大的发展后劲。波音公司的这种做法对所有企业员工都有着深刻的启示，那就是：一个企业要想在激烈的市场竞争中永远立于不败之地，企业上下必须要有危机意识①。

企业危机意识是指企业对紧急或困难关头的感知及应变能力。树立危机意识是企业危机管理过程中的首要工作。在变化的市场竞争中，企业必须保持高度的危机感，时刻留意市场的变化，加强内部管理，在强大的竞争压力下不断进步，企业应该想员工灌输危机意识，让员工清楚了解企业不警惕危机就容易被市场淘汰，员工若是不警惕危机就会被企业淘汰。因此，现在已经有很多企业将危机意识融入到自身的企业文化当中，从而使其在整个企业范围内，整个经营过程中影响企业。

总之，面对如今经济全球化的发展趋势，企业在获得机遇的同时也面临着挑战。企业需要树立正确的危机意识，用长远的眼光看问题。在企业经营管理的过程中要对危机源有清晰的认识，从内因和外因双方面进行分析，强化内部管理，增强抵御外部危机的能力，从而推动企业实现长足的发展。

2. 培养危机意识的方式

危机意识是开展危机管理的基础，危机管理的重点工作也就是树立危机意识。企业危机意识的增强能够为企业提高抵御危机的能力，将企业的损失降到最小。企业若要培养或增强危机意识，可以从树立科学的危机观、营造良性的危机文化和建立危机管理培训机制三个方面展开。

(1)进行科学的危机观念教育

要想科学有效地解决企业遇到的各种危机，首先要让每一个员工都从思想上做好应对

---

① 徐殿龙，《没有危机意识才是最大的危机》，经济参考报，2008年。

危机的准备，树立起科学的危机观。要想真正树立起科学的危机观就一定要克服社会上流行的一些错误的危机观念，通过开展各种危机教育，让企业员工了解危机的危害，提升危机应对能力。树立科学的危机观，不仅反映了企业的业务素养，而且也是策略化、实效化、艺术化处理危机的基本保障。“思想决定行动”，对全体员工进行科学危机观的教育是企业进行危机预防的第一步也是最重要的一步。

(2)建设企业危机文化

危机意识的教育是企业文化建设的一部分，树立科学危机观的关键是在企业内部形成危机防范的企业文化，让员工了解危机的特征和危害，增强他们的危机意识，提高危机防范和转化能力，帮助员工优化自身行为，具备应对危机的应急力。比如小天鹅公司实施“末日管理”模式，其目的是为了强化企业的危机文化意识。企业危机文化的建设可以采用多种方式：可以将危机理论指导和相应的处理措施等以通俗易懂的语言编成危机管理计划手册，配发给每个员工，也可以利用宣传图片、录像、危机事件纪录片等向员工直观、形象地全面介绍应付危机的方法。

(3)完善危机管理培训机制

危机管理培训可以检验企业管理者的快速反应能力，强化企业整体的危机管理意识和能力。因此，企业应该根据自身具体情况建立相应的危机管理培训机制，通过实践来加深员工对危机管理的重视，并培养科学的应对经验。

危机管理培训的内容是多元化的，包括危机案例学习和危机管理知识培训。企业危机案例学习可以分为成功案例和失败案例学习两类。危机案例的学习，为企业管理者提供了解决危机的参考思路和方法，同时还增强了员工的现实危机意识，可以从危机事件中吸收经验教训并开展对照检查，帮助企业适应迅速变化的内外部环境，保持长久的竞争优势，实现可持续发展。危机管理知识的培训可以通过讲座的形式开展，利用各种舆论工具进行危机宣传，引导员工开展危机讨论。这种密切联系实际的危机教育方式可以强化职工的企业危机意识，有利于时刻保持清醒的头脑。

2.3.2 危机预警计划

危机预警计划是在事前对可能发生的潜在危机，预先研究讨论，以发展出应变的行动准则的一种方式。企业的危机预警计划需要具体、可操作，在危机爆发时能够直接进行取用。危机应对措施的制定需要具有灵活性，能够根据实际的变化进行灵活的变动，从而使得一个方案能够应对多种问题。在危机预警计划制定的过程中还需要考虑多方面的因素，全面的考虑能够使得管理计划更加科学全面。

1. 危机预警计划的内容①

(1)危机事件的界定

首先，企业需要确定可能对自身造成巨大的潜在威胁的事件的范围，对潜在危机进行

① 皮伟平. 危机制胜——企业危机管理新思路［M］. 北京：国防科技大学出版社，2005. 12.

列表。有些危机是企业管理层决策的衍生物，在企业实施决策的时候，就可能引发相关危机，如裁员、并购、价格战等；有些危机则超出企业的控制范围，如不良舆论、人为的破坏、自然灾害等。在对潜在危机进行列表时，应做到尽可能全面。对于所有可能发生的危机，企业应按照轻重缓急的原则，加以排列，并预测出危机发生的概率以及对企业的危害后果及程度，从而为制定反危机措施做好准备。

(2)危机管理的方针与目标

危机管理的基本目标是尽早发现危机，将危机消灭于萌芽状态，企业危机管理的目标同样具有多元性。当危机涉及不同的利益群体时，企业需要考虑顾客、员工、股东、经销商、供应商等多方面的利益。另外还要明确规定实施本危机管理计划的相关管理内容和要求，包括保密制度、制定和更新计划的方案、计划审计和批准程序等。

(3)企业危机预警计划的组织保证

当危机来临时，企业要有核心的行动指挥中心，这就需要组建高效率的危机管理小组。这一机构的建立既能全面清晰地对危机进行准确预测，又能为处理危机制定策略，采取措施，并起着指导和咨询作用。危机管理小组是企业的常设机构，一个有效的危机管理机构应该包括决策层负责人以及企业各部门的主管或优秀人才，还可外聘公关和管理专家。

(4)企业危机预警计划的资源保证

计划的实施需要一定的物质资源和人力资源做基础。一方面，计划的制定要考虑现有的资源，在资源可实现的前提下制订；另一方面，根据制订好的计划，要使所需的资源尽快到位，有足够的物质资源和人力资源做保障。危机管理离不开内外资源的运用，所以在危机预警计划中，一定要整合企业内外各方面的有形和无形资源。

(5)确定企业危机预警计划的实施内容

危机预警计划的实施内容主要包括危机沟通策略、危机预警体系和危机处理程序。企业危机管理的核心是有效的危机沟通，保持对信息流通的控制权。危机管理的沟通原则包括内部沟通原则和外部沟通原则。企业危机预警体系的内容包括危机预警体系建立的目标和要求；预警体系的使用程序和要求。企业危机处理的程序包括：企业危机的发现与初步处理；确定危机信息的真伪，排除伪信息；危机信息汇报的原则和程序；危机管理领导小组的反应措施。

2. 危机预警计划的制订原则

危机预警计划是危机预警过程中的重要环节，计划的制订将直接影响到企业对于危机的应对能力。因此，危机预警计划在制订时需要遵循多种原则，包括有效性、可操作性、系统性、灵活性和集体参与性。

(1)有效性

危机预警计划需要企业拥有充足的资源可供利用，但实际上企业往往都是资源匮乏。所以，在前期计划制订的时候就需要依据企业现有的有效资源。因为在现实的企业中往往存在着一些无效的资源。关于企业危机管理的资源配置计划，最有效的方法是采用20/80原则，这样能够保证危机管理过程中不出现资源突然缺少，从而导致危机管理失败的结局。

(2) 可操作性

危机预警计划必须是针对企业经营管理活动的各种潜在危机而设计的，因而必须是实用的、可操作的。计划制订人员应有针对性地了解企业内部及外部的信息和情况，并及时充分地沟通，同时应和相关各方加强联系。否则会漏洞百出，甚至计划会变得毫无意义。因此，要充分把握了企业自身的生存状况和发展要求，保证计划的可操作性。

(3) 系统性

危机预警计划需保持系统性，明确权责，对人员进行有效配置，并鼓励人员发挥主观能动性。危机预警中信息交流非常重要，企业危机预警计划要设计系统而标准的信息沟通流程，使得管理者和工作中心及信息接收人员能迅速、准确地接收信息和使用信息。有关危机的很多信息都会被记录下来进行集中处理，确保信息处理的准确性和有用性，有助于工作人员和管理者集中精力、沉着稳定地进行具体工作。

(4) 灵活性

由于企业处于瞬息万变的动态环境之中，未来可能发生的危机情形有着高度的不确定性，因此，危机预警计划必须保证其灵活性。计划中如果过多地对危机的具体细节进行描述，往往会增加计划的约束性，当执行前、执行中出现无法预知的变化因素时，会由于计划过于细致而使得计划的灵活性降低，给执行带来不便，甚至导致计划无法执行。一个好的危机预警计划是抽象掉危机预警的具体细节，使计划保持一定的通用性和应变性。

(5) 集体参与性

危机预警计划的制定需要全员参与，要使全体员工熟悉和了解企业危机预警计划，从而把思想认识与实际行动有机地统一起来，将计划付诸实施。而在强调集体参与性的同时，还要在计划中明确规定岗位任务和轮流工作制度。危机管理通常需要多部门或小组配合行动，他们的工作有时需要分散进行，相互间不可能时时保持联系，或者由于危机的影响无法与其他部门或小组取得及时沟通，因此，计划中应对反应装备的使用标准和工作任务做出明确说明，以便于员工在没有工作中心指挥的情况下能做出正确的行动。

课外拓展

预警与20/80 法则

帕累托定律(也叫二八定律)是19 世纪末20 世纪初意大利经济学家帕累托发现的。他认为,在任何一组事件中,最重要的只占其中一小部分,约20%,其余的80%尽管是多数,却是次要的,因此又称二八定律。

经验告诉我们,被预警区域中的20%的人会做出与预警相背的选择。这20%包括以下人员:未听见预警;喜欢自己亲自证实消息;害怕结果;相信他们比预警中的建议懂得多。

因此，如何让人们对各种预警系统发出的信号做出正确、及时的判断，是一个涉及危机管理、行为科学等学科的有待解决的难题。

资料来源：罗伯特·希斯. 危机管理 [M]. 北京：中信出版社，2004.

2.3.3 危机预警演习

日常生活中常有军事演习、消防演习，通过模拟演习的方式让人们做好危机来临的准备。对于企业而言也可以进行危机演习。危机模拟训练能够对企业管理知识、员工心理素质等进行考核，并且提高管理人员的快速反应能力。不定期的危机模拟训练能够让企业内部处于高度警惕的状态，从而提高企业应对危机的能力，并在真正危机到来时从容应对。企业在管理过程中需要制定相应的危机应对措施，危机模拟训练能够对制定好的措施进行检测，验证其是否具有可行性和有效性。演练可以从以下几个方面进行。

1. 危机管理知识技能培训

由于危机处理时间紧迫，对危机处理人员的要求不仅是要知道该如何做，而且要在短时间内准确无误地完成规定操作。这就需要对企业员工进行有关方面的理论知识讲解，并请外部专家讲授专业技能，让员工都具备一些基本理论知识和技能，便于日后工作的协调开展。建议经常开展有关生产、安全、企业、经济、竞争等方面的教育和培训，使全员产生一种危机感，但注意不要危言耸听。在工作指导培训方面，可以把任务分解为各个步骤，向受训人员演示每一个步骤并说明该步骤的关键内容后，让受训人员练习该步骤，边学边讲解。这样的培训方法，相对于简单的危机管理理论学习，其培训效果更好。

2. 角色轮换训练

现实中的企业危机情形千变万化，企业可以根据危机应变计划进行定期的角色轮换模拟训练，训练内容包括心理训练、危机处理知识培训和危机处理基本功的演练。训练负责人需要根据企业现状设计并安排合理的模拟训练。设定特定的危机背景，分配给受训人员不同的角色，受训人员通过合作进行危机管理的模拟。在过程中，需要大家相互配合相互学习，适时安排专家顾问对其管理行为做出点评与指导，在实践中完善危机处理的方法。在可口可乐公司，危机处理小组每年都要接受几次培训，培训内容听起来像游戏，比如模拟记者采访，模拟处理事件过程；几个人进行角色互换，总经理扮演品控人员，公关人员扮演总经理之类。这样可以从不同的角度来为全局服务。结束训练后，所有受训人员需要及时做好总结，并将轮换训练的过程进行评估和比较，然后对管理计划做出相应修改，以此来提升危机反应能力，增强危机意识，确保企业在真正的危机来临之际能安然渡过难关。

3. 危机案例模拟

危机案例模拟训练是由训练负责人收集企业的危机案例，安排受训人员了解危机背景及部分发展情况后，通过自身经验和理解提出相应解决方案，也可以通过讨论的方式，提出问题进行探讨，发挥集体的智慧一起寻求更好的解决方案。这样的模拟训练更具有针对性，能让受训人员更真实地体验危机情景，强化他们的心理素质，同时对各种技能和知识在危机情境中的配合使用进行提前模拟，在实际操作中获得启发。

2.4 危机预警系统构建

危机预警是企业危机管理的重要内容，建立一个合适有效的危机预警系统是一个企业能否准确、及时预测危机并采取措施的关键。危机预警系统能够为企业提供准确预警信息，在外界环境出现变动时，为企业提供最新的变化数据，企业可以从中进行分析，以制订相应的应对措施。

一般情况下，危机预警系统由5个子系统组成：信息搜集子系统、基本监测子系统、危机预测子系统、综合评估子系统和警报子系统。信息搜集子系统主要是对相关危机信息进行收集和整理；基本监测子系统根据搜集整理的信息，对公司运营情况进行日常的基本监测；危机预测子系统通过加工后的危机信息和监测结果进行危机的风险预测；综合评估子系统负责基本监测和危机预测的评价工作；警报子系统主要起到报警作用，若其他子系统的指标与企业预先设定的安全水平不符合，则及时发出警报。危机预警系统各子系统之间的联系如图2.3所示。①

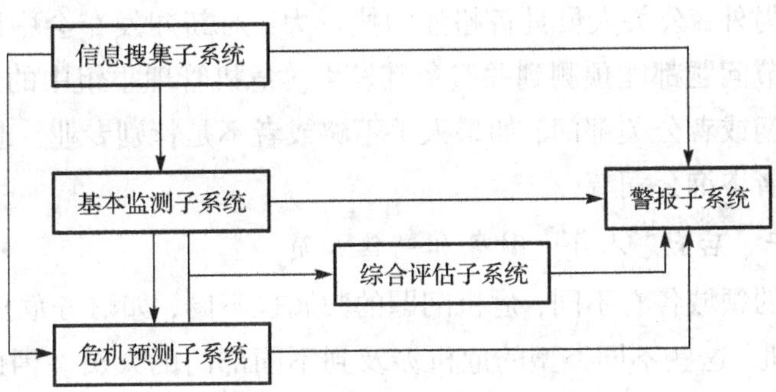

图2.3 危机预警系统关系图

2.4.1 危机管理小组

危机管理小组是专门从事危机管理工作的组织和机构，是企业挑选一批对危机管理有重要作用，将对危机管理计划提供重要建议的人组成的一个团队。该团队被委以制定危机管理计划、进行企业危机管理的任务。成立危机管理小组是在危机发生前一定要做的准备工作，而不是在危机发生时才匆忙建立的。②

1. 危机管理小组的组成

危机管理小组的领导核心通常为企业领导人，由其带领整个危机小组展开工作。其他

① 周永生. 现代企业危机管理［M］. 上海：复旦大学出版社，2007.08.

② 陈宏军，江若尘. 摆脱企业危机［M］. 北京：中国经济出版社，140.

成员一般由企业不同层次或不同领域的人员组成，多为该领域熟悉精通的人员。在人员挑选时要注重人员的知识结构和素质技能的合理搭配。危机管理小组的成员应包括以下人员：

(1) 企业领导人

企业领导人是企业的重要决策人物，能在紧要关头做出权威决策。企业领导人参与危机管理，能够保障企业管理的权威性，使危机管理计划得到最彻底的贯彻。有时解决危机必须调动各方面的资源，要想调动资源必须具备一定的权力。企业领导人是企业的最高权力拥有者，拥有资源调动的最高权力。同时企业领导人能够协调企业的各个部门。企业领导人作为危机管理小组的核心人物，在面对危机时需要具备良好的素质，包括良好的预测能力，强大的抗压能力，果断的决策能力，遇事沉着冷静，不慌乱等。

(2) 公关人员

危机管理对于团队的专业素养和技能要求较高，公关人员是危机公关的理论参谋和具体执行者，负责危机公关程序的优化和实施，发挥着使危机管理程序更合理和富有操作性的作用。

公关人员更具有洞察力，对于媒体采访、形象宣传、新闻发布会以及与企业所有利益相关者的沟通中的策略有着深入地了解，对一些危机管理小组其他人员不能解决的专业问题能够迅速解决。另外，公关人员具备超强的执行力，对新闻发布会中以及媒体传播中等各种可能出现的细节问题都能预测到并避免其发生。危机管理小组中的公关人员可以来自企业内部的传播部门或者公关部门，如果人手不够或者不是特别专业，也可以来自从外部，比如说公关公司或者咨询公司等。

(3) 安全、生产、后勤、人事、财务和销售人员

由于危机爆发的领域各有不同，危机问题的归属也不同，如财务危机、人力资源危机、品牌危机、质量危机，这些不同类型的危机涉及到不同部门的人员。因此小组内成员还需要包括各部门的专业人员，他们是企业里的业务专家，熟悉生产流程和流通程序，易于把握生产、流通过程中出现问题的环节，便于应对来自公众与媒体的疑问。

(4) 律师

作为企业的法律事务顾问，律师熟悉企业日常运作过程中可能出现的法律问题，便于在法律程序上保证企业行为的正确性。对于那些影响较为严重、涉及到重大财产、生命损害以及传播范围较广的危机，团队中拥有一位精通各种事务的律师或法律顾问就显得尤为重要。一方面，可以保证决策的合法性，尽早通过法律途径解决纠纷，避免在危机处理中落入法律的误区从而引起更大的危机；另一方面，律师或法律顾问往往具有较高的知名度，有一定的地位，拥有一定的话语权；另外，律师能充分理解信息内容的本质含义，审阅公司所起草的危机计划，万一发生恶性事故，律师知道如何通知政府机构才符合司法要求。

(5) 新闻发言人

新闻发言人是危机管理小组中的重要角色，其一言一行都会影响企业的形象。新闻发

言人专门负责与外界沟通，尤其是与新闻媒体的沟通，及时、准确、口径一致地按照企业的对外宣传的需要把公关信息发布出去，形成有效的对外沟通渠道。所以，对于企业危机公关的新闻发言人要有更高的要求，杰出的沟通能力是新闻发言人应具备的核心能力。另外，发言人还需要熟悉企业生产、管理、销售与服务的每一个环节和企业运作流程，仪表端庄，举止大方，反应敏捷。企业可以设置专职的新闻发言人，也可以设置兼职的新闻发言人。

危机管理小组强调每个层级都有人参与，是为了便于在危机初期快速准确找出问题，采取措施对症下药。在人员配置方面，要充分考虑企业实际情况，确定适当的人数。人员并非多多益善，过多的成员会影响信息的交流；但人员也不能太少，还是需要保证人员的广泛参与和取得充分的建议。

2. 危机管理小组的职责

危机管理小组是顺利处理危机、协调各方面关系的组织保障。在组织授权下，小组有权合理合法地调动和使用各种资源来处理危机，在过程中代表组织做出决策。因此在危机管理小组的职责规定时要注重权责统一。危机管理小组的主要职责包括以下几项：

(1) 分析企业潜在危机，并作出危机预警

危机管理小组需要全面、清晰地分析企业可能面临的各种危机，并对危机情况进行预测。在出现危机征兆时，需要危机管理小组立即开展工作，建立并运转危机预警系统，确保各子系统正常工作。小组需要迅速了解危机产生的根源，并分析掌握危机发展的趋势，做出理性、客观的危机评价，及时向企业发出危机预报。

(2) 制定危机管理计划

在全面监测和科学评估的基础上，危机管理小组需要研究和制订危机管理计划。危机管理计划包括战略层面和战术层面，战略层面主要是提出危机管理的总体目标、应对策略的框架等；战术层面则是危机管理的具体流程、具体分工、实施技巧等。要求小组成员在制定计划时考虑周全，注重各项具体安排的合理性，确保所制定的危机管理计划的可行性和科学性。

(3) 执行并监督危机管理计划的实施

危机管理小组不仅是危机管理计划的制订者，还是计划的执行者和监督者。小组需要将计划落到实处，在执行方面主要包括三个内容：一是明确计划的流程，实施危机处理策略；二是为组织的其他人员提供危机应对的咨询，做好组织内部的有效沟通；三是咨询或聘请外部的公关专家和顾问，取得专业人士的帮助。在监督方面主要是保障组织内其他部门或其他成员对于危机管理计划的正确实施，做好监督和指导工作。

(4) 指导并应对危机

危机具有突发性和不可预测性，在危机真正发生时，危机管理小组人员要对危机的处理工作作出快速反应，为组织相关部门提供建议和指导。因此，小组必须在事前做预案，事中灵活应变，快速找出危机处理方式。

(5) 组织培训和危机演练

危机面前，每个组织成员都是危机管理的主体。因此危机管理小组在日常工作时需要做好组织内成员的危机培训和危机演练，为危机应对做好准备。危机培训主要包括危机意识教育、危机管理实务教育和危机防范教育等。培训方式有专题讲座、案例讲解和指导示范。危机演练是通过情境模拟和实践演练的方式来寻找危机管理计划的缺陷，便于做出修改，同时期望通过演练以提升组织成员实际应对能力。

3. 危机管理小组的作用

危机管理小组作为危机管理的主体组织，吸收了企业各部门的人员，保障了人员的广泛性和专业性。危机管理小组的存在对于危机管理起着重要作用。

(1) 保证制定的危机管理计划具有可行性

可行性是危机管理计划的一个重要指标，一份完善科学的危机管理计划需要具有很强的操作性，这就要求危机管理小组在制订计划时，能够综合考虑各方面的要素。从实际情况出发，找准问题的关键，对症下药，使计划更完善更具可行性。

(2) 便于获得不同层次的决策建议

由于危机管理小组是由企业不同层级的人员共同组成包括高层领导者、中层管理人员、基层员工和企业外专家顾问团队等，涵盖面广泛。这样的多层次的组合方式，能够接收到不同的观点和意见，丰富小组内部的资源，便于管理决策的制定。

(3) 利于提升企业的危机管理水平

一次危机的爆发带给企业的影响是两方面的，风险与机遇是并存的。企业要积极化解危机，同时也要抓住机遇，学会在危机中获利，学会在危机管理中提高。危机管理小组在处理完危机事件后，需要追根究源，找到危机背后的源头，消除潜藏在企业中的隐患，最后还要及时进行总结反思，吸取经验教训，不断提升企业的危机管理水平。

(4) 利于辨识企业弱点，预防企业危机

危机管理小组成员的多样性，保证了内部建议的多样性与广泛性。每个层级的人员都有自己所擅长熟悉的工作领域，因而能够及时发现相关领域内存在的问题及缺陷。在内部讨论时，集思广益，相互补充，加上专业人士的意见，能够快速准确地找准企业的弱点，继而采取有效措施，预防企业危机的爆发。

2.4.2 危机诊断

危机诊断是危机处理的基础，在企业面对危机时，首要任务就是对危机进行辨识，即对企业危机的性质、原因、具体情况进行分析。危机诊断的结果将极大地影响危机处理。正确的危机诊断将为危机处理奠定良好基础，而错误的诊断将成为危机应对失败的根源。

1. 危机诊断的概念及内涵

危机诊断是根据危机分析和评价，判断企业危机本源的过程。虽然企业危机涉及企业经营管理的各个方面，较为庞杂，但是事物都有其产生、变化的本源，当然企业危机产生的根源必然有着主要和次要之分。企业需要通过危机诊断，辨别出危机产生的真正原因，弄清病症，对症下药，从而使有限的资源在合理利用的情况下，发挥最大作用。

危机诊断主要是对辨识出的危机要素进行形成原因和形成过程的分析，了解其发展趋势，找出根源，努力辨别哪些因素是主要矛盾，哪些因素是次要矛盾，从而帮助企业更好地制定危机应对方法。

为快速解决企业危机，企业需要在危机爆发后，第一时间对危机进行诊断。越早进行诊断将越早制定出应对措施，利用较少的成本有效控制危机。危机发生前，往往会不同程度地显露出一些冲突的迹象，出现一些不正常的信号。因此，危机诊断人员必须尽快收集信息，对各种可能的信号或迹象进行验证，从而确认企业危机是否发生。

要做好危机诊断，需要建立危机自我诊断制度，从多个层面和多个角度进行检查、分析和评价，找到薄弱环节，并及时采取有效措施进行弥补。企业定期进行自我诊断，利于企业提高危机预警能力，危机诊断过程为图 2.4 所示。

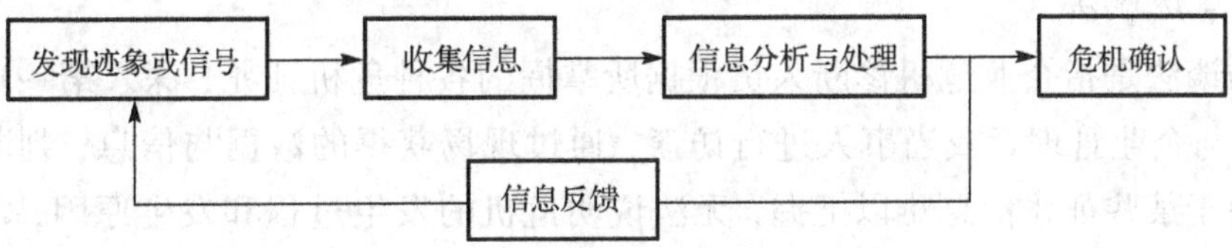

图 2.4　危机诊断过程

2. 危机诊断的原则

为了提高企业经营管理的水平，增强危机预警能力，结合我国企业的特点考虑，企业在危机诊断时需要遵守各项原则。

(1) 高效性原则

在企业危机诊断过程中，尽可能地在危机发生过程中快速做出反应，高效地做出危机诊断，以减小危机对企业造成的危害。这需要企业诊断人员准确及时地找到危机的根源，并做出精准的分析。

(2) 科学性原则

危机诊断要求树立严谨的科学态度，在诊断过程中要按照客观规律，遵循客观程序，注重信息收集和数据分析，尽可能避免漏诊误的情况。最好邀请管理顾问指导，并应广泛征求员工和行业人士的意见，避免主观臆断，防止出现危机诊断人员单纯依靠经验分析问题和处理问题的情况。

(3) 系统性原则

危机诊断人员需要从系统的角度看待问题和分析问题，注重企业生产运营的各个环节。完成危机诊断后，责任人还需要详细撰写一份危机诊断报告，呈递决策委员会研讨，以充分论证危机诊断的科学性。通常，危机诊断报告内容主要涉及：诊断主题、时间、地点、人员；诊断课题、方式、结论；诊断意见、签名。

(4) 密切性原则

要保证企业诊断工作的顺利开展，离不开企业领导和企业广大员工的密切合作。危机诊断人员需要充分听取员工的意见，发挥群众的智慧，共同分析企业生产运营中所存在的问题，并制订改进方案和计划，以保证诊断结果的正确性和诊断方案的接受性。

(5) 经济性原则

企业危机诊断不能忽略其经济效益，诊断的目的是为了提高企业的效益。因此，在诊断工作的开展过程中，需要把提升企业经济效益作为工作的重心，注重资源的合理使用，切忌因刻意追求危机诊断的高质量而造成资源和时间得过度耗费。

3. 危机诊断的方法

企业危机诊断是一项具有挑战性的工作，整个过程复杂，操作难度大。因此，在实际运用时，可以选择多种方法综合使用，以确保诊断结果准确无误。诊断企业危机的方法很多，且具有重要作用和意义，现列举一些主要方法。

(1) 考察访谈法

考察访谈法是指企业危机诊断人员根据所掌握的各种危机征兆，深入第一现场进行实地考察，并与企业管理者或当事人进行访谈，通过现场获得的数据与信息，判断企业危机的方法。由于某些征兆信息难以把握，无法说明危机的发生过程和发生原因，需要到现场进行考察和访谈才能进行判断。通过这样的方法，得到第一手的资料，更为真实可信，为危机诊断提供更清楚的线索，同时还能了解到危机的具体发生过程及发生原因和相关的责任人，确定责任的归属，有利于诊断工作的良好开展。

(2) 危机案例法

危机案例法是指危机诊断人员和企业管理者根据现有企业危机案例，利用自身的经验判断，将公司在各个领域中可能存在的危机罗列出来，研究分析现有案例的情况及应对措施，形成较完善的企业危机案例清单。危机诊断人员可以综合各方意见或聘请外部专家到企业考察，将各种可能的潜在的危机因素挖掘出来。最后依照危机案例清单进行讨论，以确定危机征兆的真伪。

(3) 核对分析法

这种方法是根据企业的一些真实数据，计算出企业目前及过去的各种指标，诊断人员运用对照、验证、复核、调整等方式将各种指标结合起来，分析它们的变动状况和趋势，来了解企业经营管理的实际情况，用以推断企业危机。此方法需要对企业指标系统有较强的认识，能够根据一些信息迅速找准各相应指标，根据核算出来的指标数值再进行趋势分析，以其结果与目前企业中的相应指标相对比，以综合判断企业危机。

(4) 问卷调查法

该方法是企业通过设计危机管理问卷，然后选择不同的对象进行系统地调查，通过对调查结果的整合分析，进行企业危机的诊断。在问卷设计时，要求危机诊断人员对于有关危机的信息较为精通，能够有针对性地提出各种问题，能通过对被调查者回答的综合处理，系统地收集到有关危机的各种信息，直接用于企业危机诊断。从目前来看，这种方法较为普遍。当企业对危机的判断存在不确定性因素时，常常采用这种方法。

本章小结

1. 企业危机预警是指企业决策者根据企业内外部环境的变化，对企业将要面临的能够威胁到企业生存的事件进行提前预测和分析，发出警报，以便企业决策者提前采取应对措施，降低企业损失，规避风险的过程。指数预警、统计预警和模型预警是当前较为普遍采取的三种预警方法。

2. 危机预警有六大功能：信息搜集功能、监测功能、预报功能、诊断功能、治疗功能和保健功能。其主要作用包括：实现企业日常经营活动的监测与评价；帮助企业培育和提高危机意识；增强企业的危机适应能力与应对能力；有助于企业执行力的提升；有助于提高企业危机决策的质量。

3. 在危机预警过程中，主要目的是为科学有效地预防和避免危机事件发生，其中主要包括培养危机意识、危机预警计划、危机预警演习和危机预警系统。

4. 危机预警系统由五个子系统组成：信息搜集子系统、基本监测子系统、危机预测子系统、综合评估子系统和警报子系统。

5. 危机管理小组是专门从事危机管理工作的组织和机构。领导核心通常为企业领导人，其他成员一般由企业不同层次或不同领域的人员组成，多为域熟悉该领的人员。

6. 危机诊断是根据危机分析和评价，判断企业危机本源的过程。在诊断过程中要注重高效性、科学性、系统性、密切性和经济性原则。诊断的方法主要有考察访谈法、危机案例法、核对分析法和问卷调查法等。

思考题

一、名词解释

问题管理　危机预警　危机诊断　危机预警计划指数

二、简答题

1. 简述问题管理的一般程序。
2. 简述危机预警系统的构成部分及其各自的作用。
3. 简述危机管理小组的职能。
4. 危机预警对于危机管理的意义有哪些？
5. 制定危机预警计划的应注意什么？
6. 开展危机预警演习的方式有哪些？
7. 试述企业危机管理中危机管理小组的作用。
8. 简述危机诊断的各项原则。

9. 试述危机预警的一般过程。

10. 简述危机预警方法的类别及各类别中的代表方法。

11. 如何增强企业及其员工的危机意识？

12. 简述企业危机预警的六大功能。

三、论述题

1. 成立危机管理小组为企业应对危机起到重要作用，但同时也会带来一些管理问题。思考危机管理小组的成立将带来哪些管理问题？

2. 为什么人们会对危机警报反应迟钝？

3. 有人认为“做好危机预警就能实现危机管理”你同意此说法吗？为什么？

4. 企业诊断过程中，选用内部人员诊断和外部人员诊断的优缺点各有哪些？

案例讨论

华为的股权激励

随着国内自主创新和创业浪潮的兴起，人力资本逐渐成为高科技企业的核心资本，选、育、留、用成为人力资源管理的核心价值模块。在经济低迷时期，市场萎缩，现金流紧张以及资金担保链条的不稳定都将导致企业生存危机；而人力资本的稳定和潜能的激发是企业能否在经济危机中抓住机会发展壮大的核心能力。华为在危机中采取股权激励措施，应对企业危机。华为公司内部股权计划始于1990年，即华为成立三年之时，至今已实施了4次大型的股权激励计划。

一、创业期股票激励

创业期的华为一方面由于市场拓展和规模扩大需要大量资金，另一方面为了打压竞争者需要大量科研投入，加上当时民营企业的性质，出现了融资困难。因此，华为优先选择内部融资。内部融资不需要支付利息，存在较低的财务困境风险，不需要向外部股东支付较高的回报率，同时可以激发员工努力工作。1990年，华为第一次提出内部融资、员工持股的概念。当时参股的价格为每股10元，以税后利润的15%作为股权分红。当时华为员工的薪酬由工资、奖金和股票分红组成，三部分数量几乎相当。其中股票是在员工进入公司一年以后，依据员工的职位、季度绩效、任职资格状况等因素进行派发，一般用员工的年度奖金购买。若新员工的年度奖金不够派发的股票额，公司帮助员工获得银行贷款购买股权。华为采取这种方式融资，一方面减少了公司现金流风险，另一方面增强了员工的归属感，稳住了创业团队。也就是在这个阶段，华为完成了“农村包围城市”的战略任务，1995年销售收益达到15亿人民币，1998年将市场拓展到中国主要城市，2000年在瑞典首都斯德哥尔摩设立研发中心，海外市场销售额达到1亿美元。

二、网络经济泡沫时期的股权激励

2000年网络经济泡沫时期，IT业受到毁灭性影响，融资出现空前困难。2001年底，由于受到网络经济泡沫的影响，华为迎来发展历史上的第一个冬天，此时华为开始实行名为

"虚拟受限股"的期权改革。虚拟股票是指公司授予激励对象一种虚拟的股票，激励对象可以据此享受一定数量的分红权和股价升值权，但是没有所有权，没有表决权，不能转让和出售，在离开企业时自动失效。虚拟股票的发行维护了华为公司管理层对企业的控制能力，不至于导致一系列的管理问题。华为公司还实施了一系列新的股权激励政策：(1)新员工不再派发长期不变一元一股的股票；(2)老员工的股票也逐渐转化为期股；(3)以后员工从期权中获得收益的大头不再是固定的分红，而是期股所对应的公司净资产的增值部分。期权比股票的方式更为合理，华为规定根据公司的评价体系，员工获得一定额度的期权，期权的行使期限为4年，每年兑现额度为1/4，即假设某人在2001年获得100万股，当年股价为1元/每股，其在2002后逐年可选择四种方式行使期权：兑现差价(假设2002年股价上升为2元，则可获利25万)、以1元/每股的价格购买股票、留滞以后兑现、放弃(即什么都不做)。从固定股票分红向"虚拟受限股"的改革是华为激励机制从"普惠"原则向"重点激励"的转变。下调应届毕业生底薪，拉开员工之间的收入差距即是此种转变的反映。

三、非典时期的自愿降薪运动

2003年，尚未挺过泡沫经济的华为又遭受SRAS的重创，出口市场受到影响，同时和思科之间存在的产权官司直接影响华为的全球市场。华为内部以运动的形式号召公司中层以上员工自愿提交"降薪申请"，同时进一步实施管理层收购，稳住员工队伍，共同渡过难关。2003年的这次配股与华为以前每年例行的配股方式有三个明显差别：一是配股额度很大，平均接近员工已有股票的总和；二是兑现方式不同，往年积累的配股即使不离开公司也可以选择每年按一定比例兑现，一般员工每年兑现的比例最大不超过个人总股本的1/4，对于持股股份较多的核心员工每年可以兑现的比例则不超过1/10；三是股权向核心层倾斜，即骨干员工获得配股额度大大超过普通员工。此次配股规定了一个3年的锁定期，3年内不允许兑现，如果员工在3年之内离开公司的话则所配的股票无效。华为同时也为员工购买虚拟股权采取了一些配套的措施：员工本人只需要拿出所需资金的15%，其余部分由公司出面，以银行贷款的方式解决。自此改革之后，华为实现了销售业绩和净利润的突飞猛涨。

四、新一轮经济危机时期的激励措施

2008年，由于美国次贷危机引发的全球经济危机给世界经济发展造成重大损失。面对本次经济危机的冲击和经济形势的恶化，华为又推出新一轮的股权激励措施。2008年12月，华为推出"配股"公告，此次配股的股票价格为每股4.04元，年利率逾6%，涉及范围几乎包括了所有在华为工作时间一年以上的员工。由于这次配股属于"饱和配股"，即不同工作级别匹配不同的持股量，比如级别为13级的员工，持股上限为2万股，14级为5万股。大部分在华为总部的老员工，由于持股已达到其级别持股量的上限，并没有参与这次配股。之前有业内人士估计，华为的内部股在2006年时约有20亿股。按照上述规模预计，此次的配股规模在16亿~17亿股，因此是对华为内部员工持股结构的一次大规模改造。这次的配股方式与以往类似，如果员工没有足够的资金实力直接用现金向公司购买股票，华为以公司名义向银行提供担保，帮助员工购买公司股份。

华为公司的股权激励历程说明，股权激励可以将员工的人力资本与企业的未来发展紧密联系起来，形成一个良性的循环体系。员工获得股权，参与公司分红，实现公司发展和员工个人财富的增值，同时与股权激励同步的内部融资，可以增加公司的资本比例，缓冲公司现金流紧张的局面。

讨论题：

1. 在经济低迷时期，企业生存危机频发，但华为通过股权激励的方式成功应对危机，其成功之处是什么？

2. 你认为华为在危机中的股权激励措施，对企业应对危机具有哪些启示？

延伸阅读文献

1. 吴宜蓁. 危机传播——公共关系与语艺观点的理论与实证［M］. 苏州：苏州大学出版社，2005.

2. 叶秉喜，庞亚辉. 考验：危机管理定乾坤［M］. 北京：电子工业出版社，2005.

3. 孙继伟. 从危机管理到问题管理［M］. 上海：上海人民出版社，2008.

4. 罗伯特·希斯. 危机管理［M］. 北京：中信出版社，2004.

参考文献

［1］海恩思沃斯. 问题管理：发现与定义［M］. 1988.

［2］孙继伟，从危机管理到问题管理［M］. 2005，第3期:40-42.

［3］罗伯特. 希斯. 危机管理(王成译)［M］. 北京，中信出版社,2001.

［4］刘刚. 企业财务危机识别与预警［D］. 吉林大学,2005.

［5］陈青姣. 企业危机预警探析［J］. 决策咨询通讯,2007,(1):88-91.

［6］王超，樊宏烨. 我国危机预警方法研究现状评析［J］. 交通企业管理. 2005，12：6-7.

［7］潘洁珠. 基于数据挖掘的预警技术研究［D］. 合肥工业大学，2007.

［8］皮伟平. 危机制胜——企业危机管理新思路［M］. 国防科技大学出版社，2005. 12.

［9］罗伯特·希斯. 危机管理［M］. 中信出版社. 2004.

［10］周永生. 现代企业危机管理［M］. 复旦大学出版社，2007. 08.

［11］陈宏军、江若尘. 摆脱企业危机［M］. 中国经济出版社，140.

第3章 危机处理

管理箴言

每一次危机本身既包含导致失败的根源，也孕育着成功的种子。

——诺曼·奥古斯汀（危机管理大师）

本章要点

- 危机处理的含义及原则
- 危机处理程序
- 危机处理的策略

引导案例

一汽—大众速腾召回事件

2012 年后半年开始，陆续有车主反映自己的速腾车后悬掉漆生锈、行驶中有异响等问题，甚至出现了高速后悬直接断裂导致车辆几乎失控的案例。咨询一汽—大众厂家后，官方的回应却说这是个别车辆在使用中遇到的问题，属于个例，否认是汽车质量问题。此后，有关速腾后悬挂的投诉越来越多，而一汽—大众始终采取沉默或者否认的态度。

2014 年 5 月，2014 款新速腾宣布上市，“板车悬挂”变更为独立悬挂，加量不加价。这一下子激怒了花同样钱购买了“板车悬挂”的消费者。维权队伍快速扩张，仅“全国速腾后悬挂维权群”、“全国速腾后悬挂维权 2”、“全国速腾后悬挂维权 3”三个群人数就累计超过 3000 人。与此同时，线下维权活动也全面展开。据媒体报道，7 月份，全国各地新速腾车主多次自发组织了现场维权活动。

2014 年 7 月 22 日，针对持续升温的速腾后悬挂问题，一汽—大众官方发表了一段声明，明确表示速腾后悬断裂并非产品的批量问题，而是个别案例被“别有用心”的人扩大化了。该段声明态度非常强硬，且不承认自己有任何错误。2014 年 8 月 14 日，针对新速腾后轴纵臂断裂问题，国家质检总局启动了缺陷调查，约谈一汽—大众，并开展用户回访、现场勘查、缺陷技术分析工作。2014 年 10 月 17 日，一汽—大众向国家质检总局备案了召回计划，至于召回措施，就是在后轴纵臂上安装金属衬板，以消除安全隐患。公告并没有公布导致车辆后轴纵臂断裂的具体原因。然而召回方案并没有使车主满意，“这明显是在糊弄我们，大众太让我们失望了”、“我们希望一汽—大众能重新考虑一下解决方案，不要打补丁，一次性解决问题”。此后，车主们的持续维权投诉将速腾“断轴”事件再一次推上风口浪尖。直到2015年9月，一汽—大众再次发表声明，提出置换新车的解决方案，一直在舆论下发酵升温的“速腾断轴”事件终于有了结果。一次本可以及时解决的危机却让一汽—大众与消费者对立起来，使得一次关于问题汽车召回的普通事件吸引了如此众多的目光。

资料来源：淮河晨刊：《走下神坛：一汽大众速腾召回事件始末》，2014-10-29；http://epaper.bbnews.cn/shtml/hhck/20141029/291471.shtml。

3.1 危机处理概述

危机处理是企业危机管理体系中最为重要的阶段，是危机管理工作的重要职责之一，危机处理涉及危机处理的基本原则、对策和措施等内容，其最主要的目标是解决危机的根源，从根本上将危机消除。

3.1.1 危机处理的含义

从本质上来说，我们可能会进入一个前所未有的企业危机时代。毋庸置疑，危机会直接影响一个企业的发展，而且大部分是消极的影响。特别是在全球化和信息化加剧的今天，企业或组织一个小小的意外或者事故就会以迅雷不及掩耳之势被扩大，产生无法挽回的恶化后果。所以，在危机爆发后，企业的危机处理至关重要。

刘刚认为，危机处理是指当企业处在危机爆发和持续阶段时，对危机进行有效管理，使其转危为安，甚至转危为机，实现动态突破的过程，是危机管理的重要组成部分①。熊卫平指出，危机处理是危机管理者通过监督、监察有关活动，保证危机管理活动按照危机应对计划进行，并不断纠正各种偏差的过程，并且在现实的危机管理工作中控制与处理彼此交叉渗透，控制过程就是处理的过程，而处理的过程也是控制的过程②。

本书认为危机处理是指企业在遭遇危机后，采取各种危机处理策略和措施对危机进行控制处理，尽可能降低危机造成的损失，减少企业及其利益相关者受到的负面影响，并尽快从危机中恢复过来的过程。

既然危机处理是一个动态的过程，那么它就不是一蹴而就、一步到位的。危机处理一般包括危机处理小组的建立、危机处理方案的制定与实施以及危机的恢复与评估等几个比较广的方面，也体现为危机处理事件发生后的一些技术性的措施，例如人员如何安排、信

① 刘刚. 危机管理［M］. 北京：中国人民大学出版社，2013.

② 熊卫平. 危机管理：理论·实务·案例［M］. 杭州：浙江大学出版社，2012.

息何时公布、发言人的选择、善后的处理等等。但是，不同的企业、不同的处理方法会导致危机处理的结果有很大的差异，而且错误的处理方法的影响较之危机本身的影响更致命。有的企业由于处理不善，愈演愈烈的危机致使企业一蹶不振，走向衰败；而有的企业凭借出色的处理手段不仅控制住了危机的发展，把危机的损害降到最低，甚至转“危”为“机”，促进了企业的发展。

危机处理要求在最短的时间之内，以适当的代价解决危机，保护企业自身的合法利益。虽然危机的突发性和破坏性迫使企业需要在极短的时间内作出反应且采取有效措施，但是，通常情况下，由于不恰当或不充分的规划或者根本没有任何实质性的规划，企业难以针对危机的不同情况做出相应的反应，这就考验了企业本身的危机管理能力。因此，企业应该建立起一套有序的、完备的危机管理系统。

危机管理大师诺曼·奥古斯汀认为每一次危机本身既包含导致失败的根源，也孕育着成功的种子。发现、培育，以便收获这个潜在的成功机会，就是危机管理的精髓；而习惯于错误地估计形势，并令事态进一步恶化，则是不良的危机管理的典型特征①。

前沿案例

锤子手机，几声叹息？

“树大招风”，用来形容罗永浩一点儿也不为过。整个2014年，锤子手机经历了种种危机：从供应链、产品等问题，引起口碑差评，到第三方检测平台质疑，优酷直播罗永浩PK王自如全过程，乃至方舟子举报锤子手机广告涉嫌虚假宣传，不仅损害锤子手机的品牌，更是对老罗个人品牌的伤害。

其实，危机早已伏笔于锤子手机发布两年前，老罗在微博进行“代言”，从宣扬“最好的界面”，“最人性化的设计”再到“东半球最好的手机”，调性之高以至于“跳票”也被谅解。公众的期望值不断攀升，却被锤子击打得粉碎，也难怪舆论几乎一边倒地“批判”老罗。创始人不恰当的言论，对品牌的伤害可见一斑。痛定思痛，老罗终于宣布“作为我个人身份的告别”，专注于产品。

3.1.2 危机处理原则

从企业危机案例来看，没有两次完全相同的危机事件，也不存在一套万能的处理危机的方法。但是从危机案例中总结归纳出的处理原则对我们处理危机具有指导意义。因此，在危机处理的整个过程中，企业采用正确有力的危机处理原则，来保证企业的危机处理工作能切实有效地开展，更好地达到危机处理目标。

英国危机公关专家迈克尔·里杰斯特(M. Regester. Michael)在《Crisis Management》一书提出了危机处理的3T原则，强调危机处理时把握信息发布的重要性：1. Tell You Own Tale(以我为主提供情况)。强调政府牢牢掌握信息发布主动权；2. Tell It Fast(尽快提供情

① 诺曼·R·奥古斯汀：《危机管理》，北京：中国人民大学出版社，2001.

况)。强调危机处理时政府应该尽快不断地发布信息;3. Tell It All(提供全部情况)。强调信息发布全面、真实,而且必须实言相告。

国内知名危机公关专家游昌乔提出了危机应对的5S原则,包括承担责任原则(Shouldering the matter)、真诚沟通原则(Sincerity)、速度第一原则(Speed)、系统运行原则(System)、权威证实原则(standard)①。本书在参考借鉴不同专家学者的观点之后,认为危机处理的原则主要有以下五点:

1. 快速主动原则

危机发生后,企业必须在第一时间掌握情况,迅速主动应对。具备快速而有效的危机处理能力,是危机处理成功的决定因素。俗话说"好事不出门,坏事传千里",危机一旦爆发,关于它的负面信息就会像病毒裂变一样的高速度地传播开去。特别是在当今的网络时代,多种多样的信息传播渠道和媒介更是极大地扩大了危机的影响范围。若企业既不确认也不否认关于危机的信息,谣言便会因此产生,会认为企业是在隐瞒真相,因而扩大了危机的杀伤力。所以,从危机事件本身特点来看,危机事件突发性和扩散性决定了危机应对必须要迅速、果断。危机发生后的24小时,称为"黄金24小时",企业在这段时间内对于危机的快速反应可以取得主动权,获得解释的空间,在一定程度上抑制谣言和猜测的肆意流传,控制事态发展。因此在危机爆发后,企业应在第一时间站出来表明立场并公布相关措施,表明企业对危机事件负责的态度和对利益相关者的关心,并展现企业处理危机的能力和决心。

2014年2月21日,央视证券资讯频道执行总编辑兼首席新闻评论员钮文新发表博文《取缔余额宝!》称,"余额宝是趴在银行身上的'吸血鬼',典型的'金融寄生虫'。"此文一出,在互联网上顿时引起巨大的风波。在一片质疑声中,支付宝官方于2月22日凌晨发表说明,并以长微博的形式——《记一个难忘的周末》幽默回应。支付宝则表示,余额宝加上增利宝,一年的管理费是0.3%、托管费是0.08%、销售服务费是0.25%,利润只为0.63%,除此之外再无费用。并对吸血鬼一说加以调侃称,"老师您能别逗了吗?我查了下,2013年上半年,16家国内上市银行净利润总额达到6191.7亿元人民币,全年起码翻一番,12000亿吧?"支付宝快速主动出击,防止舆论进一步蔓延,使得支付宝有效地走出质疑②。

2. 系统协调原则

企业危机处理需要对不同资源进行整合,对各种利益进行协调,保证处理过程系统有序进行。企业是一个涉及多方利益的社会系统,危机的发生会引起局部利益和全局利益、短期利益和长远利益的矛盾和冲突,所以危机处理中对各种利益的考量和取舍是极其重要的。为了危机的尽快解决和从企业全局出发,在危机爆发之后,要透过现象看到本质,果断的舍小取大,切忌只一味看到眼前的短小利益而导致企业整个形象受损,甚至危害到企

---

① 游昌乔. 危机应对的5S原则[J]. 中国中小企业,2004,09:27-28.

② 360百科 取缔余额宝事件 http://baike.so.com/doc/7884256-8158351.html. 危机发生期间钮文新和支付宝官方的新浪微博.

业的核心竞争力[①]。而且企业出现危机不仅仅是某一个部门的事，它需要多方合作，企业内部相关部门协调配合来共同解决危机。危机发生后，危机领导者负责统筹整个危机处理进程，以往相对独立的部门都要为此次危机提供技术、数据、市场、人员支持，确保执行的有效性。因此，当危机发生时，不管事件大小都要高度重视，站在战略的角度，谨慎对待，具体处理方式要有整体性、系统性、全面性和连续性。只有这样才能把危机事件迅速解决，从而把危害控制到最低。

2014 年 3 月 8 日凌晨，马来西亚航空公司 MH370 航班与地面失去联系，机上有 239 位乘客悉数失联，由于事件的严重性，该事件在国际范围内引起了广泛关注。但是马航的公关工作遭到了全世界的诟病。在整个事件过程中，自始至终，马方缺乏系统的危机应对策略，发布信息，否认，再发布，再否认，再承认，整个危机处理混乱不堪，将马航以及马来西亚政府的形象跌入谷底。所以在危机处理阶段，企业或其他组织必须遵循系统协调的原则。

3. 真实统一原则

企业在处理危机过程中要讲明事实真相，确保信息真实可信并保持言行一致和口径统一。企业及时主动告知危机发生原因和处理进展，可以使公众感受到企业对待问题的坦诚态度，大众媒体和社会公众也愿意展现理解和宽容，更乐观和友好地对待事件和企业。因为社会公众和媒体最不能容忍的并非是危机本身，而是企业对危机的隐瞒和谎报。所以，危机爆发后，企业在第一时间查明事故原因后及时与公众和媒体沟通，制止谣言，特别是新闻宣传更要坚持真实性原则。否则不利于控制危机局面，只会引起利益相关者的负面情绪，给企业造成更大的损害。除了信息的真实性，在危机之中，企业也要注重信息的统一性。言词一致是建立可信度相当重要的因素[②]。无论是对内还是对外，都必须统一宣传口径，而且对技术性、专业性较强的问题，在传播中应使用清晰、不产生歧义的表达。

2014 年 7 月 18 日，新闻惊爆聚美优品的供货商之一的祎鹏恒业向数家网商平台提供假货，证据确凿。面对这一局面，聚美优品才采取了措施，发布声明称已启动紧急调查，关闭“祥鹏恒业”的店铺，并将所有商品已从第三方平台紧急下架停止发售。近年来对于聚美优品的假货事件层出不穷，但 CEO 陈欧曾公开表示，聚美因为薄弱的媒体关系，售假才会被反复说事。陈欧将负面产生的缘由推向第三方，在危机事件中缺乏真诚，公众必然会觉得这种做法缺少解决问题的诚意，影响公司的声誉。

4. 权威证明原则

危机发生后，企业可以邀请第三方权威对危机进行调查，提供客观的证明。企业作为危机处理的主体，其作用和影响力是有限的，而且企业自己为自己解释的话往往起不到积极的效果，甚至适得其反，让公众产生企业想要推卸责任的想法。如果企业自身不能有效解决危机，就需要请第三方帮助，比如政府部门、行业协会、专业机构和专家等权威性组织

---

① 白迎春. 网络时代 企业危机处理研究［D］. 福建师范大学，2011.

② 周燕玲. 企业危机处理策略研究［J］. 经济，2008，06：84-86.

和人员，这些都是对公众信任感有较大影响力的主体。特别是政府，政府部门是社会保障体系的重要组成部分，是社会权威的代表，政府的相关政策、法规和决议等等都会深深影响公众，政府的言论更容易让消费者信服。企业在危机爆发后，受众对其信任度急剧下降，所以，企业应该主动接受和配合第三方的调查，通过专业的中立、客观的机构为企业提供真相护航，使消费者解除对自己的警戒心理，重获他们的信任。这既是帮助企业进行危机检测，也起到危机处理的作用①。

5. 真诚负责原则

企业在危机处理中真心诚意的态度和负责任的言行可以维护企业良好的形象。企业要对危机有正确的认知，因为在危机发生后，公众主要关心利益和情感这两方面的问题②。利益一直是公众关注的焦点，特别是产品伤害危机直接损害了消费者的利益，而无论谁是谁非，企业对于危机的发生都有着不可推卸的责任。所以企业应该勇于承担责任，不要只考虑自身的利益损失，加深矛盾，从而引起公众的反感，不利于问题的解决。关于情感，公众一般都很在意企业是否在意自己的感受，因此企业应该要真诚地接受消费者批评甚至是指责，对消费者受害表示遗憾，站在受害者的立场上给予一定的同情和安慰，这种诚心诚意的态度与行为有利于赢得他们的理解和信任，缓和企业与公众的矛盾，促进问题的解决。所以当危机发生后，企业要积极承担责任，不可以否认反驳。危机虽不可避免，但企业处理危机的方式及态度对危机能否妥善化解至关重要。

3.2 危机处理程序

在掌握危急情况，对危机进行诊断之后，企业就要进入正式的危机处理程序了。企业危机处理的一般程序如图 3.1 所示：

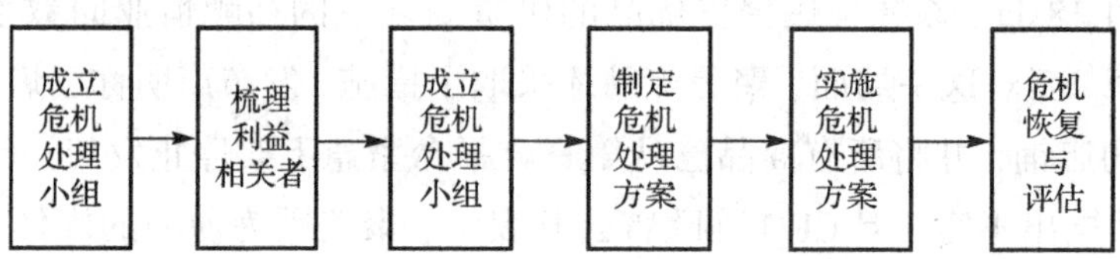

图 3.1　危机处理程序图

3.2.1 成立危机处理小组

危机爆发后，企业应迅速成立危机处理小组，对危机进行协调指挥，全盘把握。危机处理小组的成员应尽可能选择熟知企业和本行业内外部环境、有较高职位的管理人员和专业人员参加。他们应具有知识结构和素质技能的合理搭配，善于沟通、严谨细致、处乱不惊等素质，以便于统揽全局、迅速作出决策。

① 洪其华. 企业舆情引导与危机处理策略和案例研究［D］. 西南财经大学，2011.

② 李玉萍. 可辩解型产品伤害危机应对方式对顾客购买意愿的影响研究［D］. 重庆工商大学，2011.

1. 危机处理小组人员构成

一般来说，企业危机处理小组主要包括以下几类人员：

(1) 负责危机处理决策的领导者

危机处理小组的领导者一般由企业高层管理者担当，但不一定非是公司总裁、董事长，重要的是领导者必须有正确的态度和科学的处理原则，也要有敢于承担风险的勇气。当前很多大型公司都有设立首席危机负责人，即 CCO(Chief Crisis Officer)这一职位来负责企业的危机管理，它有充分的权限做出事关企业生存与发展的重大危机决策。虽然危机处理有着极大的风险性，危机处理的结果对危机的作用也难以预测，但是心理素质和能力品质对危机处理结果起着决定性的作用，具有高水平应对能力和领导艺术的领导者能够利用危机，使危机转变为机遇。

(2) 负责危机处理措施制定和执行的专业人员

这些专业人员一般由熟悉生产、销售等环节的各个相关部门人员组成。这些人员需要奔赴现场，收集详细信息，在最短的时间内对危机事件的发展趋势、可能给企业带来的影响和后果进行评估，实施企业能够和可以采取的应对措施以及对危机事件的处理方针，并保证需要的人力、物力和财力等资源保障到位。

(3) 新闻发言人

新闻发言人一般由危机领导者兼任，但也可以由专门的人员担任。新闻发言人的职责是代表企业与外界进行交流，保证企业言论统一。因为在危机发生后，各种流言蜚语、不实的消息会影响公众的正确判断力，为了避免不同版本的信息混淆广大消费者的视听，使媒体和公众有客观公正的评价企业的危机处理的依据，所以必须有一个权威的信息来源，以藉此传递一致性的信息内容，避免各种互斥、矛盾的沟通内容相互抵触，消除公众对危机的各种猜测和疑虑。

(4) 管理网络舆论和投诉的一线工作人员

危机一旦爆发，在企业采取有效措施前，媒体的报道和网友的爆料就已经充斥网络了，特别是一些过激的消费者会在企业官方微博下进行投诉，发表恶意评论，这会严重伤害企业形象。因此，在网络时代，设立专门的工作人员对网络舆情进行管理十分必要。危机处理小组一定要有专业的人员随时在网上更新最新的消息动态，以最诚恳最及时的态度应对顾客投诉，尽力使网络舆论往好的方面发展。

除了上述几类人员之外，根据不同的危机情况，危机处理小组可能还需要法律顾问为企业提供法律上的咨询和指导，有的公司也会聘请外部的危机管理专家或者危机公关机构来共同处理危机。

2. 危机处理小组成员的职责分工

危机处理小组需要明确每个人在危机来临时候应该做些什么事。这些明确并且划分细致的职责，将对小组成员起到根本性的指挥作用。日本研究危机管理权威机构对危机专案小组的构成做了更为细致的安排，包括总务、外联、宣传、法规、补给、制造、当地派遣等方面，可作为确定危机管理团队职责的参考，如表 3.1 所示。

表 3.1　日本企业危机管理团队的职责分工表

负责领域	职责内容	负责领域	职责内容
总务	与紧急对策有关的设施的维修及管理；取得各负责领域人员之间的电话及其通讯资料；取得和统一管制一般电话和临时电话；运输工具的准备；因紧急对策而随之发生的出纳业务及紧急运用物品的筹措及管理；为相关人员提供食宿，负责指挥中心因危机而产生的其他事务	对外联系和宣传	掌握与危机有关的资讯，并在企业内部进行沟通；统一对外发表用的声明；与客户、供货厂商及其他关系人之间的联系；提供资讯给媒体，准备、举行记者招待会；与行政机关之间的联系；接待外来者或与之交涉；与受害者家属之间的联系；应对其他紧急情况相关的宣传业务
制造	与产品和服务提供单位之间的联络；有关执行制造业务的资讯搜集、分析及实际状态的掌握；在制造或服务的现场，对有关制造或服务提出建议或指示；针对制造业务或服务业务的执行情况，与行政机关建立联络，取得替代产品及充实国内外的资源体制；其他与制造方面有关的业务	补给、修理、修复	准备与取得原料等物质补给；准备与取得货物流通的渠道、产品的保管及对客户的送货业务，与补给有关的其他业务；对工厂采取紧急措施以及提供与修复有关的建议与指示；选定和储备修善事业者；估计操作流程以及其筹措修理、修复的资金；其他与修复有关的业务
保险、法规	决定保险处理方针；与保险公司之间的联络；与法律顾问等关系人之间的联络；与损害赔偿的支付及请求有关的业务；与保险、法规有关的其他业务	当地派遣	任命危机爆发地的现场总指挥；联络与销售有关的组织；按照救助生命、避免财务上的损失的处理顺序实施对策；与指挥沟通后，具有在事发地开展危机处理的全权；执行其他与事发地危机处理相关的业务

资料来源：日刊工业新闻特别取材班，《SRM 危机处理实战对策》台北：三思堂文化事业有公司 2000 年，18 ~ 19 页。转引自朱延智：《企业危机管理》，中国纺织出版社 2003 年，104 页。

危机小组成立后，要明确规定危机处理小组成员之间的职责分工、相应权限和沟通渠道，保持通畅的联系，全力以赴投入危机事件的处理。

3.2.2　梳理利益相关者

梳理利益相关者并对重要的利益相关者作出回应是危机处理中的关键一步。一方面，处理好与利益相关者的关系，能够使利益相关者支持企业对危机的处理。这些利益相关者是危机中负面影响的直接受害者，一旦企业与他们的关系处理不善，这些利益相关者就有可能拒绝企业的任何回应，使得危机的影响扩大甚至恶化危机带来的后果。另一方面，无论危机是否发生，处理好企业与利益相关者的关系是危机管理的核心问题。可以说，利益相关者并不一定能决定企业的成功，但利益相关者处理不好，就会导致企业危机处理的失败。

企业的利益相关者涉及层面非常广，包括企业员工、投资者、消费者、大众媒体、经销商、供应商以及企业所在的社区、政府等各个方面，危机的发生会使这些利益相关者受到一定程度的影响。虽然所有的利益相关者都可能是非常重要的，但并不是同等重要的。而且在危机的紧急状态下，利益相关者的重要性也会根据事态的变化而发展，不太重要的利益相关者可能会突然变得重要。比如：因产品质量问题而导致消费者生命安全和健康受到威胁等事件，消费者是核心的利益相关者；因员工对企业不满而采取抗议、自杀等报复行为而导致的企业危机中，内部员工就是核心利益相关者。因此，企业决策者需要根据不同的危机情况对危机利益相关者进行分析，确定核心的危机沟通对象。

一般的企业危机中的主要利益相关者包括政府、媒体和消费者三类。政府是公信力的代表者，政策和标准的制定者，真相和结论的裁定者。良好的政府关系的建立是企业公共关系的核心组成部分。媒体是危机中企业与公众对话的主要渠道，也是各个利益相关者博弈的平台。危机管理中沟通行为的话语权之争，媒体地位至关重要。消费者作为事件的经历者，也是舆论的制造者和传播者，是永恒的核心利益相关者，政府和媒体必须基于消费者的利益采取行动，因此，获取消费者的信任是最终化解危机的最佳方法，良好的政府关系和媒体关系将有助于化解危机①。

不同的利益相关者掌握的信息、对事态关心的程度和利益需求各不相同。为了争取相关人员的谅解和支持，缓解企业危机的压力，进行必要的沟通显得十分重要。沟通可以加强企业与利益相关群体的联系，更容易获得他们的支持和信任。通过沟通可以将企业对危机积极负责的态度和处理危机的决心展示给利益相关者，使他们及时了解危机的现状，对企业危机有客观和统一的认识，也可以使他们认识到企业危机与自己的利益是紧密相关的，企业解决危机的努力就是为了维护自己的利益。关于利益相关者治理的具体内容将在本书的第五章做详细介绍。

3.2.3 制定危机处理方案

危机处理小组在对危机进行诊断之后，就应该在掌握各方面信息的基础上，根据与危机相关的各种情报，对症下药，制定出符合实际情况的危机处理方案。有的企业已经有了成熟完备的危机管理计划，所以在危机发生后能够根据已有经验从可行的备选方案中选择较为合适的方案快速实施。但是，有些企业特别是资源不足的中小企业，它们没有建立起自己的危机管理体系，也缺乏危机应对的防范措施，就需要危机领导者亲自带领相关人员当场讨论，快速制定处理方案②。方案的制定应该以在最短时间内解决危机，并且尽量减少各方损失为主要目标，还要考虑到企业的现有资源。在方案制定出来后，应该对方案进行评估和诊断，权衡方案的利弊，进行必要的修改和完善。有时在紧急情况下，可以尽量缩短对危机的评估、诊断和选定等过程，但为了危机处理方案能够发挥最大的作用，企业应该要认真谨慎对待，不可马马虎虎，偷工减料，使方案流于形式而毫无实践价值。

在考量危机处理的方案时，需要特别注意以下三点③：

一是机会成本。处理危机中，可能会出现不同机会成本的处理方案。但企业要付出多少机会成本才能平息危机，只有经过客观分析，才能找出最低成本、最大成功概率的方案。

二是社会期望。制定企业危机处理方案除了要解决危机，更要掌握社会的期望所在，

---

① 杨娜. 新兴媒体视角下的企业危机沟通策略研究［D］. 云南大学,2012.

② 周燕玲. 企业危机处理策略研究［J］. 经济,2008,06:84-86.

③ 于文博. 基于企业危机理论的我国企业危机管理研究［D］. 北京交通大学,2007.

以建构企业永久经营的商誉为危机处理的最高目标。就社会公众一般的心理而言，当企业发生危机而影响到外在环境，甚至公众的利益时，社会自然期望企业能立即采取某些具体可见的行动来平息危机，比如停止生产、产品召回、马上调查(或请第三方等公正单位调查)等。

三是企业承受度。从处理企业危机的角度而言，最能满足社会期望的危机解决方案，企业可能并非能完全承受。所以要保留一定程度的弹性空间，作为企业走出困境之用。

危机处理方案的内容主要包括：确定危机处理的目标和原则，保证危机解决工作的一致性；给出解决危机的具体策略，包括对受害者的赔偿措施、危机沟通的对象和方式、策略；还必须确保危机处理所必须的人、财、物的支持保障以及危机后的恢复策略。

3.2.4 实施危机处理方案

在制定和选择好危机处理方案之后，危机处理小组就可以根据方案的具体要求和任务安排对危机处理方案进行实施。危机处理方案的实施是危机处理的中心环节，企业之前已经对公众表明了态度和立场，而现在就是看企业真正行动的时候了。如果危机还处于潜伏状态，未造成严重影响，此时，企业就要以“大事化小，小事化了”的原则，争取以牺牲小利益换来事件的快速解决，以免危机进一步恶化对企业声誉造成更大的损失；如果危机已经扩散开来，并且造成了负面影响，那危机处理的重点应该是恢复消费者的信任，加强危机沟通工作，引导媒体客观公正地报道和评价危机，努力修复企业形象①。

由于企业危机的处理要求在最短的时间内取得较好的效果，方案执行中的领导方式应当以强势领导为主，尽可能迅速完成任务的分配和资源的调度。在处理过程中，争取在企业可以承受的范围内，满足社会的期望，挽回企业的信誉②。当然，危机情况是复杂多变的，这就要求企业在实施危机处理方案时不能照搬照套，还需要根据实际情况的变化，在保证总体大方向不变的基础上对局部细节进行适当的改变。

当然，需要注意的是，危机处理方案作为危机处理人员的执行依据，它的相关改变要及时通知危机处理人员，使他们能做出相应的调整，保证危机处理方案实施的统一性。方案的实施是非常重要的，当危机处理方案出来以后，企业必须立即行动起来，认真应对与处理，遵循危机处理的一般原则，按照危机处理方案的方针措施步步为营。

3.2.5 危机恢复与评估

在危机事件过后，企业就应该开展危机恢复和评估工作。很多企业在危机结束之后，就不了了之，仿佛一切又恢复了正常，把危机的破坏和影响抛之脑后。其实有时候，危机并非真正的结束了，反而会给下一次的危机爆发埋下种子。危机之后的企业还有很多事情要做，危机的善后恢复以及对危机进行经验总结是每一次危机过后的必要工作。

---

① 刘刚. 危机管理［M］. 北京:中国人民大学出版社,2013.

② 蔡高巍. 企业危机管理机制研究［D］. 山东大学,2010.

1. 危机恢复内容

危机的影响具有破坏性和持久性，企业往往需要很长一段时间才能恢复到危机发生之前的状态。所以，危机恢复工作也不是一蹴而就的。危机过后，企业主要是对内部和外部进行恢复。针对企业内部，要恢复生产和工作。危机打乱了企业的正常经营活动，也使得员工的工作受到干扰，所以危机过后要让处理危机的人员回到自己原来的工作岗位上去，恢复全体员工的士气，保证企业的生产经营照常进行。同时，企业还需要进行外部的恢复工作。危机破坏了企业与外部利益相关者的关系，损害了企业的形象，所以危机之后企业可以有针对性地开展一些公关活动来拉近与公众之间的关系，修复企业危机期间受损的与企业相关利益人的关系，尽快消除危机的负面影响，恢复企业形象。有学者将危机善后恢复的内容按时间长短进行划分提出了危机善后恢复矩阵，如图 3.2 所示①。

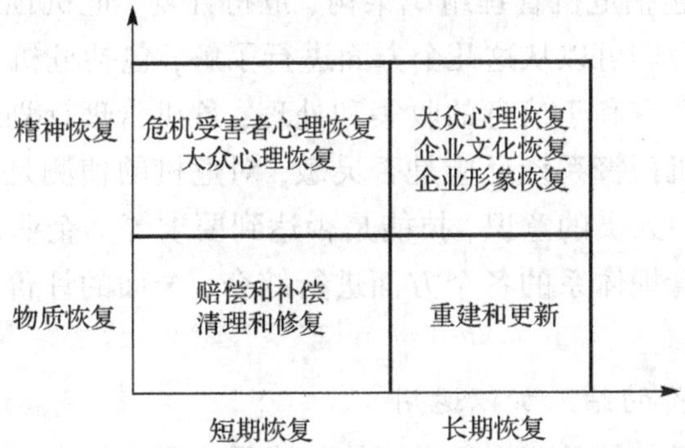

图 3.2　危机善后恢复矩阵图

横轴代表善后恢复的时间，纵轴代表善后恢复的层面。通过危机善后恢复矩阵，可以将危机善后恢复的层面与长度进行组合，形成短期物质恢复、短期精神恢复、长期物质恢复以及长期精神恢复，并将其进行细分，为危机恢复提供全面、有效的管理框架，在此基础上，针对不同的恢复象限制定恢复计划、实施恢复策略，有效进行全面恢复。关于危机恢复的具体内容将在下一章做详细介绍。

2. 危机评估内容

俗话说“吃一堑，长一智”，每一次的危机都可以为我们提供经验和教训。企业对危机进行评价和总结，可以找出企业在危机当中所采用的处理方式、方法的合理性和有效性，给企业今后的危机管理提供方法和经验上的借鉴。还可以以这次危机为契机，发现企业经营自身的不足，建立和完善企业危机管理体系，在整体上提高企业抵御危机的能力。企业的危机评估主要有以下四个方面的内容②：

(1) 总结经验和教训

在危机消退之后，企业需要对危机处理工作进行总结。包括危机处理的方法措施是否

---

① 查莹华. 企业危机善后恢复研究［D］. 上海外国语大学，2013.

② 王光全. 企业危机管理研究［D］. 武汉大学，2004.

恰当？危机处理方案是否存在漏洞和问题？危机中的沟通是否流畅、到位？企业的危机损失是不是降低到了最小？危机处理的目标是否达成？对这些问题的思考可以为今后的危机管理提供借鉴。

(2)找出和改正企业自身的不足

虽然很多危机的发生不是由于企业本身原因造成的，但是企业被牵涉其中就说明企业自身存在着不足。所以通过爆发的危机，可以暴露企业在管理中存在的问题和各种隐患。比如企业出现产品质量问题，那么是企业在产品的开发和设计过程中存在缺陷还是企业的质量管理体系不够完善呢？很多问题可能平时没有得到重视，一旦危机爆发，其危害性就显示出来了，所以只有彻底根除这些问题，企业才能减少危机。

(3)全面评价和完善企业的危机管理体系

企业危机管理体系包括危机管理组织架构、危机计划、危机预警系统、危机管理的资源等方面。危机之后，我们可以从这几个方面进行了解，包括危机管理组织架构能否快速地对危机作出反应，是否有利于信息的收集和处理；危机管理计划制定是否完善，在实际运用中的效果如何；危机预警系统反应是否灵敏，对危机的侦测是否准确；危机管理的资源是否具备，危机管理中人员的意识、技能是否达到要求等。企业危机管理体系是一个整体的系统，只有对危机管理体系的各个方面进行综合、全面的评价，才能找出企业在危机管理中的经验和教训。

(4)对危机管理评价的结果加以运用

对危机进行评估，目的就是要将危机评估的成果应用于企业管理的实践，为企业今后可能面临的危机提供借鉴。通过评估，可以进一步强化企业的危机意识，提高企业预防危机和处理危机的能力，并且有针对性地对企业的资源配置、管理方法进行一定的改革，加强企业沟通的管理，改善企业危机管理体系，从而为企业创造一种无形的收益。

3.3 危机处理策略

古人云："智者千虑，必有一失。"企业虽然可以通过加强日常经营管理，对危机进行预警和防范，但是危机作为一种客观存在，企业生产经营过程中的每一个阶段，每一个方面都存在着大量的不确定因素，因此，企业遭遇危机也是情理之中的。而关键在于怎样处理危机。根据危机的事态发展选择适当的处理策略，可以抑制危机的恶化，减少危机造成的损失，甚至扭转局面、转危为机，帮助企业获得意想不到的效果。危机处理的策略主要有危机中止策略、危机隔离策略、危机消除策略和危机利用策略。

3.3.1 危机中止策略

危机中止策略就是要根据危机发展趋势，主动承担危机造成的损失，如停止销售、收回产品，关闭有关工厂或分支机构部门等①。特别是当危机的根源在于企业的产品质量出

① 王军. 企业危机处理的成功之道[J]. 商业研究,2004,15:78-80.

现问题、企业的生产经营过程造成污染等问题，企业就应立即实施中止策略，主动承担相应的损失，防止危机进一步扩散。

例如，大众由于旗下部分柴油车在尾气检测中作弊的“排放门”事件而在全球大范围进行汽车召回。再如2014年轰动一时的福喜事件，上海福喜食品公司被曝使用过期劣质肉而被调查，危机发生后，对经营、使用福喜公司产品的麦当劳、肯德基等洋快餐产品的企业均停止了销售，并采取下架、封存等控制措施，福喜母公司也宣布从市场中收回上海福喜所生产的所有产品①。案例中企业对问题产品采取召回和停止销售等做法就是使用了中止策略，特别是在产品伤害危机中，产品的缺陷可能会危害到消费者的健康和安全，必须快速地实施中止策略才能缩小危机造成的伤害，控制危机负面影响蔓延。

3.3.2 危机隔离策略

企业危机爆发之后，如果处理不当，就会引发连锁反应，使得原本无辜的产品或者部门也遭受重创甚至引发新一轮危机。因此，当某一危机产生之后，企业应迅速采取隔离措施，切断这一危机对企业其他经营方面的联系，将危机带来的损失降低到最小，避免“城门失火，殃及池鱼”。所谓隔离，即是通过强制措施，将有问题的产品或个人同其他产品或个人分隔开来，使其互不接触，从而达到控制危害进一步传播或扩大的目的。隔离策略主要有以下两种情形②：第一，危害隔离，即对危机采取物理隔离的方法，使危机所造成的财产损失尽可能控制在一定范围内。对于一些多元化经营的企业，在某一生产线发生危机之后，要采取有效的隔离措施，避免对其他产品线造成不利的影响。第二，人员隔离，即在人员资源上以首席危机官为首的危机管理小组成员专门负责处理危机，让其他人和部门继续从事企业正常的生产经营活动，以防止危机对企业正常的生产经营活动造成巨大的冲击，使竞争对手有机可乘。

例如康师傅在台湾“馊水油事件”爆发之后立马发布声明，称在中国大陆制造及销售的方便面，不涉及向台湾进口相关原料或产成品，且全部生产过程严格遵守国家相关标准，在保证食品安全卫生的要求下，不存在隐患③。康师傅这一做法正是使用了隔离策略，切断大陆产品与台湾产品的联系，隔离开两个市场从而避免大陆市场受到危机的不利影响。

3.3.3 危机消除策略

消除策略是指企业根据危机情况及时调整和缩减企业的经营范围和规模，完全中断和停止某些可能导致企业陷入更大灾难的生产业务，集中资源支持企业盈利的重点经营领域④。对于一个因为过度扩张而陷入持续性危机的企业来讲，最简单有效的摆脱危机的方法，就是缩减机构和砍掉与企业的主要业务不相关的经营领域。这可以看作是一种“弃车

---

① 《福喜收回上海所有产品或将面临数亿元罚单》，2014-07-28 09:00，腾讯财经综合，http://finance.qq.com/a/20140728/007767.htm.

② 刘刚. 危机管理［M］. 北京:中国人民大学出版社,2013.

③ 《关于康师傅大陆油品安全的声明》，2015-08-07，康师傅控股有限公司官方网站，http://www.masterkong.com.cn/trends/news/temp/20150807/32686.shtml.

④ 皮伟兵. 企业危机处理策略论析［J］. 消费导刊,2006,10:17-19.

保帅”的做法，其目的是解燃眉之急，之后，再利用企业优势，发展和壮大企业适应市场需要的产品生产，最终达到减少损失，化解危机的目的。

例如IBM历史上的第二次转型期。当时，IBM已经非常接近现金断流的境地，可以说整个企业处在生死存亡的关键点。当时的CEO郭士纳就是利用了消除策略，通过裁员以削减成本，并且迅速把业务从大型机向个人电脑转型，对一些IBM的传统业务进行取舍与更新，才使IBM在这次生死之战中存活下来，并成功实现了从大型机到分布式系统的企业转型。

3.3.4 危机利用策略

“危机”这个词本身就蕴含着“危险”和“机会”这两层含义。正如中国古语“祸兮福之所依，福兮祸之所伏”辨证地阐明了危机本质，即危机的危害性和机会性是同时存在的。而且各个公司对于危机的理解也有所不同，乐观的企业领导者甚至把“危机管理”称为“机会管理”。所以，危机对于企业的发展至关重要，常常是企业命运的转折点。

危机利用策略就是企业在处理危机时除了减少危机造成的损失，更要利用危机，让危机成为企业品牌的宣传契机，力求造成有利于企业某些方面利益的结果，促进企业发展，也就是我们通常说的“转危为机”。管理是一门科学，更是一门艺术。危机处理也是如此。危机能考验一个企业或者说是企业领导者的危机管理的艺术性，如果拥有高水平的整体素质和综合实力，那么就更容易使危机为企业所用。

如2005年的肯德基苏丹红事件就是一个使用危机利用策略而转危为机的经典案例。2005年2月肯德基的“新奥尔良烤翅和烤鸡腿堡”的辣椒粉中检测出含有“苏丹红”这一具有致癌性的原料。而肯德基在关键时候的应对方式不仅有效地顶住了苏丹红事件对于销售的负面影响，还进一步强化了企业的形象。肯德基所属百胜餐饮集团在第一时间撤下问题产品，并主动向消费者致歉。成立“食品健康咨询委员会”，发布“食品健康白皮书”，采取三项食品安全措施等。肯德基还把这次危机当作宣传的绝佳机会，他们拿苏丹红事件做广告的卖点，推出了两期电视广告，非常巧妙地对其食品的安全性做了一番介绍，宣传了他们的经营理念，可以说是“塞翁失马，焉知非福”①。

本章小结

1. 危机处理是指企业在遭遇危机后，采取各种危机处理策略和措施对危机进行控制和处理，尽可能降低危机造成的损失，减少企业及其利益相关者受到的负面影响，并尽快从危机中恢复过来的过程。

2. 危机处理原则主要包括：快速主动、系统协调、真实统一、权威证明以及真诚负责这五个原则。

3. 企业危机处理程序一般分为下面五个步骤：(1)成立危机处理小组；(2)梳理利益相关者；(3)制定危机处理方案；(4)实施危机处理方案；(5)危机恢复与评估。

---

① 《苏丹红风波升级，多家产品卷入》，新浪财经专题报道，http://finance.sina.com.cn/nz/ycsdhyh/.

4. 危机处理策略可以抑制危机的恶化，减少危机造成的损失，甚至扭转局面、转危机为机会，帮助企业获得意想不到的效果。危机处理的策略主要有危机中止策略、危机隔离策略、危机消除策略和危机利用策略。

思考题

一、名词解释

危机处理　中止策略　消除策略　隔离策略　利用策略

二、简答题

1. 危机处理的具体含义是什么？
2. 危机处理有哪些需要注意的原则？
3. 危机处理的基本步骤有哪些？
4. 如何安排危机处理小组的人员？
5. 危机处理可以使用哪些策略？你认为什么策略是最有效的？
6. 怎样理解危机也是契机？如何才能“转危为机”？

三、论述题

1. 结合具体案例，论述危机中止策略与危机消除策略的区别。
2. 以实际企业危机为例，论述如何展开危机处理程序。

案例讨论

农夫山泉“标准门”事件

2013 年 3 月 8 日，有媒体报道消费者李女士发现自己公司购买的多瓶没有开封农夫山泉 380 毫升饮用天然水中出现很多黑色的不明物。当时农夫山泉对这一事件的回应遭到媒体质疑，这也成为农夫山泉“标准门”事件的开始。

4 月 12 日，京华时报撰文称饮用水协会确认农夫山泉标准不及自来水。任何瓶装水企业都必须以国家强制性标准《生活饮用水标准》为底线，若不能执行则有违反国家食品安全法之嫌。4 月 12 日当天，农夫山泉微博发布关于质量与标准的声明——复《京华时报》报道，称指责农夫山泉标准不如自来水、浙江标准低于广东标准或者国家标准，是不严谨不科学的。

4 月 13 日，京华时报再次撰文称农夫山泉的声明混淆视听，自认自来水标准为底线，回避了其所执行的浙江标准中，重金属指标未达到自来水标准的问题。4 月 14 日，农夫山泉再发声明称京华时报无知。2011—2013 年间浙江省质监局对农夫山泉天然水监督抽查共 13 批次，全部合格。京华时报拿整套标准中的几个指标做判定属强词夺理。

4 月 15 日，京华时报发文称浙江部分指标是为农夫山泉特设。在农夫山泉发布声明自辩后，浙江质监局紧接着称“地方标准并不宽松”，中国民族卫生协会指出地方政府涉嫌袒护作假。4 月 15 日上午，农夫山泉通过微博警告京华时报“你跑不掉，也别想跑”，称信口开河的时代过去了，“农夫山泉产品标准不如自来水”这个问题必须给公众讲清楚。再次申明农夫山泉砷、镉、硒、硝酸盐和溴酸盐五项指标检测结果优于国标2～11倍。

4月16日，京华时报四度撰文称检测报告佐证农夫山泉不如自来水，称由上海某检测出具的检测报告显示其仍采用浙江地标，其中砷、镉、硒、溴酸盐的指标限值仍不及自来水标准。4月16日下午，农夫山泉也发布声明四度回应京华时报，称137项内控指标的检测报告原本是企业机密、核心技术，但为了洗刷冤情不得不公布于众，京华时报根本不给农夫山泉辩白的机会。农夫山泉"标准门"事件连续27天，67个版面，《京华时报》对农夫山泉的报道堪称锲而不舍，在各界关注和讨论下，事件也持续发酵升级。

5月6日农夫山泉举办新闻发布会，董事长钟映睒宣布退出北京大桶水市场。同时，在召开新闻发布会同期前后启动了包括邀请媒体参观厂区活动在内的危机公关方案，缓解了舆论压力。

直到5月9日，《人民日报》要闻版刊发了《农夫山泉抽查合格率100%》的消息，浙江省卫生厅就标准问题明确表态，并为农夫山泉的产品质量正名，也令该品牌重新赢得了公众的信任。

至此，整个农夫山泉危机事件终于告一段落。

咨询机构AC尼尔森公布的数据显示，2012年，中国瓶装饮用水排名依次为康师傅22.6%、农夫山泉21.8%、华润怡宝8.5%、可口可乐7.9%。按照瓶装饮用水市场年8%的发展速度推算，2012年，农夫山泉瓶装水的销售额将接近40亿元人民币。在北京市场，农夫山泉每天的产量为1万多桶，基本处于供不应求的状态，按照市场价每桶20元来计算，年销售额1亿元，约占北京市桶装水销售市场1/60。2012年12月份开始，其销量同比增长几乎是100%；北京市场在4月10日(有关质量问题的报道)之前，增长也达到30%以上。而现在一系列纠纷使农夫山泉增长率已经停滞。2012年北京市场利润420万元，原本计划2013年实现利润500万元。去除一季度正常生产的利润，农夫山泉从4月起停止生产使企业利润约损失375万元。农夫山泉经销商损失惨重。经销商的信心一旦丧失，农夫山泉渠道重塑将会难上加难。截至2013年4月底，农夫山泉"标准门"造成的损失超过6000万元，农夫山泉的销售不可避免地受到了严重影响。同时，农夫山泉宣布：放弃北京桶装水市场。对于消费者和用户，农夫山泉表示，三个月内给消费者解决方案，凡是手中有19L水票的消费者，一张可换取5桶4升装农夫山泉，也可全额退款。员工若想继续留在农夫山泉，公司一方面提供培训，安排在北京的其他工作岗位；另一方面安排员工在老家附近的工厂工作。

在危机事件后，农夫山泉积极作为，采取行动再塑企业形象，努力重建消费者对企业品牌的认可。2013年8月，农夫山泉先后邀请消费者在广东万绿湖国家森林公园、浙江淳安千岛湖看水源看工厂，开展"寻源"之旅，让消费者亲身见证农夫山泉品质；此外，农夫山泉还携手媒体在乌鲁木齐开展"和谐社区电影展"活动，通过这些公关活动，来证明"农夫山泉一直致力于为消费者提供健康安全的饮用水"，重塑消费者对企业的信任。

资料来源：刘兴龙：《农夫山泉撞标准门损失逾六千万元》，载《中国证券报》，2013-05-07；袁霓：《农夫山泉经销商损失惨重桶装水市场暗战升级》，载《中国经营报》,2013-05-13-；张静，《农夫山泉"标准门"事件的危机公关研究》，兰州大学，2014。

思考题

1. 从危机处理原则来看，农夫山泉在此次危机中有哪些地方处理不当？

2. 结合所学的危机处理知识，你觉得农夫山泉如何消除危机带来的负面影响并重新赢得消费者信任？

延伸阅读文献

1. [美]诺曼·R·奥古斯汀.《危机管理》. 北京：中国人民大学出版社，2001.

2. 胡百精. 危机传播管理. 第3版. 北京：中国人民大学出版社，2014.

3. 李志祥. 危机管理专题研究. 国防工业出版社，2014.

4. [美]克里斯托弗·勒翰，马克·法比亚尼，比尔·古登泰格：《斯坦福大学危机管理课程：危机控制的十条忠告》，中国青年出版社，2015.

5. [美]罗伯特·希斯(Robert Heath). 危机管理. 王成等译. 北京：中信出版社，2004.

参考文献

[1] (美)诺曼·R.奥古斯汀等. 北京新华信商业风险管理有限责任公司译校. 危机管理 [M]. 北京：中国人民大学出版社,2001.
[2] 白迎春. 网络时代 企业危机处理研究 [D]. 福建师范大学,2011.
[3] 周燕玲. 企业危机处理策略研究 [J]. 经济,2008,06:84-86.
[4] 洪其华. 企业舆情引导与危机处理策略和案例研究 [D]. 西南财经大学,2011.
[5] 李玉萍. 可辩解型产品伤害危机应对方式对顾客购买意愿的影响研究 [D]. 重庆工商大学,2011.
[6] 朱延智. 企业危机管理 [M]. 北京：中国纺织出版社，2003,104.
[7] 杨娜. 新兴媒体视角下的企业危机沟通策略研究 [D]. 云南大学,2012.
[8] 周燕玲. 企业危机处理策略研究 [J]. 经济,2008,06:84-86.
[9] 于文博. 基于企业危机理论的我国企业危机管理研究 [D]. 北京交通大学,2007.
[10] 刘刚. 危机管理 [M]. 北京：中国人民大学出版社,2013.
[11] 蔡高巍. 企业危机管理机制研究 [D]. 山东大学,2010.
[12] 王光全. 企业危机管理研究 [D]. 武汉大学,2004.
[13] 王军. 企业危机处理的成功之道 [J]. 商业研究,2004,15:78-80.
[14] 皮伟兵. 企业危机处理策略论析 [J]. 消费导刊,2006,10:17-19.
[15] 余明和. 企业生死书 [M]. 企业管理出版社,2004. 129 .
[16] 游昌乔. 危机应对的5S原则 [J]. 中国中小企业,2004,09:27-28.

第4章 危机恢复

管理箴言

危机不仅带来麻烦，也蕴藏着无限商机。

——格雷格·布伦尼曼（美国大陆航空公司总裁）

本章要点

- 危机恢复的含义、步骤
- 企业危机的内部恢复、外部恢复
- 危机恢复管理的原则、策略

引导案例

周黑鸭声誉恢复

在2012年5月至2013年5月间的一年时间里，周黑鸭先后遭遇了十多起影响企业声誉的事件，主要涉及全国各地"山寨"店鱼目混珠、产品质量被误报严重不达标以及门店被恶意砸毁等，而其中的大多事件直接或间接与公司产品相关。虽然这些事件被证明并非周黑鸭的责任，同时监管机构及相关单位和个人也出面进行了澄清，但是事件依旧引起了社会的广泛谈论和报道。在互联网时代下，这种"好事不出门，坏事传千里"的效应显得尤其明显，使得周黑鸭的品牌形象遭遇巨大质疑，同时也对公司希望凭借不久之前完成的第二轮1.5亿融资来加快拓展全国市场的战略意图造成重大影响。那么，如何消除这些事件的负面影响，帮助企业在危机之后重塑良好的企业形象？

周黑鸭管理人员意识到既然大部分负面新闻都是在互联网上蔓延开来，那么何不利用相同的品牌来做一些形象恢复和品牌提升呢？那么既然要做，具体应该采取怎样的形式、利用哪些资源、具体如何实施？带着这一系列的疑问，周黑鸭的管理层在讨论和商议之后决定联合新浪湖北借助新浪微博的草根力量恢复企业形象，传递品牌价值，拓展全国市场。

资料来源：改编自《周黑鸭：如何利用新浪微博进行危机后形象修复》来源：中国管理案例共享中心，作者：戴鑫，文豹堂等，作者单位：华中科技大学管理学院 http://cmcc.dlemba.com/caseshowbyid.php? itemid = 1664

4.1 危机恢复的含义与步骤

4.1.1 危机恢复的含义

在目前的危机管理工作中，很多企业认为危机处理完毕即是危机的结束，其实不然。在危机处理完毕后，应加以检讨、评估、修正、提升等过程。所谓吃一堑，长一智，唯有汲取危机教训，避免重蹈覆辙，才是企业危机管理的真谛。若不从之前的经验教训中得出结论并从中领悟，那么相同的危机可能会卷土重来。另外，大多企业除了表现出危机恢复管理意识淡薄外，对危机恢复目的和对象的认识也不明确，所以，为了全面了解危机恢复的重要性，首先应该理解危机恢复的含义。

危机恢复工作在危机持续过程中就要着手进行。当危机应急管理基本告一段落之后，企业就应该着手消除危机过程给企业造成的各种消极影响，并且通过一系列的管理措施来完善组织的内部管理和外部公关，以使企业的日常工作早日走上正轨，并且通过反思危机过程中吸取的经验和教训，对企业的“漏洞”进行修复，以使企业获得更大的发展空间。针对危机恢复的含义，国内外许多学者进行了较多的研究，在此选取几位学者的观点。

希斯(1998)认为，危机情境一旦被控制住后，管理者和主管就需要着手致力于组织的恢复工作，尽力将组织的财产、设备、工作流程和组织中的人恢复到正常状态。恢复的过程包括两个方面——人的管理和物与系统的恢复①。

罗斯塔尔(1991)在构建其PPRR四阶段模型中对危机恢复的认识是：危机过后，需要对恢复或重建进行管理。恢复和重建不仅意味着恢复危机中所受到的损害，更要恢复受害人的精神损失，尤其要避免重蹈覆辙，将会发生危机的漏洞弥补起来②。

怀尔达夫斯基(1988)认为危机恢复是对不曾预料的破坏变得明显后进行处理以及学习恢复的一种能力。

米特罗夫(1994)在其危机管理五阶段模型中将危机恢复列为第四个阶段，并且指出这一阶段的主要任务是从危机中尽快恢复过来，为正常运转做准备。还有最后一个阶段是学习阶段，认为学习阶段应该汲取相关经验教训来规避危机，或在新一轮的危机中提升管理效率③。

诺曼·R·奥古斯汀(2001)的六阶段论则将危机恢复提升到了从危机中获利的高度，他认为，每一次危机本身既包含导致失败的根源，也孕育着成功的种子。发现、培育，以便收获这个潜在的成功机会，这就是危机管理的精髓④。

---

① 罗伯特·希斯. 危机管理［M］. 北京：中信出版社，2004.

② Rosethal U.,’t Hart, P.,Charles,M,T. The World of crisis Management. In:U. Rosenthal,M. T. Charles P.’t Hart, ed. Coping with Crisis:The Management of Disasters,Riots and Terrorism. Springfiled:Charles C Thomas,1989.

③ Mitroff, I. I., Pearson, C. M. Crisis Management: A Diagnostic Guide for Improving your Organization’s Crisis-Preparedness［M］. San Francisco: Jossey-Bass Publishers, 1993.

④ 诺曼·奥古斯汀. 危机管理［M］. 北京：中信出版社，2007.

国内学者张成福(2003)认为将危机恢复具体化为即危机得到有效控制后，为了恢复正常的状态和秩序所进行的各种善后工作①。

胡百精(2009)认为：恢复管理，即危机事件尘埃落定或烟消云散后，我们与利益相关者重建共同家园的过程。危机后期的恢复管理存在事实和价值两个维度。其中，在事实层面和价值层面各有两个核心概念至关重要，分别是“真相”和“利益”，“信任”和“意义”。“利益”、“信任”和“意义”三个核心概念，正是它们构成了恢复管理的“三步走。第一步是利益补救，第二步是信任重建，第三步是意义输出②。

贺正楚(2003)认为：恢复时期的企业，除了迅速恢复企业的正常运转外，其后续的危机管理工作任务包括：①修正企业的发展计划；②重塑企业形象；③利用危机与反危机的经验和教训来培养和强化企业抵抗危机的能力；④利用危机与反危机的经验和教训来提升企业的竞争优势③。

余明阳、张慧彬(2009)认为危机的恢复是指危机发生后，其主体利用各种措施和资源进行恢复和重建的过程。危机恢复的具体步骤包括：建立危机恢复小组、获取信息、确定危机恢复对象和危机恢复对象的重要性排序、制订危机恢复计划、恢复计划的执行。危机恢复管理的中心任务主要分为两大部分：一部分是以“解决危险”为中心诉求的补救型任务，另一部分则是以“把握机会，超越自我”的改善型任务。危机的恢复管理是还原真相与重建信任的统一，是事实契约修复与价值契约再造的融合④。

查莹华(2013)认为危机善后恢复分为善后和恢复两个方面，即在危机处理之后对危机对企业产生的影响进行评估，对企业管理疏漏进行修正以达到善后的目的，并利用各种资源重塑企业形象以恢复到危机发生前的形象和经营水平甚至超过之前水平的过程。企业危机恢复是企业危机管理中不可缺少的一部分⑤。

“恢复”本身在词典中的含义就是变成原来的样子，把失去的收回来。综合以上国内外学者对危机恢复的阐述，本书认为危机恢复的含义有两大层次，一是指危机事件发生后的一系列善后行为；二是在善后的基础上寻找获利点，增强持续竞争力。故本书对危机恢复界定为：一旦在危机得到有效控制后，危机管理者所采取的一系列善后行为，以及在善后行为，以及在此基础上进一步塑造组织形象、传递组织价值的行为。

4.1.2 危机恢复的步骤

危机恢复应该按照一定的逻辑，合理规划步骤，以便有效实施。危机管理领域的学者对危机恢复的步骤确定各有见解，一些学者直观地给出了危机恢复行为的具体操作步骤，

---

① 张成福. 公共危机管理:全面整合的模式与中国的战略选择. 中国行政管理. 2003(7):6-11.

② 胡百精. 危机恢复管理的三个环节 [J]. 国际公关. 2009(5):92.

③ 贺正楚. 论企业危机管理系统的构建 [J]. 系统工程. 2003(3):34-39.

④ 余阳明，张慧彬. 危机战略管理 [M]. 北京：清华大学出版社，北京交通大学出版社，2009.

⑤ 查莹华. 企业危机善后恢复研究 [D]. 上海外国语大学，2013.

从做什么事情开始到做什么事情结束；另外一些学者较为抽象地给给出操作步骤，如胡百精(2009)认为危机恢复应该分三步走，一是利益补救、二是信任重建、三是意义输出。本书认为危机恢复应该分为六步，分别是建立危机恢复小组、收集全面危机信息、确定危机恢复对象及重要次序、制定危机恢复方案、执行危机恢复方案以及进行危机恢复管理的评价。

1. 建立危机恢复小组

企业进入恢复阶段，需要经过一定程序来逐步实现恢复过程。这时需要建立危机恢复小组指导危机恢复工作。危机恢复小组与危机处理小组在目标、职能、组成人员以及决策执行者等方面都有很大区别，如表4.1所示。

表4.1　危机处理小组和危机恢复小组的区别

	危机处理小组	危机恢复小组
成立目的	控制危机，减少损失	使组织从危机的影响中恢复过来
主要职能	不但要决策还要快速行动	恢复管理的决策、监控和协调
人员构成	由专业的危机反应人员构成，人员可以来自组织内部，也可以来自组织外部(如救护人员、外聘危机专家)	大都来自组织内部
决策执行	在危机快速反应时由于情况紧急，其决策是由快速反应小组的成员来执行	大都由组织的全体成员共同执行，当组织内部的人力资源不够时，也可以雇佣外部组织参与该组织的恢复工作

危机恢复小组的目的是使企业从危机事件的影响中恢复过来，而危机处理小组的目的重在控制和平息危机，减少危机对企业造成的损失和影响；危机恢复涉及整个企业和全体员工，危机恢复小组的主要职能是进行决策，在危机事件相当严重时，企业可以邀请外部权威专家来监督和指导危机恢复小组的工作，而具体的恢复工作则需要企业各个部门的全体员工共同承担，因此，在组织结构上，危机恢复小组不再需要单独设立运作和执行部门。可见，危机处理小组的决策主要由危机处理小组成员来执行，而危机恢复小组的决策则应由其全体成员共同执行。

2. 收集全面危机信息

完整全面的信息是决策的基础。危机小组进行危机恢复决策必须最大限度的获得有关危机的信息。信息可以来源于危机的受害者、危机处理人员、帮助企业进行危机处理的其他企业成员和受到危机影响的利益相关者，还可以通过企业专门的人员进入危机现场对危机的损失进行评估和现场调查，获得全面的信息。

关于危机恢复的影响因素有很多，组织或企业可以从危机恢复的影响因素入手来获取全面的信息。通常包括外部信息，如宏观的政治经济环境、同行业的竞争者、潜在的竞争者、供应商等；还包括内部信息，如企业产品的市场需求、管理层的管理理念、客户关系、技术实力、资金实力以及员工态度等。

前沿案例

市场竞争影响蒙牛的危机恢复

2011年12月，蒙牛“黄曲霉毒素致癌奶”事件曝光后，消费者对蒙牛产品产生担忧，一些超市、便利店常常遇到消费者选购时提出蒙牛牛奶是否安全的疑问，部分消费者甚至转向购买其他品牌牛奶。德意志银行发表报告称，在与公司管理层沟通并自行核实销售情况后，发现在事件发生初期，蒙牛整体销量曾大幅下跌50%～60%，其后销售有所恢复，不过仍比事发前下跌10%～20%。在危机恢复过程中，市场需求起着决定性作用。若企业产品属于稀缺性产品，危机发生前市场需求量较大，且产品具有垄断地位，那么产品的市场需求恢复迅速，企业的危机恢复速度也随之加快。反之，若企业所处的市场环境竞争激烈，同类产品丰富，消费者选择余地大，那么产品的市场需求恢复速度则较为缓慢，需要企业在促销、广告以及销售渠道上使用更多资源以减少市场萎缩量、加快市场需求恢复速度。

资料来源：资料来源网络：第一财经日报、广州日报（具体日期无法查证）http://shizheng.xilu.com/20140103/1000150000492390.html

3. 确定危机恢复对象及重要次序

（1）确定危机恢复对象

经过信息收集的程序之后，危机恢复小组对危机造成的损害有了全面深入的了解。危机对企业造成的损害，有些是显性的，例如直接的经济损失、人员伤亡、厂房受损、市场缩小等，但也有很多属于隐性的，会在更长时间内逐步显现出来，例如信誉、品牌美誉度等无形资产，无形资产的受损对企业的长远发展是一项致命打击。因此，企业需要了解进行恢复的所有对象，随后制定完整的恢复方案将企业恢复到危机事件之前的状态。

（2）确定危机恢复重要次序

由于企业用于危机恢复的资源和时间是有限的，所以在确定恢复对象范围的基础上，需要将恢复对象的重要性依次排列出来。重要性排列有助于企业抓住恢复计划的重点，并在实际执行工作中加以落实，避免平均用力或轻重倒置，对企业现有资源进行合理整合和配置，这对加快企业恢复的速度、加强恢复工作的质量，都有重要作用。

4. 制定危机恢复方案

当危机发生时，管理层就应该考虑到之后的危机恢复方案，制定危机恢复方案可以指导企业进行具体的危机恢复行动。这类危机恢复方案可以是对企业内部生产流程的再造或组织构架的调整，也可以是企业参与各类社会活动，还可以是涉及多种可行方案以供选择。危机恢复方案的制定者应该对企业在进行危机处理工作的行动、信息和目标有全面的了解，以便有针对性地展开危机恢复工作。这样可以减少人员的浪费，合理配置企业的人力资本。危机恢复方案应该包括以下8项内容：

（1）危机恢复的目标；

（2）危机恢复的原则；

(3)危机恢复的对象及其重要性排序；

(4)企业内外部沟通机制的恢复和改善策略；

(5)企业正常生产经营的恢复策略；

(6)对相关利益相关者的补偿；

(7)企业形象恢复的策略；

(8)企业危机恢复的预算。

同时由于危机恢复工作的特殊性，在制定危机恢复方案时还应该考虑以下三个特性：

第一，可操作性。危机恢复方案的具体制定应该考虑到企业自身的各项能力，包括生产能力、资金能力以及企业面临的外部环境等。危机恢复方案是用于指导员工开展具体工作的，切不可镜花水月，空中楼阁，而应该科学合理，实事求是。

第二，明确性。危机恢复方案一旦敲定就意味着这将成为企业全体员工危机恢复时间的工作内容和工作守则，在言辞表述上要科学明确，切不可含糊其辞，模棱两可。一旦员工在实施中感到费解或曲解了其中的意思，会影响企业整体危机恢复工作的推进。

第三，全面性。企业危机恢复的内容多样且易受其他因素影响，所以为确保危机恢复工作的顺利开展，危机恢复方案的制定中要充分考虑多种可能性，设计相应方案。相比片面的危机恢复方案，全面的危机恢复方案会给企业危机恢复工作带来更多的便捷。

5. 执行危机恢复方案

之前所有的步骤都是为危机恢复工作的实施做铺垫，所以危机恢复方案的执行阶段是最为关键的环节。在这个环节当中，危机恢复方案将真正付诸于实践，危机恢复小组处于主导、监督的作用，以下四个方面在执行过程中需要重点关注。

(1)协调内部工作

在危机恢复工作中不可避免地与企业原有的生产和管理产生冲突，危机恢复小组需要在各部门之间进行积极协调，消除这些冲突和矛盾。协调各部门一切以企业大局为重，促进各部门相互配合，确保在全员参与背景下的危机恢复工作顺利进行。

(2)监督各方工作

危机恢复小组不仅要协调各部门的关系，促进各部门的合作，还要时刻监督、指导各部门按时完成方案规定的计划工作。危机恢复工作的内容环环相扣，一旦某个部门在工作上出现偏差，便会影响整个企业的危机恢复进度，所以危机恢复小组身兼重任，必须及时督促各部门保质保量地完成工作。

(3)发挥主导作用

危机恢复小组要发挥主导作用，以企业大局为中心，督促各部门按时按量地执行恢复计划，以保证整个计划的正常推进。在工作中切不可出现被内部某些部门的意见所左右的情况，要保证政策的连贯性和一致性。

(4)巩固外部关系

在执行过程中，除了协调企业内部关系，同时也要和受危机影响的利益相关者保持良好关系。与利益相关者的往来影响到企业未来的长期发展，在危机恢复的过程可以开展一些公关活动来巩固其利益关系。

6. 进行危机恢复管理评价

进行危机恢复管理评价是危机恢复小组的一个自我检查的过程。当危机恢复工作进行到一定阶段时，危机恢复小组应该尽快收集相关信息，全面客观地看待目前的危机恢复工作，为下一步工作提供决策依据。此时的危机恢复管理评价工作应该关注以下几个方面。

(1) 评估现状

对目前工作的现状评估是必不可少的。危机恢复小组评价各个部门是否能够按照危机恢复方案规定的原则、策略等推进，同时通过双方在这个阶段的沟通行为修正方案中不合理的因素，保证危机恢复工作在顺利推进的基础上又不给未来的工作留下隐患。

(2) 考虑外界

在评估工作中要充分考虑影响危机恢复工作顺利进行的外部因素，如政府、竞争对手、媒体、社会公众等。这些主体的反应可以看出目前的危机恢复工作的效果，还可以根据其反应来灵活调整下一步的实施方案。

(3) 发现机会

危机恢复工作的评估使得企业能够清晰地看到企业目前存在的问题，乘此机会，企业可以加以改进，在危机恢复时期挖掘新的机遇，给企业注入活力，可能给企业带来新的利润增长点并提升企业形象。

企业在具体操作时需要明确的是，以上六个步骤并不是一成不变的，管理者应该根据自身的情况并结合有效信息，灵活地开展企业的危机恢复工作。

延伸阅读

胡百精：危机恢复的步骤

危机后期的恢复管理存在事实和价值两个维度。其中，在事实层面和价值层面各有两个核心概念至关重要，分别是“真相”和“利益”，“信任”和“意义”。当危机事件结束之后，一般“真相”已大白于天下，或者交给历史去找答案。如此，就留下“利益”、“信任”和“意义”三个核心概念，正是它们构成了恢复管理的“三步走”。

1. 利益补救。事件尘埃落定之后，一般来说企业会把危机管理的重心转移到利益的补救上来：对内尽快恢复常态秩序，创造更多的效益；对外向利益相关者做出补偿，以恢复利益契约。

2. 信任重建。哪里错了，哪里病了，便对症下药。譬如，当初是因为产品质量问题陷入危机，那么恢复管理阶段当作出整改，提升产品质量，并将之通过公关、广告、营销等方式传播出去。前面已经提出，事实能够影响价值，但不能主导、替代价值世界的重建，所以这第二步是有缺憾的，不迈出这一步不行，只迈出这一步也不行。

3. 意义输出。所谓意义输出，即一个品牌在危机结束之后，当构建并输出人们普遍认同的公共信念，譬如真诚、关爱、美好、平等、人与自然的亲善等。如何进行意义的构建与输出，担当社会责任就是构建和输出意义。要把企业的自我角色纳入社会公共系统运行当中来，找到个体角色和公共角色之间的价值纽带，发现价值、践行价值、传播价值。一言蔽之，责任拯救危机。

资料来源：胡百精. 危机恢复管理的三个环节［J］. 国际公关. 2009.（5）:93.

4.2 危机恢复的内容

企业在进行危机恢复管理时，主要从内部恢复和外部恢复两方面来开展工作。在危机暂时过去后，一般企业较为关注生产秩序、生产能力等相关因素的恢复，很有可能忽视企业形象、利益相关者的心理、消费者信任等的恢复，或者说恢复地并不是很彻底，由此会给企业的持续竞争力带来损害。因此，企业在实施危机恢复管理时，要两手抓，既要关注组织内部的恢复又要关注组织外部的恢复。

4.2.1 内部恢复

企业内部恢复目的是让危机期间为了应付危机所调配的人力、物力和财力能够回到正常状态，企业的生产秩序得以恢复正常。企业的内部恢复应该包括物品恢复、人员恢复、组织恢复、制度恢复以及企业文化恢复。

1. 物品恢复

一般需要对企业的物品进行恢复工作时，主要涉及企业的产品、设备、设施等硬件配备。此时危机的来源可能是自然灾害，也可能来源于竞争对手，自身的技术落后或效率低下，需要对物品进行恢复。此时可以采取两种方法，即对物品清理和修复或对物品进行重建和更新。

(1)清理和修复

当企业的经营类危机对企业物品的伤害相对较小时，则可以对产品、设备、设施等硬件配备进行清理和修复。主要体现在产品是否可以恢复生产、作业环境是否需要调整、生产工艺和流程是否需要改进等方面。

(2)重建和更新

重建和更新是针对物品的恢复进行的，包括产品、设备、办公设施、厂房等。企业事故类危机对物资的伤害相对较大，须首先对现场进行清理，评估受损物资是否可以在维修清理后重新利用，若可以则考虑是否可以恢复生产、提升作业环境、改进生产工艺和流程等问题;若受损物资无法再次利用，企业则需要对厂房、设备、生产线、作业环境进行统一设计和考量，必须将致使此次危机发生的根本原因考虑在内，并寻找其他可能致使危机发生的原因，特别是硬件设施的合理安排和使用，将所有因素进行全盘考虑，消除某些危机因素的同时，提升企业的固定资产、硬件设施的水平，从而为企业恢复生产、提升生产力水平提供必要条件。

除了企业的事故类危机，当企业面临外部竞争对手技术的变革和创新时，生产效率相对于社会平均效率较低，市场份额被竞争对手侵蚀，企业面临这类竞争危机时，也应该合理利用资源，重新规划或更新生产线，提升企业的持续竞争力。

2. 人员恢复

由于我们限定在企业的内部恢复上，所以这里的人员恢复主要是指企业内部员工和管理者在危机过后物质和心理的恢复。一般来说，在危机过后，无论是高层管理者还是员工都或多或少有疲惫感和心理压力，因此，为了让企业能够顺利地进入一个新阶段，企业应该尽快让公司内部的员工和管理者调整到积极的状态，恢复活力。

所以企业首先应该对危机期间临时调动的人员和资源进行重新整合和配置，使组织上下从紧急模式切换到正常模式。如此一来，一方面使各个空缺岗位能迅速填补合适的人员，能有效控制冗员问题，另一方面，企业还需要防范危机事件造成的人员流失问题。

企业还需要关注人员的心理问题，在经历危机之后，员工的心理会或多或少受到影响，企业内部的工作氛围也会受到影响，因此十分有必要重建积极和谐的组织氛围。企业可以与内部公众取得企业继续发展的共识，倾听内部受众事后对危机的看法和意见建议，组织内部员工举行共渡危机的庆祝活动，与员工共同探讨下一步发展战略。同时，要关注危机后员工的恢复状况，事后的补偿工作要做到位，从而使其恢复对企业的信任。此外，企业领导者的行为也十分重要，要为企业员工做出表率，以自己饱满的精神和干劲增强员工的信心，从而重建组织氛围。

3. 组织恢复

企业的组织恢复就是对企业的组织结构的重新设计，对组织内部的信息沟通和反馈渠道的强化，以避免因信息沟通不畅而再次引发危机事件。组织恢复很好地体现了危机双重性的特征，企业通过危机发现组织内部结构的问题，优化组织结构，提高组织效率。同时，企业需要对危机期间的财务进行平衡预算，并对损失做估算，补给资金和资源。

调整不合理的企业结构是组织恢复的重要任务。当组织结构需要改进或重建时，生活或者工作在该组织中的组织成员必须团结一致，共同承担责任。危机管理之初，企业关注的是与组织中成员的安全及生存息息相关的活动，之后，企业就要将注意力放在改进及维护组织或团队中的系统及人员、机制的修复和维护上，企业的生存需要与各利益相关者保持良好的关系。

4. 制度恢复

制度恢复也是内部恢复的一个方面。在后期危机发生原因的寻找中很有可能发现危机来源于企业的制度存在漏洞和不足，也与组织内部员工没有很好地遵守和执行制度有关。所以在危机恢复管理时期，企业管理者可以重新审视制度，发现不足就及时填补，发现不被重视或执行就可以通过教育或其他强制约束来规范员工的行为。

5. 企业文化恢复

企业文化是企业的灵魂，是企业吸引员工的根本。危机事件发生后，企业的内部文化不仅会遭到外部消费者和其他利益相关者的质疑，也会遭到内部员工的质疑，员工认为企业只关注经营业绩而不顾员工利益和社会利益，对企业文化造成极大的负面影响。所以企业应该在危机事件发生后对企业文化进行修复，向员工展现家情怀和社会责任心，赢回员工的信任和重建良好的组织氛围。

在企业文化恢复中，企业管理层首先应与员工进行良好的沟通，因为企业文化的传播者正是企业的员工。当员工意识到自己的行为对正处于危机中的企业的重要性后，便唤醒了员工的主人翁意识，增强了对企业的归属感，提升企业凝聚力，是企业危机恢复的坚强后盾。

4.2.2 外部恢复

相对于企业危机的内部恢复管理，外部恢复更为重要。企业危机外部恢复的主要目的是维护企业良好的市场形象，缓解大众对企业的心理抵触，重建产业链上的利益相关者和消费者对企业的信任等。外部恢复应该包括形象恢复、心理恢复和信任恢复。

外部恢复与内部恢复不同，它具有隐蔽性和长期性的特征。隐蔽性表现在当企业的生产业务和市场份额已经达到危机前水平的时候，认为企业已经处于安全状态，其实不然，企业管理者往往会被这些表象所蒙蔽，没有深入地思考危机给企业带来的隐性破坏。长期性表现在恢复企业在顾客心目中的形象和信誉需要时间的积累和考验，企业要持续地为顾客提供优质的产品和服务，否则企业会在自认为安全的环境中麻痹大意，最终酿成巨大危机。

1. 形象恢复

企业形象是现代企业最为宝贵的财富之一，是塑造企业核心竞争力的重要组成部分。危机给企业形象造成的破坏会直接影响社会及消费者对企业的认知，进而影响企业的市场份额，危及企业的生存。恢复企业形象对于企业重新夺回自己失去的市场份额非常关键。

因此，对于危机管理者来说，必须采取行动去引导那些身处危机之中以及危机之外的公众对企业的看法和反应。随着互联网时代的开启，不仅危机本身会对企业形象产生冲击，媒体的报道和互联网的传播也会影响公众的看法，基于这样的背景，企业在形象恢复中需要有方法有策略地引导公众对企业产生积极的看法。总体而言，企业形象恢复主要包括以下三项工作。

(1)进行调查，了解企业形象的现状

在企业着手进行形象恢复前，企业有必要对危机前后企业形象的变化进行了解，这些企业形象可以包括企业的产品形象、技术形象、市场形象、社会形象以及综合形象。企业需要确定在危机前后企业的形象发生了哪些变化，哪些形象受损的比较严重，然后采取针对性的措施进行弥补，以达到事半功倍的效果。可以通过以下几个问题来开阔思路，寻找方案，分别是：企业形象是否有很大的改变？已经发生的改变是否和既定的企业形象有严重冲突？现有形象对企业来说是机会还是威胁？和公众的预期是否有很大的出入？消费者是否能够接受改变后的企业形象？这些问题可以帮助危机管理者有效地理清思路，深入了解企业形象的现状。

(2)开展公关活动，谋求形象恢复

开展公关活动是企业形象恢复的必要手段，企业可以通过开展必要的新闻发布会、利用互联网媒体宣传、改善与消费者的沟通渠道、举办大型活动等方法拉近企业和公众的距离，及时告知公众危机后的新局面和新进展。这有利于增强公众对企业认识，进一步增强其对企业工作的理解和支持，慢慢在公众心目中重新树立对企业的良好形象。但是要注意，在进行公关活动时，必须全面了解受众的特点，开展合适的活动，否则只会适得其反。

(3)关心社会公益，树立企业形象

随着市场经济的有效竞争，企业越来越重视企业的社会责任，关注社会公益。在危机过后，企业的组织形象受到严重打击，实践表明，通过展现对社会公益活动的关心有利于改善企业的组织形象，增强消费者对企业形象的认同感，提高企业品牌的知名度和美誉度，进一步彰显了企业的社会责任感和诚信度。随着企业一系列连贯的社会公益活动做铺垫，公众对组织形象会产生惯性认识，这种惯性认识孕育着巨大的能力，在发生巨大危机后，公众就会对企业形象做积极感知，给企业以充分时间来渡过难关。

2. 心理恢复

一次危机事件对于受众的影响不仅是物质上的、生理上的，更是心理上的、精神上的。在看不见的心理伤害和精神伤害层面的影响有时是巨大的，往往会加剧危机对企业造成的危害，甚至还会对社会造成危害。心理恢复可以根据由危机造成的影响大小分为危机主要受害者的心理恢复、危机次要受害者的心理恢复以及大众心理恢复。

(1)危机主要受害者的心理恢复

危机主要受害者无疑是受到危机影响最为严重的人群，他们也许因为一次危机而造成了生理残缺甚至死亡，也许他们的家人也受到此类伤害，所以他们也被视作危机的主要受害者。对危机主要受害者的精神恢复是非常重要的。此时一般可以采取补偿和赔偿的办法，以真诚的态度弥补主要受害者受到的损害，还可以聘请专门的心理专家，对其进行心理疏通，以减少对其的伤害。

(2)危机次要受害者的心理恢复

危机次要受害者虽所受到的伤害不及危机主要受害者，但在危机发生时他们所受到的伤害同样需要补偿。例如超市卖出了问题食品，危机的主要受害者误将食品食用后产生了身体不适，危机次要受害者就是看到媒体报道相关问题食品后，发现自己也购买相同的食品，但尚未食用。对他们来说，因为没有马上食用这些问题食品而没有发生身体不适，在一定程度上他们会感到幸运，但另一方面，由于这些消费者购买了问题食品，除付出了相应的货币以外，还会因没有食用问题食品而感到后怕，这对他们也是一种精神伤害，以致在今后购买物品时，危机次要受害者会在产品的挑选上格外注意，生怕再次发生同样的问题。所以对危机次要受害者，制定合理的退货政策以减少其损害十分必要。

(3)大众心理恢复

要对大众的心理进行恢复，首先要把握社会心理客观状况，也就是要实时监测社会心理反应，并能够预测将来的心理状况。应该组织相关专业人员，通过适当的渠道和方式了解公众心理的具体状况，针对危机事件中人群的行为变化，掌握民众心理的行为趋势，从而为有关部门采取相应的政策，保护广大民众免受或减少在心理上的伤害。其次，对于大众的精神修复一对一的治疗显然是不明显的，那么危机管理主体就必须以大众媒体为修复介质，通过大众传播合理引导舆论，消除大众由于信息不对称而产生的恐惧心理。

3. 信任恢复

伯恩和福尔摩斯将信任定义为："在有风险的情势下，对他们的动机所持的一种积极的、自信的期待状态①。"信任是人际交往合作的前提，是维系合作的粘合剂。但是信任是十分脆弱的，很容易被破坏。当消费者或其他利益相关者对企业和产品的积极期望被打破，导致信任度降低，那么就迫切地需要进行信任恢复。破坏信任往往比建立信任容易得多，并且一旦信任被破坏，重建信任的工作往往十分艰难。在危机管理工作中应该明确，信任修复过程中需要增加的信任实际上可能会大于初始的信任值。

对于企业来说，信任修复主要涵盖四个阶段。第一阶段是承认事件已经发生并表示遗憾；第二阶段是回顾危机，分析并找到信任感降低的原因；第三阶段是根据事件进展，灵活选择信任恢复的方式策略；第四阶段是总结评价后果。

信任恢复的策略最多的时候曾提出11种，在这里主要罗列8种，分别是否认、找借口、解释、承诺、道歉、赔偿、自愿抵押担保以及沉默。所有的方法都是为了减少负面影响，恢复正面的期望。

在企业的信任恢复工作中，企业要关注受害方的反应、态度、修复意愿，积极挖掘受害方会影响修复结果的因素。此外，企业要关注情绪和情感在信任修复中的作用，并明确信任修复和初始信任建立的差别。企业在短期信任修复之后，还要依据信任建立的机制和前因，继续进行信任的重建，才能帮助企业建立深厚稳固的信任水平。

4.3 危机恢复管理的原则和策略

4.3.1 危机恢复管理的原则

危机恢复管理属于危机管理的事后管理，企业在危机过后所做的各项善后工作，并在其中总结经验和教训，对企业日后经营活动的改进。危机恢复管理在危机管理中具有重要地位，在进行危机恢复管理时，应该遵循以下6项原则：高度重视、全面调查、实事求是、全员参与、轻重有分以及动态调控。

---

① Boon, S. D. & Holmes, J. G. (1991). The dynamics of interpersonal trust: Resolving uncertainty in the face of risk. In R. A. Hinde & J. Groebel (Eds.), Cooperation and prosocial behaviorCambridge, UK: Cambridge University Press.

1. 高度重视

在危机恢复工作中，企业的管理层应该给予高度重视。企业危机的恢复程度关乎企业目前的经营、未来的发展，尤其是企业的形象恢复工作，一旦企业形象全无、名誉扫地，消费者对企业产品和服务的信任度大大降低，企业的市场份额也会随之锐减。此外，内部员工对企业的归属感和忠诚度也会大打折扣，影响企业的后续发展。所以危机恢复工作是企业发展的"分水岭"，是生是死，是平庸或卓越，都取决于这个阶段的工作。对该项工作投以高度重视是一个必要的原则。

2. 全面调查

在危机恢复工作的策划和执行过程中，都应该注重遵循全面调查的原则。全面调查有利于企业获得全面的资料和信息，为企业后期决策奠定基础；有利于危机恢复小组全面监督、指导企业内部各部门的工作质量和进度，对目前工作的现状有较好的了解；有利于管理者在现有工作的基础上进行战略部署，开始进行下一步的危机恢复工作。

在危机恢复方案制定时期，全面调查包括对公司目前整体状况的调查，如公司财务状况、生产线状况、员工心理状况、声誉受损状况；还可以包括对消费者及大众心理状况的调查，如消费者对企业产品和服务的价值感知、消费者的偏好变化、消费者的态度变化等；还可以包括外部市场的相关信息，如新技术的应用、现有竞争者的威胁、潜在竞争者的威胁、市场的趋向等。以上所说的需要调查和收集的信息要尽可能全面，那么企业在未来的方案选择和政策制定上有更多的选择权和主动权。

3. 实事求是

企业危机管理者秉承实事求是的原则是开展危机恢复工作的基础，实事求是是做好危机恢复工作的最根本原则。只有实事求是，客观公正地对待企业中已经发生的危机，企业才能迅速从危机中恢复过来。实事求是可以表现在很多方面，如客观地收集各类资料、客观地调查消费者心理、客观地描述在企业目前的处境、客观地评价各部门的危机恢复工作等。所有工作环节都应该秉承实事求是、客观公正的原则，才能找到症结，对症下药，快速恢复。

4. 全员参与

全员参与也是危机恢复管理的一个重要原则，全员参与的原则要求所有部门都要在危机恢复小组的指导、监督下完成分内的危机恢复工作。全员参与并不是资源浪费，而是资源的有效利用，未受危机影响的部门产生的高绩效可以帮助在危机中的部门加快恢复。全员参与原则还体现企业内部的文化和氛围，全体员工在共进退中形成良好的团结精神。全员参与还有利于保证危机恢复方案的有效执行，员工不折不扣地执行危机恢复方案是危机恢复工作顺利进行的保障。

5. 轻重有分

企业在遭遇危机过后，必定会有损元气，在人力、物力、财力资源上都比较有限。所以在进行危机恢复工作中，首先应该恢复那些影响企业转入正常运营的部分。如在职能上相当重要，则要重点恢复能够在短期内产生显著成效的部分、以及能在最快速度上恢复内部员工对企业的信任和自豪感以及外部消费者和其他利益相关者对企业的正面期望的部分。事有轻重缓急，在危机恢复工作中要落实这个原则，这有利于企业将资源用在有较快成效的方面，而至于更深层次的恢复和形象重建，则应该基于之前率先恢复的内容，由点到面地逐步恢复企业的各项技能，坚持重点突破，再逐步、长期地恢复。

6. 动态调控

动态调控也是必须要坚持的原则之一。事物的发展是一个变化的过程，在危机恢复过程中，这个变化随时可能发生异化的状况，表现为部门之间的推诿、导致恢复工作错过最佳时机，员工操作失误、导致恢复工作出现偏差。所以在这个过程中，危机管理者随时进行动态调控，危机恢复小组根据目前的危机恢复情况，及时做出有序调整，并将进度情况及时反馈给内部工作人员和外部利益相关者，并根据其反馈再做出相关的调整。就是在这样不断的动态调整中，逐步修正危机恢复的路线，促进危机恢复工作的有效开展。

4.3.2 危机恢复管理的策略

一旦危机局面得到控制，企业管理者都迫切地希望能够找到合适的策略使企业尽快从危机中恢复过来，能够恢复到危机前的水平，甚至能够超越。在遭遇"创伤"之后，企业管理者求医心切，有效的恢复管理就能帮助企业尽可能以较少的时间和资本从危机中唤醒过来。有学者认为，危机恢复管理包括两大中心任务，一是补救性任务，即一系列的修复工作；二是改善性任务，即总结经验教训并提升组织形象。由此可见，如果企业采取有效的危机恢复策略，不仅能够使得企业止损，恢复正常运行，还有可能给企业带来新的发展机会，迈向新的发展阶段。

1. 调动全员力量

危机恢复小组是企业危机恢复工作的核心力量，但是仅仅靠危机恢复小组的力量是远远不够的。危机恢复工作主要应该依靠企业的全体成员，危机恢复小组作为组织和主导力量充分调动企业中各个部门的员工，开始相关的恢复工作。不论是否受影响的部门都应该加入到危机恢复的工作中来，受影响的部门加入毫无疑问，未受影响的部门也应该给予危机恢复工作最大的支持，促进危机顺利平缓的恢复。

调动全员力量有利于力量互补，带动危机恢复工作的顺利进行。企业中未受影响的部门在做好自己本职工作的同时，注入危机恢复的热情，对员工产生了激励作用。有利于在这些未受影响的领域中获得更高的绩效，这些绩效可以带动处于危机中的部门快速恢复，降低危机恢复的难度。只有企业部门间通力合作，才能使得企业未受影响的部门表现得更好，才能使受影响的部门有更多的资源可以摆脱危机，迅速恢复。

调动全员力量还有利于提高企业内部士气，增强企业的凝聚力。在危机过后，企业的凝聚力、企业氛围或多或少地会受影响，员工担心企业的后续发展、产生心理压力而无心工作，这个时候应该组织一些集体活动来增强员工的积极性和自信心。此时危机恢复是很好的一个机会，可以用于组织内部，各部门积极协调沟通，共度难关。“日久见人心，患难见真情”，员工在危机恢复过程中逐渐增强对企业的归属感和自豪感，企业也会更加尊重陪伴它共渡难关的员工，两者在危机恢复过程中的互动，有利于增加双方对彼此的认同感，组织氛围将更为和谐。

2. 补救先于追责

在危机生命周期的前几个时期，人们都忙于处理和应付危机，力求将危机的损害降到最低，故而没有时间去追究对造成危机的“人”的问责和处罚。但是当危机的局面一旦得到控制，危机进入了恢复的阶段，人们开始有喘息的时间，面对前段时间噩梦的回忆，人们自然对那些造成危机的人深恶痛绝，并有冲动开始追查是哪些人造成了这些危机，一旦被找到，他们又急于给那些人定罪，强烈谴责他们的行径。

但是，即使危机处理者心中有这样的想法，也是万万不能实施的。危机尚未完全解决，只是从目前来看危机得到控制而已，为了企业的可持续发展，下一步的工作必须是危机恢复，危机恢复工作应该基于企业的内部团结。如果盲目开始危机责任的追究，就给企业危机恢复工作造成巨大的威胁，具体如下。

首先，危机的责任人会感到恐慌，并开始找理由、找机会开脱自己的罪名。那么一方面会影响危机责任人本身，使其不能很好地投入到危机恢复工作中来，减弱危机恢复的投入力量。另一方面，当危机责任人被逼至走投无路的地步，可能会做出损害公司利益的事情，如将核心资料带到竞争对手那边。

其次，危机责任人可能会为了减轻自己的罪责，进而开始毁灭一些证据。这些证据是危机发生的主要原因，一旦这些重要信息缺失，会影响到危机恢复工作的顺利进行，加大危机恢复工作的难度。

最后，追究危机责任人的风声会引发企业内部的相互猜忌，不利于形成团结统一的局面。员工互相猜忌不仅损耗了员工的有限精力，还会使得员工在危机恢复工作中有所顾忌，内部员工无法全身心地投入到危机恢复工作中。

所以企业管理者切不可在危机得到控制之后开始问责，反之应该营造和激起良好的组织氛围，促进形成团结一致的局面，用团结一心的力量帮助企业迅速从危机中恢复过来。

3. 及时沟通信息

沟通在危机恢复管理中具有重要的作用。沟通作为一座桥梁，连接企业与外部公众、利益相关者与媒体，连接企业内部各部门，连接企业危机恢复小组和各部门等。沟通主客体之间的信息互通、沟通反馈有利于贯通企业内外部的信息流，使得危机恢复工作在相对信息对称的基础上进行，有利于危机恢复工作的顺利开展。

(1)企业和外部公众、媒体的沟通

企业在危机恢复过程中，及时发布进度消息，让公众和媒体了解到企业的危机恢复情况，减少不必要的猜测和质疑。在这样的沟通中，向公众和媒体展现负责任的企业形象，在无形之中增加公众和媒体对企业的好感和信任感，在后续的危机恢复过程中得到其支持。尤其是媒体对企业的看法将会影响公众的思维，企业在和媒体沟通中要尊重媒体、坦率真诚、实事求是。

外部公众可能是企业的潜在消费者或者现在消费者，外部公众对企业形象的看法将会影响企业危机恢复，企业危机恢复工作和外部公众存在这样的内在联系，需要企业及时向外部公众告知危机恢复情况并完善沟通机制，外部公众能及时了解企业危机恢复情况的进度，企业也能了解外部公众的想法。在必要时，企业可以鼓励外部公众加入到危机恢复的行列中，让他们能够有机会参与企业危机恢复工作，在这样的互动中增加彼此的信任感。

(2)企业内部沟通

在注重和企业外部沟通的同时，更要注重企业内部沟通，企业良好的内部沟通机制和氛围有利于企业内部解决各类危机恢复中面临的问题。企业内部部门之间的沟通有利于部门之间的合作与协调，各部门员工也可以更好的合作。企业内部危机恢复小组和各部门的沟通有利于各部门对危机恢复情况有全面的认识，从全局观的视角出发做好危机恢复工作。

4. 进行形象管理

企业形象是社会公众对企业的总印象和总评价，是主客观的统一。企业形象是各种评价的总和，一般是由公众来评判企业的形象，但是总体源于企业自身的表现。所以企业形象虽然是公众的一般看法，但是企业需要用自身行动来改善企业形象。一旦企业遭受危机，危机便会间接损害到企业形象，所以在危机恢复阶段，必要的形象管理策略是不可或缺的，对企业危机的整体恢复具有重要意义。

危机后的形象管理的职责不仅是恢复危机前的良好声誉，还应该利用现有的资源和机会，来提升企业形象。恢复之前的声誉本身已是一件难事，再加上要更一步提升企业形象，更是难上加难，所以企业应该采取积极的形象管理措施，主动承担责任，向受害者赔礼道歉，并表现已经开始采取相关补救措施，尽快平息风波。并在这些与外部公众的沟通中，善于把握机会，有意识地向公众传递积极的、真诚的、知错就改的信息，打造敢于修正错误的崭新形象，这样可能会出现反败为胜的效果。

除此之外，著名的形象修复理论专家班尼特提出了在世界范围内认同感较高的危机后形象修复策略。该策略主要基于两项前提：一是组织被认为对危机事件的发生承担责任；二是社会大众对组织责任的看法比危机事件的真相本身更为重要。基于此，他提出了五项策略，分别是：否认、逃避、减少敌意、纠正行为和战略自责，具体如表4.2所示。

表 4.2　班尼特(Benoit)的形象修复策略

Benoit 的形象修复策略	
策　　略	主 要 特 征
1. 否认(Denial)	
简单否认(Simple Denial)	否认做过，或否认事件发生
转移指责(Shift the Blame)	将问题转移给他人
2. 规避责任(Evasion of Responsibility)	
合理回应(Provocation)	强调是为了回应他人的侵犯性行为
无力控制(Defeasibility)	缺乏信息或控制能力
意外(Accident)	并非有意造成所发生的意外
良好目的(Good Intentions)	本意是善意的
3. 减少敌意(Reducing Offensiveness of Event)	
支撑(Bolstering)	强调好处
淡化(Minimization)	问题并不严重
区别(Differentiation)	与伤害性更大的行为类别作区别
超脱(Transcendence)	还有更重要的价值与考虑
反击(Attack Accuser)	降低攻击者的信用
补偿(Compensation)	补偿受害者
4. 纠正行为(Corrective Action)	计划解决问题或承诺防止问题再发生
5. 战略自责(Mortification)	道歉，表达悔意

资料来源：William L. Benoit. Accounts, Excuses, and Apologies: A Theory of Image Restoraion Strategies, P17, P27, P54, P61, P66-67. State University of New York Press. 1995.

5. PICPIC 策略①

PICPIC 策略是几个单词的缩写，分别是：计划(Plan)、信息(Information)、核心(Core)、人员(People)、整合(Integration)、持续性(Continuity)。PICPIC 策略是能满足管理者想要快速、有效地使业务过程和利益相关者受益的方法。PICPIC 策略是基于保证危机恢复工作正常运行的一系列计划，计划中需要概括性地规划出危机发生前及危机得到控制后所需恢复信息的有效程度。恢复期间，许多计划和行动需要详细地解释，而且需要更加关注和加快内外部信息的流通速度，以便各个阶段计划的变动能够迅速反映在行动中。PICPIC 策略的主要目标是使人们主动参与计划、信息交流、核心业务作业的复原以及组织或团队基础设施的恢复，从而参与恢复的整个程序。以下是 PICPIC 策略关键要素的介绍。

(1)计划

危机恢复管理计划不可或缺，计划是一切行动的有序保障。危机恢复管理的计划中应该将各种大小的风险都涵盖在内，同时给出相对应的解决方法。但从另外一个角度说，一旦将所有可能会发生的风险涵盖在计划内，计划就会变的反复杂乱，易让人没有思绪，所以在计划编制中还应该考虑到各个风险的重要性和发生概率大小，并依据排序，使得计划工作既全面又富有条理性。此外，将受危机影响的人纳入到危机恢复中来十分有必要，这些人可以为计划的制定提供一些意见，帮助危机恢复工作的开展。

① 罗伯特·希斯. 危机管理［M］. 北京：中信出版社. 2004.

(2) 信息

曾遭受过危机的人提供的信息对企业危机恢复人员具有十分重要的帮助。当危机管理者接受到这类信息时，反馈是不可缺少的，企业需要及时将相关的信息反馈给他们，让他们同步了解危机恢复的进展情况。所以危机恢复人员应该利用各种媒介和相关人员进行沟通，保证信息的快速流转。适当的信息既可以让人们了解正在发生什么，又可以帮助危机恢复人员了解人们对在做的危机恢复工作的看法。所以发布的信息要特别注重以下四个方面：一是我们现在正在做什么；二是这些行动如何适应大局；三是获得这些信息的人下一步可以做什么；四是近期可能会发生什么事。

此外，信息管理的可信度很大程度上取决于行动和言辞的一致性，决策和行动要一致同时必须与已发布的信息也相一致。如果人们发现在发布信息所规定的时间内，某些承诺并没有真正履行，那么企业将会失去人们的信任，给危机恢复工作带来困难。危机恢复管理者必须谨记，信息的获取应该快捷并及时传播，如果信息流一旦终止，受害者和反应者便会感到孤立无援，对恢复逐渐失去信心。

(3) 核心

核心作业是指维持组织或团队运作的最必要的活动。米特罗夫等人将核心作业的管理定义为处理与经营恢复职责相关的业务，以及作业所必要的基本服务和程序的确认。对于一个企业来说，信息管理、专家配备、关键性的组织设施与业务可能是生存的核心。企业的危机恢复工作应该按照一定的顺序，由核心作业至支持活动至延伸活动。核心作业的完全恢复是基础，在这个基础上，支持活动才能重新开始，也只有当支持活动完全起作用时，才能进行企业的其他延伸活动。所以在危机恢复工作中，关键是要抓住核心活动，只有核心活动完成后，才能更好地进行下去。

(4) 人员

危机之所以称为危机，主要是让人有了反应，人是危机管理中最基本的组成要素。希斯认为，危机中的人可以分成三种：一是反应者，反应者是指在危机中试图阻止危机或减少危机伤害的人，包括警察、医生、行业专家等，他们在危机恢复中起到重要作用；二是受害者，受害者是危机中最受瞩目的一群人，他们亲历了整个危机，在心理上、生理上造成了不同程度的伤害，所以特别注重对这类人群的补偿，不仅是物质上，在精神上也要注意对其修复；三是旁观者，旁观者虽然没有直接参与危机，但是目睹或关注了危机的全程进展，在危机中也受到一定的触动，所以企业也不能忽略这些人的感受。

(5) 整合

整合是指企业在危机恢复管理的过程中，不能局限于对企业内部人员的管理，还应该考虑外部利益相关者的诉求。由于危机恢复管理地位的重要性，往往会导致管理者感到一定的压力和紧张感，因此会使得所有的信息交流和决策制定更加趋向于集中化，并被局限在管理层内部。这种局限会产生连锁反应，使得危机恢复人员在进行恢复工作时也充满紧张感，从而阻碍危机恢复工作的顺利开展。

有效的危机恢复管理应该考虑到多方的愿望，并公平、公正、公开。在一个翔实并连续的恢复计划的基础上，使得尽可能多的受危机影响的人得到最满意的结果。在很多情况下，危机恢复管理的整合使得企业能够及时调整短期目标和长期目标，并能够兼顾内部和外部人员的相关要求，对内部员工可以起到正面的激励作用，对外又可以保持良好的企业形象。

（6）持续性

危机恢复管理最重要的支持策略应该是让人感觉到一切都是正常和持续的。当人们察觉到工作中的不确定性，就不可能全身心投入，因为最后的结果可能不是他们想要的。所以管理者应该通过计划、沟通和参与的策略，在危机恢复的过程中创造出可预测和熟悉的氛围，消除人们心中的不确定性，使其动力十足地加入到危机恢复中去。

持续性是危机恢复的最终目标之一。当人们确信危机管理中的决策者与管理者是在努力地消除危机的负面影响，并且通过他们的努力使得环境恢复到他们所熟悉的或可接受的状态时，他们就会把这种持续感带到工作中去，并更加努力地保持这种持续感，直至危机恢复工作的结束。

本章小结

1. 危机恢复的含义有两大层次，一是指危机事件发生后的一系列善后行为；二是在善后的基础上寻找获利点，增强持续竞争力。危机恢复的含义为：一旦在危机得到有效控制后，危机管理者所采取的一系列善后行为以及在善后行为进行的过程中进一步塑造组织形象、传递组织价值的行为。

2. 危机恢复的步骤可以分为六步，分别是建立危机恢复小组、收集全面危机信息、确定危机恢复对象及重要次序、制定危机恢复方案、执行危机恢复方案以及进行危机恢复管理的评价。

3. 危机恢复方案可以包括八项内容，分别是危机恢复的目标、危机恢复的原则、危机恢复的对象及其重要性排序、企业内外部沟通机制的恢复和改善策略、企业正常生产经营的恢复策略、对相关利益相关者的补偿、企业形象恢复的策略、企业危机恢复的预算。

4. 危机恢复的内容包括内部恢复和外部恢复，内部恢复包括物品恢复、人员恢复、组织恢复、制度恢复以及企业文化恢复；外部恢复包括形象恢复、心理恢复和信任恢复。

5. 在心理恢复的过程中，不仅要关注危机主要受害者的心理恢复，还要关注危机次要受害者的心理恢复以及大众心理恢复。

6. 在进行危机恢复管理时应该遵循以下五大原则，分别是高度重视、全面调查、实事求是、全员参与、轻重有分以及动态调控。

7. 危机恢复管理的策略可以有调动全员力量、补救先于追责、及时沟通信息、进行形象管理以及 PICPIC 策略。

8. PICPIC 策略是几个单词的缩写，分别是：计划（Plan）、信息（Information）、核心（Core）、人员（People）、整合（Integration）、持续性（Continuity）。PICPIC 策略的必要前提是

制定一系列计划来保证危机恢复工作的进行，在危机恢复期间，企业应保证内外部的信息沟通持续而且高效，以便各阶段计划的变动能迅速反映在行动中。这一策略的主要目标是使人们主动参与恢复过程的各个阶段。

思考题

一、选择题

1. 危机恢复的步骤不包含下列哪个选项(　　)。

A. 建立危机恢复小组　　B. 制定危机恢复方案

C. 制定危机预警计划　　D. 收集全面信息

2. 危机处理小组和危机恢复小组的区别不包括下列哪个选项(　　)。

A. 目的　　B. 人员　　C. 职能　　D. 决策

3. 危机恢复方案不包括下列哪个选项(　　)。

A. 目标　　B. 原则　　C. 策略　　D. 利益相关者的反应

4. 在制定危机恢复方案时不考虑下列哪个特性(　　)。

A. 优越性　　B. 可操作性　　C. 全面性　　D. 明确性

5. 组织恢复应该包括(　　)。

A. 员工心理　　B. 企业文化重建　　C. 优化组织结构　　D. 制度修正

6. 以下选项不属于外部恢复的是(　　)。

A. 想象恢复　　B. 制度恢复　　C. 信任恢复　　D. 心理恢复

7. 以下不属于信任恢复的策略的是(　　)。

A. 否认　　B. 解释　　C. 赔偿　　D. 拒绝

8. 以下不属于危机恢复的原则的是(　　)。

A. 内外有别　　B. 轻重有分　　C. 全面调查　　D. 实事求是

9. 以下不属于危机恢复管理的策略的是(　　)。

A. 问责第一　　B. 实事求是　　C. 及时沟通　　D. 补救第一

10. 下列哪个选项不属于 PICPIC 策略(　　)。

A. 信息　　B. 补救　　C. 人　　D. 核心

二、名词解释

危机恢复组织恢复　心理恢复

三、简答题

1. 简述危机恢复的步骤
2. 简述企业危机的内部恢复
3. 简述危机恢复管理的原则
4. 简述危机恢复管理的策略
5. 简述 PICPIC 策略

案例讨论

农夫山泉“标准门”中形象修复理论的应用剖析

农夫山泉事件也称为“农夫山泉‘标准门’”，是指2013年4月以来，在27天的时间里多家媒体称农夫山泉“标准不如自来水”，引发了不少市民对饮用水问题的强烈担忧。其主要争议在于农夫山泉标准是否不如自来水，即农夫山泉瓶装天然水所执行的浙江省地方标准DB 33/383—2005《瓶装饮用天然水》，其砷、镉等指标低于GB 5749—2006《生活饮用水卫生标准》(即自来水标准)。

农夫山泉“标准门”事件发生后，相关部门一共进行了9次回应，其中有2次非正式回应(3月22日，3月25日)；有6次正式回应：5次微博回应(3月15日，4月11日，4月12日，4月16日，4月21日)、2次新闻发布会(5月6日、5月12日)。笔者通过这9次回应的内容分析，来确定农夫山泉方在此次危机中应用的几个主要形象修复策略。

一、消除敌意

纵观农夫山泉整个形象修复策略，采用的最多的就是消减敌意战略。并使用了其中的弱化负面效果、转化、进行反击。1. 弱化负面效果。主要是通过强调事件远没有公众所设想的那么糟糕，以传递出一个信息——“这只是个普通的偶然事件”，来缓解公众对农夫山泉品牌的负面认知。在有报道声称农夫山泉中有黑色不明物和棕红色漂浮物时，农夫山泉方回应是在运输中析出的矿物盐，并不影响饮用来弱化负面效果。2. 转化策略。主要是指将公众的注意力从眼前的危机事件中转移，并将当事人也塑造成事件的受害方。在4月16日的回应中，面对华润怡宝的反击，农夫山泉方再将自我角色沉降到受害者的位置，声称137项内控指标的检测报告原是企业机密、核心技术，但为了洗刷冤情不得不公布于众，指责京华时报根本不给农夫山泉辩白的机会，将社会公众的关注点引向怡宝。3. 反击策略。通过上述“转化”策略，农夫山泉已经把自己的形象设定成了“受害方”，为后期的反击攻势做好了铺垫。整个事件经过沉淀发酵，农夫山泉在保持短暂的沉默后开始进行反击。农夫山泉主要提取出几个关键点“罗列证据指控怡宝恶性竞争”、“发表质量声明指责媒体不科学严谨”、“农夫山泉饮用水符合国家标准”。

二、否认

农夫山泉主要采取的是否认策略中的转嫁责问。农夫山泉把这场危机定性为一场阴谋或者策划。其寓意是农夫山泉方也是受害者，公众被别有用心者愚弄了。农夫山泉在其声明中指出“近期针对农夫山泉的一系列的报道是蓄意策划的，隐藏在幕后的就是国有控股饮用水企业——华润怡宝。”

三、逃避责任

通过上几轮的形象修复行为，农夫山泉在舆论上已经开始博取了公众的同情，但是事态发展不会一如既往的在预期之中。真正的危机在4月21日爆发，政府相关部门对农夫山泉事件表态，同时中国水协将农夫山泉除名，这让整个事件不可逆转的往负面方面推进。据媒体报道，浙江卫生厅相关部门已经对农夫山泉进行了约谈，并对外表示农夫山泉方有违规行为。这为整个事件蒙上了一层新的阴影。同天，中国饮水协会以违规为名将农夫山泉从协会除名。

最后，农夫山泉采取了无力掌控策略，对外部公布信息更倾向于将过失行为归结于缺少对事件重要信息的了解，没有足够的能力把握事件的发展。其策略意为表明“我不是有意的”这一信息，以谋取公众的轻微谅解。

四、修正性行为

修正行为策略主要指对危机事件的严重后果进行补救、修正，防止事态进一步恶化，同时承诺防止该危机再次发生。农夫山泉在4月11日和5月12日采取了该策略。主要方式是“组织专家、媒体、消费者考察农夫山泉工厂、生产基地、取水口等，并参观了全部生产线的工艺流程。”

这个策略的目的是为了通过专家和媒体的报告向外界展示农夫山泉的工艺和标准，试图阻止品牌形象的进一步恶化。并通过实际的行动向外界承诺，事件不会再次发生。

资料来源：吕强. 本诺伊特形象修复理论应用研究——以农夫山泉事件为例［J］. 视听专论. 2014. 12

讨论题：

1. 你认为农夫山泉的危机恢复策略是否有效？

2. 如果你是农夫山泉董事长，遇到这种情况，你会如何处理？

延伸阅读文献

1. 郭全明. 赢战危机：企业危机预控·化解之道［M］. 北京：中国经济出版社，2009.

2. 董传仪. 危机管理学［M］. 北京：中国传媒大学出版社，2007.

3. 余阳明，张慧彬. 危机战略管理［M］. 北京：清华大学出版社，北京交通大学出版社，2009.

4. 单业才. 企业危机管理与媒体应对［M］. 北京：清华大学出版社，2007.

参考文献

［1］罗伯特·希斯. 危机管理［M］. 北京：中信出版社，2004.

［2］Rosethal U.，' t Hart，P.，Charles，M，T. The World of crisis Management. In：U. Rosenthal，M. T. Charles P. ' t Hart，ed. Coping with Crisis：The Management of Disasters，Riots and Terrorism. Springfiled：Charles C Thomas，1989.

［3］Mitroff，I. I.，Pearson，C. M. Crisis Management：A Diagnostic Guide for Improving your Organization' s Crisis-Preparedness［M］. San Francisco：Jossey-Bass Publishers，1993.

［4］诺曼·奥古斯汀. 危机管理［M］. 北京：中信出版社，2007.

［5］张成福. 公共危机管理：全面整合的模式与中国的战略选择. 中国行政管理. 2003(7)：6-11.

［6］胡百精. 危机恢复管理的三个环节［J］. 国际公关. 2009(5)：92.

[7] 贺正楚. 论企业危机管理系统的构建 [J]. 系统工程. 2003(3):34-39.

[8] 余阳明，张慧彬. 危机战略管理 [M]. 北京：清华大学出版社，北京交通大学出版社，2009.

[9] 查莹华. 企业危机善后恢复研究 [D]. 上海外国语大学，2013.

[10] Boon, S. D. & Holmes, J. G. (1991). The dynamics of interpersonal trust: Resolving uncertainty in the face of risk. In R. A. Hinde & J. Groebel (Eds.), Cooperation and prosocial behaviorCambridge, UK: Cambridge University Press.

[11] William L. Benoit. Accounts, Excuses, and Apologies: A Theory of Image Restoraion Strategies, P17, P27, P54, P61, P66-67. State University of New York Press. 1995.

[12] 吕强. 本诺伊特形象修复理论应用研究——以农夫山泉事件为例 [J]. 视听专论. 2014. 12.

第二篇　职　能　篇

第5章
危机沟通

本章要点

- 危机沟通的定义、作用、步骤及原则
- 危机的内部沟通对象及策略
- 危机的外部沟通对象及策略

引导案例

李中堂正要尝尝这津门名品，手指尖将碰碗边，目光一落碗中，眉头忽地一皱，面上顿起阴云，猛然甩手“啪”地将一碗茶汤打落在地，碎瓷乱飞，茶汤泼了一地，还冒着热气儿。

在场众官员吓懵了，杨七和杨巴慌忙跪下，谁也不知中堂大人为何发怒！当官的一个比一个糊涂，这就透出杨巴的明白。他眨眨眼，立时猜到中堂大人以前没喝过茶汤，不知道措施在浮头的碎芝麻是嘛东西，一准儿当成不小心掉上去的脏土，要不哪会有这么大的火气？可这样，难题就来了——倘若说这是芝麻，不是脏东西，不等于骂中堂大人孤陋寡闻，没有见识吗？倘若不加解释，不又等于承认给中堂大人吃脏东西？说不说，都是要挨一顿臭揍，然后砸饭碗子。而眼下顶要紧的，是不能叫李中堂开口说那是脏东西。大人说话，不能改口。必须赶紧想辙，抢在前头说。

杨巴的脑筋飞快地一转两转三转，主意来了！只见他脑袋撞地，“咚咚咚”叩得山响，一边叫道：“中堂大人息怒！小人不知道中堂大人不爱吃压碎的芝麻粒，惹恼了大人。您大人不记小人过，饶了小人这次，小人今后一定痛改前非！”说完又是一阵响头。

李中堂这才明白，刚才茶汤上那些黄渣子不是脏东西，是碎芝麻。明白过后便想，天津卫九河下梢，人性练达，生意场上，心灵嘴巧。这卖茶汤的小子更是机敏过人，居然一眼看出自己错把芝麻当做脏土，而三两句话，既叫自己明白，又给自己面子。这聪明在眼前的府县道台中间是绝没有的，于是对杨巴心生喜欢，便说：“不知者当无罪！虽然我不喜欢吃碎芝麻(他也顺坡下了)，但你的茶汤名满津门，也该嘉奖！来人呀，赏银一百两！”

这一来，叫在场所有人摸不着头脑。茶汤不爱吃，反倒奖巨银，为嘛？傻啦？杨巴趴在地上，一个劲儿地叩头谢恩，心里头却一清二楚全明白。

资料来源：冯骥才《俗世奇人》之《好嘴杨巴》。

5.1 危机沟通概述

5.1.1 危机沟通的定义

“沟”在现代汉语里的意思是流水道；“通”在现代汉语里的意思是没有阻碍，可以穿过，可以达到。合在一起，“沟通”就是使两方能连通。沟通是指在社会系统中一定的主体基于特定的情境，为了达到相互理解、彼此合作、协调统一，通过一定的媒介而进行的信息、思想、情感以及价值观念的传递、交流、理解、反馈的活动。危机沟通，就是在企业危机管理中，以企业为主体，为及时有效地对危机做出响应、消除和(或)利用，通过一定媒介对信息进行获取、传递和利用的一系列活动。

危机沟通在整个危机管理过程中处于重要的地位，无论是在危机事件发生前、发生中还是发生后，企业都需要和内外部保持畅通的沟通渠道。这不仅是因为企业危机往往对企业会造成或大或小的伤害，也是因为企业危机经常会涉及多个利益相关者；和这些利益相关者间的及时的、全面的和有意识的沟通不仅能调动起企业内外的各种资源，以全力应对企业危机，也能避免危机发生过程中的信息传播混乱，从而减少危机的不断扩大或反复。

5.1.2 危机沟通的作用

国外著名的学者罗伯特·希斯(2003)[①]表示：沟通，是危机管理最重要的工具。他表示，企业管理者把资源视为危机管理的核心是错误的，他们应该意识到与利益相关者沟通的重要性；这包括企业内部沟通(比如说管理层间的沟通、与员工的沟通)，以及企业外部沟通(比如与媒体、政府的沟通)。事实上，如果企业危机管理者和内外利益相关者没有沟通的话，就无法评估危机及其带来的影响，也无法顺利地走出危机。良好的危机沟通，对企业而言有如下作用。

1. 有助于企业内部关系的调整，增强企业凝聚力

做好危机发生时的传播沟通工作，是控制和妥善处理危机的关键。良好的危机沟通能够减轻企业内部压力，也让内部员工了解、参与到其中来共同解决危机，使企业上下统一思想，树立战胜危机的信念，让危机成为企业内部管理控制的转机。

如果把危机比作行船时的风浪，良好的危机沟通就是良好的指令传达。如果说管理者是船长是舵手，那么内部员工就是划桨者，只有团结一致，力往一个方向使，船只才能顺利地按照船长的指示，加快速度乘风破浪。

2. 有助于改善处于危机中企业的外部环境，促进危机的成功化解

在企业发生危机时，危机沟通成为联系外界和内部的神经系统。外部沟通能够让外界

---

① 罗伯特·希斯. 危机管理［M］. 第2版. 王成译. 北京：中信出版股份有限公司，2003：20-22.

了解危机发生的背景、企业采取的措施，让利益相关者消除顾虑，也能获得消费者的理解与支持。有意识的和及时的外部沟通能够避免各种危机谣言的兴起，从而保证了危机掌控在一个可控的范围之内。

我们可以把危机企业与外界的沟通比喻成船只在遇险时向过往船只和海事部门发出的求救信号，只有准确地说明船只的位置、危机的大小和需要何种程度的救援，才能让外界更好地了解到船只的处境并及时施以相应的救助。企业也是一样，良好的危机沟通有助于缓和企业与公众之间的矛盾，维护企业的正面形象，促使危机尽快解决。

3. 有助于充分发挥危机管理者的作用，避免危机信息的混乱

从某种意义上来讲，危机管理过程就是危机沟通过程，因此企业管理者必须具备良好的沟通能力。良好的沟通能力是个人素质的重要组成部分，同时也是职业管理者获得成功的基石；货轮运输的货物再多，如果没有船长把握正确的方向也是枉然。尤其在现代企业的管理中，对沟通水平的要求在不断提高，只有成为有效的沟通者，才能达到良好的管理效果，才能成为优秀的管理者。

危机沟通是沟通的一个特殊领域，一旦危机发生，企业面临的困局可能更大，此时的沟通更为重要。在面对危机这样一个带有强烈不确定性的事件时，企业管理者的危机管理水平将受到极大考验。管理者面对的可能是整个企业生死存亡的关键。如果将危机比喻为航行中的大风浪的话，管理者作为船长在风浪中的应变能力就是船只能否安全度过风浪的关键。危机沟通的良好运行，将提高管理者应对风浪的筹码，让管理者在面对风浪时，充分了解危机始末，成竹于胸。

5.1.3 危机沟通的步骤

危机一旦发生，势必会成为企业的头等大事，这个时候就需要集结企业内外的资源和智慧来完成这件事情。从传播学的角度来看，危机沟通具有三大核心要素，分别是沟通目的、沟通对象和沟通信息。其中沟通目的与沟通对象决定了沟通主题的选择和沟通信息的规划。

波士顿大学拉宾格教授(Otto Lerbinger)从危机沟通的步骤进行研究，提出了危机沟通的十步骤：第一，察明并面对危机事实；第二，危机管理小组必须保持积极与警觉性；第三，成立危机新闻中心；第四，找出事实真相；第五，对外口径一致；第六，尽快召开记者会，以公开坦诚的态度，准确地告诉媒体事实；第七，与政府官员、消费者、员工等进行直接沟通；第八，使用恰当的方法，将危机带来的破坏减到最少；第九，记录危机志，以便进行危机处理效果评估和今后学习之用；第十，形象弥补①。

危机的沟通也分内外。企业内部危机沟通的沟通对象是企业管理者和内部员工，沟通的目的是得出危机应对策略，安抚员工情绪，团结一致对抗危机；而企业对外的危机沟通在很大程度上是为了说明真相，减轻危机对企业造成的负面影响，并重塑企业形象。因此，

---

① 转引自：朱延智. 企业危机管理. [J]. 北京：中国纺织出版社，2013：166.

面对危机，企业需要有一套完善的流程来应对可能出现的情况。一般而言，以下几个步骤可以作为参考，如图5.1所示。

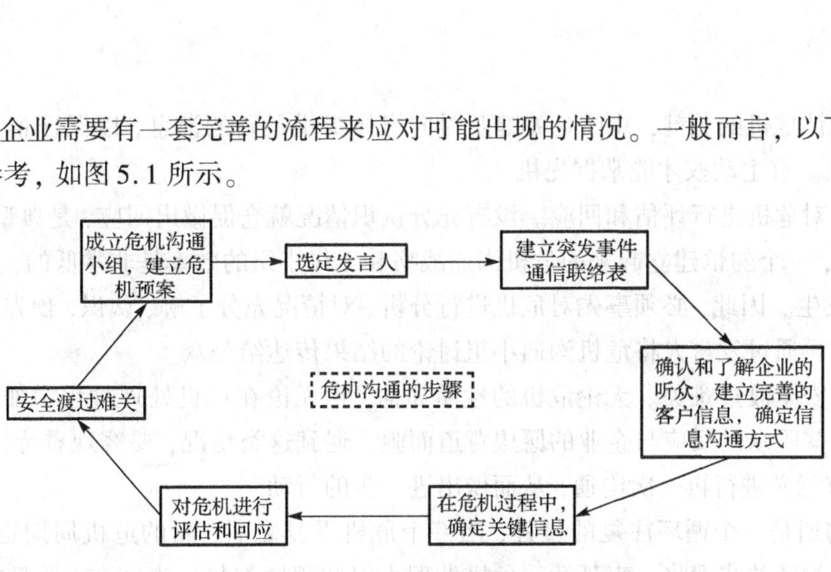

图5.1　危机沟通的步骤

第一，成立危机沟通小组，建立危机预案。由企业高层管理者组成危机沟通小组；这是因为在危机面前，决策需要有统一并且强有力的支持，由上往下的权力导向是值得肯定的。小组其他成员是企业主要部门的负责人，涵盖财务、人力资源、运营、法律、公关等部门。同时，建立危机预案是企业在日常就需要进行的一项工作；一旦危机预案建立，当危机发生时，危机沟通就可以快速地、有效地完成。而集合各部门的负责人可以较好地在短时间内对同一问题的不同方面进行讨论。

第二，选定发言人。企业中应该有专门的新闻发言人。危机发生后，各方都会有各种有关企业和企业危机的讨论、猜测和意见，对整个危机舆论产生影响。因此，发言人必须妥善应对外界反应，最大可能地使公众的说法或媒体的评论朝着对企业有利的方向发展。比较有名的一个反面例子是，2011年7月24日晚，在温州动车事故新闻发布会上，铁道部新闻发言人王勇平在发言中称："这只能说是生命的奇迹"，"至于你信不信，我反正信了"①。这些言论，非但没有将事实公布，反而激起了公众的怒火，起到了反作用。可见，选对发言人、提前建立危机沟通小组并提前做好危机预案是多么重要。

第三，建立突发事件通信联络表。企业需要在内部建立一个突发事件通信联络表，并分发给每一个职员，让每位员工在意识到可能发生或已经发生危机时，知道应该做什么，与谁联络，使危机信息尽快达到管理层，从而让企业有足够的时间应对可能到来的"暴风雨"。

第四，确认和了解企业的听众，建立完善的客户信息，确定信息沟通渠道。大多数企业都会关心媒体、顾客、潜在消费者和投资者，包括他们对企业的看法和态度。而企业如果拥有客户完整的联系方式，就可以在危机事件发生后迅速地与他们取得联系，保持良好沟通。在安抚好内部情绪之后，企业再针对媒体的状况选择合适的沟通渠道和形式发布危机沟通信息。

第五，在危机过程中，确定关键信息。企业对于听众正在寻求何种信息，并希望听众对此危机事件产生何种认识，要做到心中有数；有预判才能有预案。因为企业在危机过程

① 中华网 http://news.china.com/focus/wzdctg/11104038/20110816/16711443.html

中，需要确认危机的关键，并针对关键及时向媒体提供最新的消息，以保证企业在危机中掌握主动权。有主动权才能掌握先机。

第六，对危机进行评估和回应。没有充分认识情况就仓促做出回应，是典型的“先斩后奏”的情况，一个匆忙建立起来的危机沟通战略和工作小组的效率是非常低的，应该避免这类事件的发生。因此，必须事先对危机进行分析、对情况充分了解、认识，预先计划好并且经过演练，再通过发言人将危机沟通小组讨论的结果传达给公众。

第七，安全渡过难关。无论危机的性质如何，也无论在危机处理过程中如何谨慎、认真，总有一些听众的反应与企业的愿望背道而驰。遇到这类情况，要客观看待，深入分析。判断是否有意义进行再一次沟通，从而做出进一步的行动。

危机沟通是一个循环往复的过程，当一个危机平复之后，新的危机周期也即将展开，因此，危机沟通的步骤将一直延续。危机处理小组和程序都将一直存在，并且在危机发生时及时生效，以最快的速度介入到危机的响应和处理中。

5.1.4 危机沟通的原则

在危机应对的时候，需要遵循一些基本的危机沟通原则，比较知名的包括英国危机公关专家里杰斯提出的“3T”原则，即“tell your own tale(以我为主提供情况)，tell it fast(尽快提供情况)，tell it all(提供全部情况)”。对其解释如下。第一，主动沟通。建议企业在发生危机的时候主动将危机的信息公开出来，从而能获得主动权，避免陷入被动的局面。第二，充分沟通。包括质的沟通和量的沟通：一是向利益相关者提供最有价值的信息；二是向利益相关者提供尽可能多的信息。第三，尽快沟通。要在最合适的时机，通过最适宜的人，以最快的速度将信息告知利益相关者。

本书认为，在危机沟通的过程中，应遵循以下四个原则：

1. 时效性原则

沟通的时效性，一方面要求信息发送者能将信息及时发送和传递给接收者，并获得接收者的理解和接受。如果由于发送者不及时传递或者重视程度不够，使得信息不能及时地传递到接收者处，那么接收者可能对信息的了解产生迟滞，可能从其他渠道了解到信息，而无论是哪种情况，都不利于沟通效果的达成。另一方面，时效性也要求信息的发送者能够把握好信息发布和传递的“时机”。

2013 年 3 月 15 日晚，央视“3 · 15”晚会曝光苹果手机在中国市场实施不同于国外的售后政策，其在中国宣称的“以换代修”、“整机交换”并没有真正实现更换整机，而通常沿用旧手机后盖，以逃避中国手机“三包”规定，涉嫌歧视中国消费者①。

但是直至 3 月 23 日，苹果公司才做出回应：中国消费者享有苹果最高标准的服务，“我们的政策完全符合本地法律法规，苹果在中国所提供的保修政策和在美国及世界各地大致相同”。

---

① 新华网 http://news.xinhuanet.com/fortune/2013－04/03/c_124536201.htm

4月1日晚间，苹果中文官网在主页醒目位置发布了苹果CEO提姆·库克《致尊敬的中国消费者的一封信》。苹果公司表示，对过去两周里收到的在中国维修和保修政策的反馈意见进行了“深刻的反思”，意识到对外沟通不足而导致外界认为苹果“态度傲慢，不在意或不重视消费者的反馈”，并对此表示“诚挚的歉意”。同时，苹果公司提出四项改进，包括iPhone 4和iPhone 4S维修政策；在Apple官方网站上提供简洁清晰的维修和保修政策说明；加大力度监督和培训Apple授权服务提供商；以及确保消费者能够便捷地联系Apple以反馈服务的相关问题。

苹果公司没有在第一时间对危机进行回应，伤害了部分消费者的感情。并且在几次的声明中并没有真诚回应，给消费者和媒体留下了不良印象。

2. 准确性原则

从沟通的定义我们可以了解到，信息在传递的过程中会受到各类噪声的干扰，这些噪声会使得传递的信息出现纰漏，从而影响信息传递的效果。更有甚者，一些噪声甚至会扭曲和异化信息的内容、来源和其他要素，从而把一个正确的信息变成了一种谣言，这样，信息传递就变成了谣言的传递，会加剧企业所面临的危机。因此，危机信息在传递的过程中，任何一个环节都要重视，以保证信息的准确性，如图5.2所示。

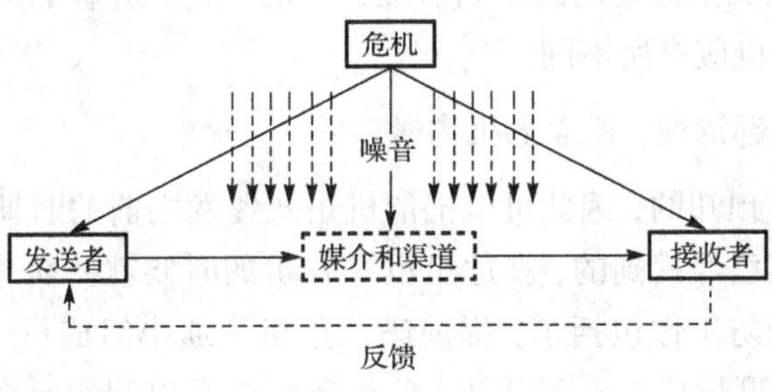

图5.2　危机信息传播

2009年2月2日，国家质检总局指出蒙牛特仑苏牛奶违法添加了安全性尚不明确的OMP，并责令蒙牛禁止这一添加行为[①]。此前，OMP是蒙牛特仑苏高端牛奶的主打卖点。

2月11日，当事件被媒体曝光后，蒙牛方面借助媒体发布《蒙牛关于OMP牛奶的回应》，坚持“OMP安全”观点，称其安全性受到了FDA等国际权威机构的认可。经过一系列努力，2月14日，卫生部就该事件回应，称经六部委专家联合认定OMP并不会危害健康，从而为特仑苏牛奶平反。与此同时，蒙牛方面也得到了多个有关国际组织的声援与支持，特仑苏OMP的安全性得到了多方的权威证实，至此事件得到平息，产品销售得到恢复。

对公众来说，他们自身并不能知道完整的事实真相，他们了解的信息大多数是被动地告知。此时，就需要有第三方或者权威机构的声明来帮助企业，针对公众所需要的信息作出准确的回应。就蒙牛公司而言，它们对自身的证明是苍白的，而依托公众信赖的第三方机构作出证明，则提高了事件的可信度，从而能在一定程度上给公众带来信任感。

---

① 爱问知识人 http://iask.sina.com.cn/b/17097056.html

3. 完整性原则

沟通的完整性原则要求从信息的发出者到接受者，信息必须是没有损失的。为了保证信息的完整性，需要从沟通的各个信息环节着手。首先是发送阶段，发送者应该将信息表述明确、条理清楚，同时还要避免使用模棱两可的用语；其次在信息传递阶段，要选择最佳的渠道和媒介，减少可能出现的噪声，保证信息在传递的过程中不会出现丢失和异化；最后在信息的接收阶段，对接受者的理解能力和知识背景应有必要的要求。

4. 双向互动原则

危机沟通不是一个单向的信息传递过程，而是一个双向互动的过程。这是在现有的危机沟通中被普遍忽视的问题。事实上，如果危机企业仅仅关注对内外利益相关者单向地传递信息的话，会造成所有的信息输送和沟通过程都基于危机管理者自身的"臆想"，而忽视了信息接收者的反馈。在危机的沟通过程中，沟通双方的互动越频繁，对信息的理解会加深和扩大，认识也不断深化；信息双向传递的次数越多，就越能达到沟通的效果。

5.1.5 危机生命周期与危机沟通

危机沟通存在于危机生命周期的不同阶段，但是，由于这些不同的阶段有不同的特征和要求，沟通的侧重点也应有所不同。

1. 潜伏期：注重内部沟通，建立危机沟通系统

危机的发生是不可预知的，因此可以把危机正式爆发之前的时期都称作潜伏期。正如在危机沟通的步骤中就已经提到的，在危机没有发生的时候就要防患于未然，提前做好危机的预防工作。这个预防工作包括了：提前确认危机沟通小组成员，选定发言人，做好危机处理的预案。当然，哪怕危机不可预知，危机还是会露出端倪。在危机的潜伏期，企业还是应该做好预警工作，例如定期与基层员工交谈，发现企业存在的问题；定期检测媒体动态，在危机初步暴露时掌握主动权。

2. 爆发期和蔓延期：要实现内部和外部的无障碍沟通，做好与企业利益相关者的沟通

在危机爆发和蔓延的时候，企业内部的沟通需要通畅，每一层员工都要对危机有一定的认识，并齐心协力将企业推向好的方向。在这个阶段，企业也需要快速对外界披露：已经知道的信息有哪些，这些信息是何时披露的，针对这些信息企业已经做了什么。这是企业对自身在危机中的位置的判断，也是企业在进行下一步之前的信息准备。在危机爆发和蔓延的时候，企业对外的危机沟通应该是主动真诚，定期向公众披露企业最新进展。

3. 消除期：重塑企业文化，进行企业形象修补

当危机暂时过去，恢复企业形象的时期，企业从上至下需要保持策略的一致性。此时，危机事件中采用的特殊沟通渠道需要进行清理；清理完成后，根据危机中暴露的漏洞，企业可以完善内部危机沟通程序，加强信息的反馈，明确各部门职责。企业形象的重塑则是从内到外需要长时间积累的一项工程，企业在进行文化重塑时要充分吸取危机教训。针对

企业形象的恢复，应该努力修缮与公众特别是媒体的关系，针对媒体组织一些公开活动，吸引公众的注意力，征询媒体和公众的意见，积极修补企业形象。

5.2 企业内部沟通

美国著名未来学家奈斯比特指出：“未来竞争是管理的竞争，竞争的焦点在于每个社会组织内部成员之间及其与外部组织的有效沟通上。”在企业内部沟通中，企业一般采取的方式有分管领导与下属谈心、内部文件传达、会议、社会化协作平台等。这些员工间沟通的方式，强调的是内部沟通的准确性和有效性。

危机发生后，整个企业很可能会陷入一种恐慌的状态，此时，内部沟通的准确、有效就显得至关重要了。在企业危机发生后，良好的内部沟通可以迅速减少企业内部的流言和恐慌，在上层给出响应指示之后，使整个企业对外的信息发布是统一且清晰的。

5.2.1 内部沟通对象

危机沟通中的内部沟通指的是企业和内部利益相关者之间的信息交流。企业内部沟通对象是企业的内部利益相关者，如何利用危机内部沟通，充分把握内部沟通对象的特质，合理利用企业内部资源，帮助企业团结一致，渡过危机，是企业在进行内部沟通时需要探索实践的内容。而因为每一层的内部人员与企业的利益关系存在差异性，他们可能进行的信息交换程度和忠诚度也不尽相同，因此在进行危机内部沟通时，企业仍需要注意沟通对象的区别和沟通信息的程度。

1. 一般员工

一般员工也指基层岗位上的员工，他们是企业的齿轮，维持企业的运转。但当危机发生时，因为他们的组织层次、信息来源等因素的限制，一般极易被表象蛊惑，可能成为危机动荡的不安定因素。但是，当企业发生危机时，作为企业的一分子，他们更关心发生了什么，他们能为企业做些什么。一般员工在经济上更为依赖企业，他们主观上对企业的信任是企业值得注意的资源。因此，在进行内部沟通时，企业可以给予其信心，将正面信息积极传播。通过一般员工之口，将企业的正面信息传播到基层。

因此，企业对一般员工的内部信息沟通需要及时和真实，以赢得一般员工对企业的信任，激发他们与企业共渡难关的信心。

2. 中层管理者

中层管理者是企业承上启下的一环，他们在危机沟通中的任务，一是桥梁作用，也即将上层管理者的决策传达给一般员工；二是建言献策，将一般员工的建议和想法传达给上层管理者。作为中层管理者，他们在企业管理中具有一定的发言权，在危机沟通中，企业可以集思广益，积极采纳中层管理者本身以及他们从一般员工中收集到的观点。

在内部沟通中，中层管理者的作用不可小觑。如果说一般员工是企业的齿轮，那么中层管理者就是企业带动齿轮的皮带。皮带带动齿轮，企业的运转才能平稳。

3. 高层管理者

高层管理者作为企业决策的制定者，在危机事件中起着至关重要的作用。首先，高层管理者之间的沟通必须要顺畅，才能更好地了解相互之间的想法，起到及时沟通、及时决策的作用。再者，高层需要通过沟通统一意见，将各方面的顾虑通盘考虑，防止危机决策出现片面观点。最后，高层管理者对自身资源的利用也可以在危机沟通中起到作用。

在企业进行内部危机沟通时，高层管理者拥有最完整的信息资源，他们与企业的利益关系最为密切，但他们对企业的经济依赖含有不确定性，因此在进行内部危机沟通时，企业需要对高层管理者进行约束，防止可能的危机扩大化。

4. 股东

股东作为企业最为看重的利益相关者，当企业遭遇危机的时候，他们却可能是第一批责难企业的人。因为对于上市公司来说，企业一旦发生危机事件，企业股价都会应声下跌。股东为了保障自己的权益，一般会在得知危机时对手中持有的股票进行抛售。抛售的情况如果严重，对企业来说是极其不利的，一旦市场发生恐慌，企业面对的危局将更加难以应对。因此，企业更需要和股东在危机发生后进行沟通，减少恐慌和信息不对称带来的误解，维持局面的稳定。

5.2.2 内部沟通过程

在危机爆发后，很重要的一个工作是安抚企业内部的利益相关者、争取内部利益相关者的理解和支持、获取内部的危机应对力量和智慧，而这些都需要危机的内部沟通。内部沟通能够让员工和管理者等内部管理者以主人翁的姿态真正地介入到企业危机的解决中。内部沟通要设置正确的内部舆论导向，特别是决策层要拿出调查结果和解决方案，积极地、建设性地引导内部员工，使之精诚团结、协力渡过难关。内部沟通如此重要，选择合适的内部沟通渠道至关重要，如图 5.3 所示。

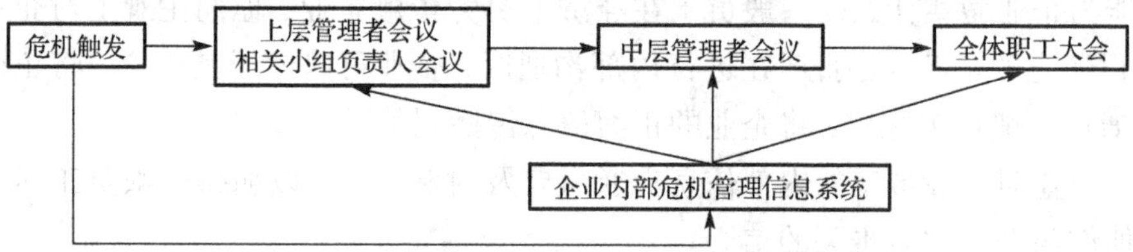

图 5.3　危机内部沟通过程

企业在危机发生前就设有危机预警，一旦危机触发了企业内部危机管理系统，整个危机处理可以算是提上日程。

企业内部危机管理信息系统是企业管理信息系统的一个子系统，当企业面临危机时即被触发。企业内部危机管理信息系统不仅是一个可供使用的管理信息系统，也是一个危机管理沟通的协作流程，如图 5.3 所示。

1. 上层管理者会议及相关小组负责人会议

危机发生后，上层管理者要当机立断，迅速做出决策判断，将危机扼杀在摇篮里。但如果危机失控，上层管理者就需要及时调整策略。此时的相关小组，特别是危机处理小组的主要负责人需要联合上层管理者统一计划部署，决定危机总体解决策略，并将策略传达下去。

2. 中层管理者会议

中层管理者在接受到上层管理者的信息之后，要及时召开中层管理者会议，首先相互交流一般员工的反应，接着，就如何传达上层管理者的信息达成一致，以相对适合的方式，引导一般员工的舆论导向向有利于企业的方向发展。

3. 全体职工大会

及时召开全体职工大会的目的是，由上层领导向一般员工传递企业的解决办法，引导舆论向有利方向发展。全体职工大会能让一般员工感受到企业的诚意，体会到企业的用心，从而更好地服务企业，调动员工积极性，防止危机在内部的蔓延。

企业在危机中的内部信息发布渠道往往是立体组合：管理层会议用来统一高层共识，同时稳定投资者和所有者的信心；与相关负责人面谈能实现重点沟通，了解事情发展状态；内部网络平台可以提升沟通效率，能在最短的时间内达到最好的效果；全体员工大会可以做到最全面的部署，也能最大限度地调动全体员工应对危机的积极性。

5.2.3 内部沟通策略

根据内部沟通对象的不同，沟通的策略也会有相应的调整。

企业在危机爆发之后，对内部沟通来说，最重要的一个策略就是安抚引导企业内部员工，使他们能团结起来和企业一起渡过难关。而对内部沟通来说，“见什么人说什么话”就成了企业在针对不同的内部成员的特性进行危机沟通时的关键了。因此，针对不同层级的内部成员，企业的危机沟通策略也会有所偏倚。

1. 及时、精准、全面的信息披露——针对高层管理者及相关小组负责人

企业上层管理者需要关于危机的精确并且全面的信息，因此，在上层管理者之间的沟通不能有丝毫隐瞒。因为隐瞒会造成信息的不对称和可能的决策失误，因此，在高层管理者和相关小组负责人之间应该是企业最全面并且无保留的信息。

2. 及时准确的部分信息披露——针对中层管理者

中层管理者人数较上层管理者多，针对中层管理者，危机信息需要准确但不可完全披露，防止有人利用这些信息对企业造成不利影响。

3. 及时高效的积极信息披露——针对一般员工和股东

对一般员工和股东来说，积极的信息可以改变舆论导向，使他们对企业产生更多的信任和信心，从而在危机过程中积极相信企业的管理能力，相信企业能够渡过难关，与企业共进退。

5.3 危机外部沟通

外部沟通是企业与外部环境之间的信息交流。企业的生存环境不是真空的。企业的外部，供应链上下游企业、政府、竞争对手、银行、媒体等，组成了企业的外部环境。企业的资源必须来自外界，企业的产品也必须输出外界，因此，企业只要存在，一旦发生危机，就不可避免地要面对外界的质疑。因此，企业必须和外界开展积极有效的沟通。

企业内部与外部沟通也存在很大的差异，如表 5.1 所示。

表 5.1 企业危机内外部沟通的异同

	企业危机内部沟通	企业危机外部沟通
目的	上下一致，合力过关促进企业目标实现	消除负面影响
方式	各种内部会议	新闻发布会/新闻稿等
沟通形式	正式沟通/非正式沟通	多为正式沟通
沟通风格	交互式	传导式
沟通工具	多样	多为书面或新闻稿

企业的内外部沟通存在差异的最主要原因是两者的目的不同。针对危机应对的企业内部沟通是为了能更好地团结一致渡过难关，因而更需要集思广益，整个沟通过程是交互式的信息产出，是以危机缓解为结果导向的沟通；而在进行外部沟通时，企业的目标转换为消除负面影响，重塑企业形象，从而使得沟通过程由内部的交互变为单方面的信息输出，而这些输出的信息也是企业希望外界得到的关于企业的正面信息。因此，在进行外部危机沟通时，企业需要做好前期准备，选择合适的时间和渠道，争取赢得外部信任。

5.3.1 外部沟通对象

1. 消费者

消费者是永恒的核心利益相关者。一旦企业发生危机事件，消费者心理预设自己是最主要的受害者，容易立刻失去对企业的信任。对企业来说，面对危机，第一个想到的应该是该危机事件在消费者中可能产生的影响和后果。面对愤怒的消费者，企业在组织外部沟通时，需要有意识地取得消费者信任，而获取消费者的信任是最终化解危机且从危机中恢复的最佳方法。

2. 新闻媒体

媒体是处于危机中的企业与公众对话的主渠道，也是各个利益相关者表演、博弈的舞台。在危机管理沟通行为的话语权之争中，媒体的地位相当重要。企业在危机爆发之后需要及时地向利益相关者及公众传递特定的信息，同时也需要得到他们关于此次危机事件的态度和反应，而这些信息的传递渠道就是媒体。现代社会中，各种各样的媒体依然是公众获取信息的主要来源，企业在危机发生之后首先要很好地与媒体进行沟通，认识媒体在危机沟通中的重要性，与媒体形成战略合作，因为媒体是信息的入口和出口。

3. 政府

政府是公信力的代表者、政策和标准的制定者、真相和结论的裁定者，更是“关键时刻扶企业于大厦将倾”的最强有力的一只手。在面对危机时，政府的作用是让公众正确认识到危机、引导公众走向有利于危机解决的方向。政府监管部门、行业协会，是重要的第三方力量，是企业借力策略的主要对象。良性政府关系的建立，始终是企业危机处理中的核心组成部分之一。如何借助政府力量，如何取得政府和公众信任，是企业在危机沟通时需要思考的着力点。

4. 供应链上下游

供应链是围绕核心企业，通过对商流、信息流、物流、资金流的控制，从采购原材料开始，到制成中间产品以及最终产品，最后由销售网络把最终产品送到消费者手中的，将供应商、制造商、分销商、零售商及最终用户连成一个整体的功能网链结构。作为供应链的一部分，企业在危机发生时势必会面对上下游企业的质疑。此时，如何安抚上下游企业就成了一个难题。在危机发生时面对来自上下游企业的压力，企业自身更应该顶住压力，通过摆事实、讲道理的方式，将在第一时间赢得上下游企业的信任作为危机沟通的关键点。

5. 旁观者

旁观者平日或许根本没有听说过或关心过这个企业，可当危机爆发时，他们会不自觉地关注、传播这方面的消息，甚至成为谣言的携带人和传播者。旁观者与消费者的性质略有不同。因为利益相关性强，消费者对于企业危机的关注是持续并且深入的，他们会不断挖掘新的信息和可能的解释。而对旁观者来说，他们大多只是被动地接受信息，并且有很大可能接受了错误信息，或者只在危机开始或者爆发时接受了信息，且在不知道危机后续的情况下就开始进行传播，可能会不利于企业的外部沟通。因此在进行外部沟通时，企业应考虑到旁观者的存在，调整沟通策略。

5.3.2 外部沟通步骤

外部沟通涉及大量的外部利益相关者，也存在多样化的外部沟通步骤，本书将这些外部利益相关者归纳为新闻媒体、政府、上下游企业，并将外部沟通的步骤简化为图 5.4 所示。当然，这个主体的划分和步骤的刻画较为简化，其目的是抓住企业危机中关键的外部影响力和决策方。

图 5.4　外部沟通步骤

1. 新闻发布会

新闻发布会，是企业在发生重大、具有积极影响的事情时，向社会公布信息，借助新闻提升该组织或者与该组织密切相关的形象的公关活动。

新闻发布会作为企业外部沟通所选择的渠道，有其合理性也有其弊端。企业外部沟通的目的是向外界传达企业希望传达的内容，是单向输出的信息，新闻发布会符合企业诉求，并且更为正式和严谨。但也正是因为新闻发布会单向输出的特性，哪怕有问答环节，企业与媒体、公众的沟通仍不是相互的，可能会造成媒体和公众对企业的误解。

2. 疏通政府关系

政府在企业发生危机时，会因为各种政策相关因素对企业提出质疑。此时，需要强有力的公关对政府部门进行游说，防止可能的政策压力。

政府关系是一个很微妙的节点。企业与政府间的关系影响危机发生时政府的行为，决定了政府是否能及时力挽狂澜，救企业于水火。但从另一个角度来说，如果企业与政府的关系过于密切，那么一旦危机发生，政府出面的背书担保效力将减弱，公众对企业和政府关系的质疑将减弱政府行为的可信度。因此，把握适度的政府关系，在危机发生时请政府背书并得到公众认可，是企业在进行危机应对时的关键。

3. 拜访上下游企业

一旦危机发生，供应链上下游的企业非常容易对危机企业产生质疑，在某种程度上容易发生信任危机，从而可能影响到企业的正常生产运作。一旦上游企业因为危机产生不信任感，减少或停止对企业的支持，那么在危机进行的情况下，企业很容易在经营活动上出现问题，从而影响对下游企业的供应，加重危机。因此，对上下游企业的沟通在此刻显得更为重要。企业应想方设法保证供应链的完整，生产的正常运作，首先在物质基础上渡过难关。

这三个过程循环往复，企业在危机处理的过程中应在适合的时间节点召开新闻发布会，将企业对危机的处理不断通报给公众，同时处理好与政府和上下游企业的关系，直到危机解除。

5.3.3 外部沟通策略

危机发生后，企业的一举一动都在公众视野中被放大，此时进行的任何外部沟通都可能被别有用心的人进行解读，因此，企业在进行外部沟通之前，要小心规划，首先确认危机的责任归属，再根据企业自身状况选择合适的态度进行沟通。针对不同的外部沟通主体，因为目的和利益相关程度的不同，可能要采取不同的沟通策略，以期达到最好的沟通效果，如表 5.2 所示。

表 5.2　企业危机外部沟通策略(与企业自身关联程度相关)

沟通策略	实施方式	适用条件
真诚道歉	公开表示组织对危机负责，呼吁利益相关者的宽容、理解和支持	组织的错误行为导致危机
积极改善	宣布应对危机的举动，告知利益相关者防止危机重演的具体措施	组织的错误行为或偶发意外导致危机
取悦逢迎	尝试顺应、迎合利益相关者的心理，尽量满足	组织的错误行为并且利益相关者的需求正当、合理
行为正当化	传播信息真实，证明自身行为的正当性，摆脱对方的破坏和纠缠	危机责任较小，且主要由外部诱因引发

续表

沟通策略	实施方式	适用条件
托辞辩解	寻找可资辩解的理由，提供证据表明自己不必承担责任，或应承担较小的责任	危机责任较小却遭受牵连，不愿承担过多责任
攻击谣言	采取公告、辩解、戳穿或法律诉讼等手段，攻破危机谣言	出现可指认并可辩驳的谣言者
坚决否认	利用各种必要手段，及时告知利益相关者危机并不存在，或者与己无关	危机并不存在或与己无关

1. 针对消费者的外部沟通策略

消费者希望得到的信息比较简单，就是危机的原因，以及今后是否可以继续信任该企业。对消费者来说，企业的产品是与他们直接利益相关的。一旦危机发生，消费者最担心的就是产品可能与自己的利益发生冲突。企业此时需要及时采取措施，通过发言人，将危机的细节告知消费者，澄清自己的立场，将积极有利的信息传达给消费者。

2. 针对媒体的外部沟通策略

首先，企业要与媒体构建合适的议题，引导舆论导向，这样才可能通过媒体达到引导社会舆论朝着有利于企业的方向发展的目的。同时，媒体在发布信息的过程中自身也有一定的主动权，这时就需要企业与媒体随时保持良好的互动合作关系，希望在关键时刻，媒体可以利用自己的信息传播者的优势和信息汇聚地的优势帮助企业化危为机。

3. 针对政府的外部沟通策略

首先，积极坦诚。企业在与政府沟通时，应该积极坦诚，不要等到政府开始注意到企业的负面新闻时才以“嫌疑人”的身份被约谈。坦诚企业可能犯的错误，可以防止后续可能的公众质疑。如果有政府在新闻发布会为企业背书，则可以在很大程度上获得社会信任。

其次，定期汇报。企业在危机发生时及时积极与政府沟通后，应在危机处理的进程中不断与政府保持联系，定期汇报危机处理进展，呈现积极的企业形象。

最后，利用行业协会等中间机构。对很多行业的管理，政府采用行业协会中介的形式，因此，保持和行业协会的良好关系也是企业在危机管理沟通中需要注意的地方。有行业协会的背书，对企业十分有利。

4. 针对上下游企业的外部沟通策略

利益趋同。作为同一条供应链上的一员，这些企业的利益是趋于一致的，对一些上下游企业来说，一荣俱荣，一损俱损。因此，企业可以通过利益趋同角度，防止可能出现的供应链断裂或生产运作终止。在和上下游企业进行危机沟通时，企业应时刻强调合作共赢的观点，化危机为转机。

本章小结

1. 危机沟通是以解决危机为目的，在危机事件发展的整个过程中都需要进行的，带有强烈不确定因素的行为和过程。

2. 良好的危机沟通，有助于提升企业管理者的危机管理素质和危机管理水平；有助于企业内部关系的调整，增强企业凝聚力；有助于改善处于危机中的企业的外部环境，促进危机的成功化解。

3. 危机沟通是一个循环往复的过程，要遵循时效性原则、准确性原则、完整性原则、双向互动原则。

4. 企业的内部危机沟通包含了企业上层管理者、中层管理者、一般员工和股东之间的沟通，针对不同的层级需要采取不同的沟通策略。

5. 企业的外部危机沟通根据企业自身在危机中所处的位置可以有不同的应对策略。

思考题

一、名词解释

危机沟通　3T 原则　中层管理者　全体职工大会　旁观者　利益趋同

二、简答题

1. 危机沟通的作用有哪些？
2. 危机沟通的原则是什么？
3. 企业内部沟通的对象有哪些？
4. 企业内部沟通的策略是什么？
5. 企业外部沟通的对象有哪些？
6. 企业外部沟通的步骤是什么？

三、论述题

1. 假设你是一家科技企业的 CEO，最近你的企业被竞争对手举报涉嫌技术剽窃，这一事件已经闹得沸沸扬扬，根据本章内容，你将如何应对？

2. 面对企业自身产品缺陷造成的危机，企业外部沟通应该要注意哪些方面？

3. 企业内部沟通和外部沟通的异同主要体现在哪些方面？

延伸阅读文献

1. 如何评价《我是歌手》第三季总决赛孙楠退赛后汪涵的救场？陆泊言的回答。https://www.zhihu.com/question/29097341/answer/43201588.

2. 杰克·韦尔奇和约翰·拜恩. 杰克·韦尔奇自传. 华纳商业图书，2001.

3. 林恩·夏普·佩因著. 公司道德. 麦格劳希尔出版集团，2003.

第6章 危机领导

管理箴言

如果指挥员的判断错了，胜利的希望就变得渺茫。

——《连队消逝在天际》

本章要点

- 危机领导者的作用和角色
- 危机领导力的要素构成
- 领导风格与危机管理
- 组织文化与危机管理

引导案例

华为的冬天

公司所有员工是否考虑过，如果有一天，公司销售额下滑、利润下滑甚至破产，我们怎么办？我们公司的太平时间太长了，在和平时期升的官太多了，这也许就是我们的灾难。泰坦尼克号也是在一片欢呼声中出的海。而且我相信，这一天一定会到来。面对这样的未来，我们怎样来处理，我们是不是思考过？我们好多员工盲目自豪，盲目乐观，如果想过的人太少，也许就快来临了。居安思危，不是危言耸听。

十年来我天天思考的都是失败，对成功视而不见，也没有什么荣誉感、自豪感，而是危机感。也许是这样才存活了十年。我们大家要一起来想，怎样才能活下去，也许才能存活得久一些。失败这一天是一定会到来的，大家要准备迎接，这是我从不动摇的看法，这是历史规律。

华为公司老喊狼来了，喊多了，大家有些不信了。但狼真的来了。今年我们要广泛展开对危机的讨论，讨论华为有什么危机，你的部门有什么危机，你的科室有什么危机，你的流程的那一点有什么危机。还能改进吗？还能提高人均效益吗？如果讨论清楚了，那我们可能就不死，就延续了我们的生命。怎样提高管理效率，我们每年都写了一些管理要点，这些要点能不能对你的工作有些改进，如果改进一点，我们就前进了。

资料来源：和讯网（责任编辑：马明超）参见 http://news.hexun.com/2008-07-26/107708078.html

6.1 危机领导者

美国管理学家哈罗德·孔茨(Harold Koontz)提出："领导是一种影响力，这种影响力是会使人们心甘情愿地为组织的目标而努力。"在企业的日常管理中，领导者只需遵守企业的规章制度就可以使企业井然有序；但危机情境则需要领导者具备更高的素质，承担更多的角色，需要他们采取有效的措施引导危机向有利的方向发展。由此可见，企业能否成功预防危机、应对危机、战胜危机、重回原来的目标和绩效轨道，甚至从危机中获利，取决于领导者。

6.1.1 危机领导者的定义

在信息时代，企业危机发生的频率和复杂程度不断提高，这给企业造成巨大挑战的同时，也对企业领导者的能力提出了严峻的考验，从而产生了对危机领导者的需求。我们把"危机领导者"界定为具有一定的危机应对能力、能帮助企业找到危机解决策略、带领企业走出困难并化解危机事件的关键人物。危机领导者与一般领导者的不同之处就在于前者面对更复杂多变的管理环境和决策环境，而且，危机领导者必须掌握更多的处理突发事件的方法与艺术，从容应对各种危机，并善于在危机中制造新的机遇，从而保证企业在激烈的市场竞争中立于不败之地。

6.1.2 危机领导者的作用

在危机管理过程中，企业领导者的领导行为往往对危机乃至企业的发展起着关键性作用，决定了企业能否摆脱危机以及企业未来的发展方向。正确的危机领导行为能够带领企业战胜危机、走出困境，错误的领导行为则可能会导致企业破产或倒闭。本书围绕危机领导者的危机意识、愿景激励、凝聚力、决策质量和信心重建等角度对危机领导者的作用进行阐述。

1. 有助于对危机的察觉和辨识

一般认为危机意识源自个人的警觉感和使命感，从而对周围环境保持的清醒的防范和预见意识。危机管理的基本理念正是要求危机领导者能够做到未雨绸缪。正如比尔·盖茨所说没有危机就是最大的危机。企业危机具有突发性的特点，但这并不表示危机是由单一事件引发的，大多数企业危机往往是那些被高层领导忽视的微不足道的事件综合引发的。对一个成功的危机领导者而言，或许不能完全阻止危机的发生，但是必须要能预见到危机的来袭。不仅要在经营状况不好的时候看到企业的危机，更要能在公司蒸蒸日上的时候具备居安思危的意识和察觉危机的能力。

危机管理的过程始于危机领导者的风险知觉，寻求预防与减缓的意识决定①。危机领

① 杨柳. 危机情境下企业变革型领导行为研究，2011.6.

导者具备了危机意识，就会想方设法地未雨绸缪、防患于未然，也会在企业树立起一种危机理念，对员工进行危机的普及性教育和具体应对措施的培训，营造一种危机氛围，使员工面在激烈的竞争环境中随时都具有危机意识、明确危机情境中应采取的措施，这在增强员工的危机心理承受能力的同时，也为企业及时应对危机赢得了时间。此外，“居安思危”这一危机管理意识还能转化为一种企业文化理念，这能凝聚企业内力，强化员工忠诚度，提高人们的创新能力和毅力。在充分的准备下，有助于企业在危机到来前及时进行危机辨识，做到力挽狂澜，将损失降低到最低程度乃至拒危机于千里之外，从而使企业进入良性循环和持续健康的发展；相反，领导者危机意识缺失的企业则犹如温水煮青蛙，无法预见企业的潜在危机，更缺乏危机出现后的应变能力和应变机制，当危机在不经意间到来的时候，企业会轰然崩塌。

2. 有助于明晰愿景，指引走出危机之路

明确的企业愿景是企业应对危机的必要条件和准则；以企业愿景为危机处理的基本准则来制订危机处理方案是确保企业长远利益和社会认同的关键，甚至有助于将危机转化为机遇。在企业危机的环境中，如果没有清晰的愿景规划，企业很有可能会一味地停留在简单的应激反应中，在危机中被动应付，陷入一叶障目、盲人摸象和原地打转的泥沼中，即使能勉强渡过难关，最终也会迷失企业的发展方向。

在危机处理阶段，危机领导者对企业愿景的规划起到了关键作用。凭借着自身的职业敏感度和经验，危机领导者会对组织所面临的现实危机环境进行分析，并提出切实可行的战略规划、拟定相应的组织目标、行动方案、成员任务和工作原则，组织和引导下属冲破困境，战胜危机。此外，危机领导者对企业愿景清晰地描述能激发员工发自内心的感召力、凝聚力和向心力，增强危机领导者与追随者共同应对危机、战胜困难的决心和实力，同时，也能帮助合作伙伴、投资者以及其他利益相关者更准确地认识企业，使企业找到新的发展方向。总之，危机领导者对企业愿景的把握和宣讲能够在危机管理时形成一种崇高的使命感、责任感以及创造热情，使内外利益相关者愿意全身心地投入到危机应对的工作中，最终摆脱危机。

3. 有助于增强凝聚力，共同应对危机

危机发生时，单凭领导者一人之力是无法使企业走出困境的，危机领导者需要与全体员工共同努力才能完成，所以凝聚力就起到了决定性的作用。当危机突破企业防线开始威胁企业的正常运营甚至生存和发展时，员工最需要的就是一种能将大家凝聚起来、同心同力克服困难的力量。此时的危机领导者如果不具备这一力量，只是一味地逃避责任而没有发挥灯塔作用，追随者就会像一盘散沙，危机事态可能会进一步蔓延。

危机情境中，领导者通常会成为组织成员关注的焦点，言行举止都影响着追随者的行为，其榜样作用会唤起成员的崇敬感，他们会被追随者模仿，成为全体成员行动的一个参照。危机领导者勇于承担责任与风险，与下属团结一致、共渡难关的精神会对组织成员起到模范作用。此外，在危机不确定的环境中，领导者不断给予团队成员鼓励，积极主动地与团队成员沟通，给予充分授权，挖掘其潜能、激发其斗志，使团队时刻处在一种高昂的战斗氛围中，不仅有助于提升领导者的权威，也会激发员工对组织的认同感、参与度和忠诚度，使他们愿意执行领导者的要求，乐意接受领导的指挥与影响，与领导者共同承担责任，从而形成强大的企业凝聚力，进而将危机带来的压力转变为解决危机的动力。

4. 有助于做出正确的危机决策

与一般的决策相比，危机决策具有决策目标动态权变、决策环境复杂多变、决策信息严重不对称、决策步骤非程序化等特点①。由于危机事态情况紧急，往往是直接将权威决策者的决定作为最后的危机决策结果，而决策通常又以决策者的经验和决策为主，这也就使得危机领导者成为了危机决策的关键。

突发事件中，在决策时效要求高而信息匮乏的情况下，任何莫衷一是的决策都会产生严重的后果，危机领导者所具有的打破常规、果敢行事的能力有助于最大限度地集中决策所需资源，凭借个人决策经验或者采纳他人建议，迅速做出决策并使之付诸实施。另外，危机领导作为危机决策和危机管理的核心，往往会成为各种矛盾的焦点，个人强烈的使命意识、健康的身体素质，使危机领导者能在超负荷的身心压力下看清局势、准确预测事态发展并把握临危处置的艺术，并作出有利于企业走出危机的决策。

6.1.3 危机领导者的角色

在危机情境中，危机领导者真正做了什么？他究竟扮演了怎样的角色？对危机案例进行跟踪，我们可以发现：首先，危机领导者进行信息搜集、作出危机决策等，以带领企业走出困境，是化解危机的关键人；其次，危机领导者调解各种意见、实现资源分配的利益最大化，是危机管理协调者；最后，当企业在危机中被推向舆论的风口浪尖，作为企业的首脑，危机领导者的一言一行都代表着企业解决危机的态度和方向，影响企业形象和公信力，此时，危机领导者也是企业形象代言人。

明茨伯格（Henry Mintzberg）在《管理工作的本质》中对企业领导者的角色扮演进行了研究，将“领导者角色”解释为：属于一定职责或者地位的一套有条理的行为，同时将其划分为十种角色并归入到人际角色、信息角色和决策角色三大类型中。危机领导者作为危机情境下的企业领导者，同样也适用于经典的角色扮演和角色划分。

1. 人际角色

人际角色包括代表人角色、领导者角色、联络者角色。在危机管理的过程中，危机领导者作为企业的关键人物有必要行使一些具有礼仪性质的角色；同时，他与组织内个人、团队一起工作来确保组织目标的实现，并与外部利益相关者建立良好的关系，给危机中的利益群体注入镇静剂和强心剂。

（1）代表人角色

这是最基本的角色，主要进行例如主持仪式、接待重要访客等活动。在危机情境下，

---

① 罗伯特·希斯. 危机管理［M］. 北京：中信出版社，2004.

作为组织首脑的危机领导者是正式的权威，是组织的代言人，进行这些礼节性的公关活动对组织能否顺利摆脱危机非常重要。

(2) 领导者角色

正式权力赋予了危机领导者强大的潜在影响力。主要表现为对员工进行激励、引导，甚至聘用和解雇等领导活动。当企业处于危机时，领导者采取各类领导活动，使员工的个人行为与战胜危机这一组织目标相匹配，从而领导企业处理危机并摆脱困境。在领导者的角色里，我们能最清楚地看到危机领导者的影响。

(3) 联络者角色

即危机领导同他所领导的组织以外的其他个人或团体维持联络关系，如：参加外部会议、参加各种公共活动。实际上，联络者角色的职责是专门用于建立起危机领导者外部信息系统，是组织在危机情境中获取信息的有效渠道。

2. 信息角色

信息角色包括监督者角色、传播者角色和发言人角色。危机领导者在危机发生前后持续关注内外环境的变化，发挥其正式和非正式的危机领导力以获取对危机解决有价值的信息，并进行信息收集、过滤、分析、传递等，以识别周遭潜在的机会和威胁。同时，与组织内外部利益相关者进行协调与沟通，向他们传达足够、有效且有利于企业危机处理的信息，帮助下属切实有效地完成工作，让企业外部利益相关者感到满意。

(1) 监督者角色

指领导者在危机管理过程中不断审视自己所处的环境，监控内外部事物，如询问员工、分析报告等以主动收集信息。监控角色搜集的信息既包括传闻或流言这种非正式的信息，也包括董事会意见等正式的信息。

(2) 传播者角色

即危机领导者在危机情境中对收集到的信息进行分享并分配，把外部信息传递到企业内部，也把企业内部信息传递给更多的外部人士，以帮助企业内部员工更好地执行任务、处理危机，帮助企业外部利益相关者了解危机事态。

(3) 发言人角色

这个角色是面向组织的外部的，即把一些信息传达给组织外部利益相关者。如危机领导者在企业危机发生时，要常常与媒体周旋，将财务状况向董事会和股东报告等，使那些对企业有重大影响的人能够了解企业的经营状况。

3. 决策角色

决策角色包括危机领导者角色、资源分配者角色、冲突管理者角色、谈判者角色。在这一类角色中，危机领导者负责把握战机，做好紧急状态下的重大决策、制定战略，并分配人力、物力、财力、时间等资源，以保证决策方案的有效实施。同时，在这一过程中，危机领导者必须要进行各种重大的、正式或非正式化的谈判以协调利益，化解冲突。

4. 企业家角色

企业家角色是指当危机发生时，危机领导者扮演变革发起者和设计者的作用，在其职权范围内对各类利益、资源进行协调，从而去适应危机环境，最终摆脱危机甚至探索出新的企业发展方向。

(1) 冲突管理者角色

当组织面临着意外的情况时，危机管理者必须能够应对企业内外涌现出来的各式各样的冲突，有些来自于潜在冲突的激化，有些来自于新的冲突的催生，危机管理者必须能够把握冲突的核心要素和关键资源，防止冲突–危机产生叠加的效应。

(2) 资源分配者

是指危机领导者在危机管理过程中，负责在组织内分配资源。这些资源既包括有形资源，也包括无形资源。企业危机发生时，资源会处于短缺、错位和混乱的状况，危机领导者把握住了危机情景中的各类资源，也就把握住了危机战争中的“武器”。

(3) 谈判者角色

危机管理的过程中，领导者的一个最重要也是占用其最多时间的任务就是进行各类正式或非正式的谈判，其原因是，危机导致了各类潜在利益的显性化，只有很好地安排和安抚各类利益相关者，才能走出危机。而在此过程中，谈判极其重要。

这三种角色互相联系、密不可分，没有哪种角色能在不触动其他角色的情况下脱离出这个框架。比如：人际关系方面的角色产生于危机领导者拥有的影响力；这也使他成为了信息沟通传递的神经中枢，是信息角色的必要条件，而获得信息的独特的地位又使危机领导者能进行有效的决策，成为危机决策核心人物，使其得以担任决策方面的四个角色。但是，人际、信息和决策的三种角色的内在联系性，并不意味着所有的危机领导者都对每种角色给予同等的关注。面对不同的组织内外部环境、不同的危机类型、危机的不同阶段，不同的危机领导者都会对这三类角色有所侧重，以适应危机管理的要求。

6.2 危机领导力

在全球一体化、信息化的背景下，企业面临的不确定性越来越高，突如其来的危机防不胜防，而危机领导者又是企业危机管理的关键人物。因此培养和提高危机领导者的危机领导力成为危机应对和突破危机困境的关键，使企业在各种危机中化险为夷，实现长久生存、健康发展的关键。

6.2.1 危机领导力的内涵

危机领导力最初被运用于军事领域，指的是危机领导者对危机的预见、控制和处理能力。随着社会的进步和发展，危机领导力被广泛应用于社会公共事务管理中，后来人们也将一个国家或组织的领导者处理突发事件的能力称为危机领导能力，这一能力也逐渐成为政府执政能力的重要组成部分。1933 年，当整个美国深陷经济危机的恐慌之中时，罗斯福总统以充满自信的声调向全国人民声明“最应该恐惧的就是恐惧本身”，随后他推出了“新政策”扭转了美国乃至整个世界的不利局势①。这就是危机领导力的伟大实例。

在当今商业环境下，学术界对危机领导力的研究开始逐渐转向企业管理层面，且大多聚焦于企业危机和企业危机管理。罗伯特·希斯(Robert Heath)在其《危机管理》②一书中提出：对处于危机中的组织有清晰的认识，在下属面前有高度的自信来稳定内部气氛，快速做出有效决策，将企业损失降至最低，并从危机中吸取教训，在做好企业修复工作的同时加强企业应对危机能力的危机领导者能力就是危机领导力。可以说，危机领导力既是科学又是艺术，既具有稳定性又具有变化性，既需要个人的努力，也需要团队的合作，既需要领导员工也必须照顾客户，需要把观点和结果同时付诸于行动。

本书认为，危机领导力指的是领导者在面临潜在的或者正在发生的危机时，根据现有的条件因势利导，采取一系列控制和处理手段，有效地预防、处理和消除危机的能力。总而言之，危机领导力的核心就是：动员组织成员解决危机。

6.2.2 危机领导力的要素构成

危机领导力作为领导力的重要组成部分，是领导者在危机管理中的核心能力，主要指的是预防、控制、消除危机事件的能力，本书将危机领导力概括和归纳为：危机概念能力、危机决策能力、危机沟通能力、危机组织能力和信息素质能力。危机领导力的高低，是危机领导者进行危机领导的关键所在，甚至是衡量一个企业综合能力的一项重要指标。

1. 危机概念能力

危机概念能力指的是危机领导者在企业危机中，面对复杂的危机情境进行抽象和概念化的技能，即在复杂的矛盾中发现问题解决思路的一种认知和分析能力。如果说领导者的危机沟通能力关注点是人，危机组织能力的重点是事，那么危机概念能力处理的则是观点和思想。随着危机领导者在组织中职位的不断提升，危机概念能力会越来越重要。

在危机管理的过程中，具有危机概念能力的领导者在面对复杂多变的危机环境时，会将组织看成是一个统一的整体，统筹全局，分析、判断、抽象并概括主要矛盾，认清问题的实质，从而形成正确的决策。他也能洞察组织中各部门之间的性质和特点，正确运用自身技能和职能来协调部门关系，将危机问题细分化并分散到各个职能部门加以各个击破，从而化解危机。同时，他会在危机发生的整个过程中，对此次危机本身以及危机管理进行分析、总结、反思、学习，找出企业中存在的不足，完善危机管理机制，帮助企业尽快走出危机，实现企业目标。这说明了领导者的危机概念能力能帮助感知并发现危机情境中的机遇和挑战，理清事物间的相关性，并找出关键影响因素以拟定正确的解决方案，权衡不同方案优劣。

---

① 《罗斯福：唯一应当恐惧的就是恐惧本身》阿布观察家的博客 http://blog.sina.com.cn/s/blog_5ff7a4d00102edu6.html 2013-05-13

② 罗伯特·希斯. 危机管理第2版. 王成，宋炳辉，金瑛. 北京：中信出版股份有限公司，2003.

领导者危机概念能力的培养不仅与其自身能力有关，也与面临问题本身所依赖的行业或者技术背景知识有关，而其中需要的行业、技术背景知识的获得则需要通过长期的经验积累。

2. 危机决策能力

危机决策能力是指危机领导者在危机情境下，对危机事件拿主意、作决断、定方向的危机管理的综合性能力。主要包括以下几种能力。

(1) 信息提炼能力

全面有效的情报和信息是正确决策的基础。危机领导者以包容的心态尽可能广泛的获取信息，并准确、迅速地提炼出危机核心和解决危机的关键要素，有助于实现决策效益最大化。

(2) 危机预测能力

预测就是事前的推测或测定，其目的是在现有信息的基础上，依照一定的方法和规律对危机发展趋势进行测算推测，为危机决策提供更精炼实用的资料、信息和数据。危机预测是危机决策的前提，危机决策是危机预测的延续。

(3) 危机决断能力

危机决断能力是指在危机情境中，领导者从众多的方案中选取一个效益最大的决策的能力，即在危机时刻或紧要关头当机立断的决断能力。这一能力是危机领导者进行科学、快速决策的关键；犹豫不决、误选或错选都会使企业陷入危机的泥沼，造成重大的损失。

3. 危机沟通能力

危机沟通能力就是危机领导者通过危机沟通来降低危机对企业的冲击，减少危机中的危险成分，取得危机内涵中的机会部分，化解危机甚至转化危机的能力。

危机沟通是危机管理过程中最基本的手段和工具，是获取信息的有效途径，是危机决策的前提。一个拥有良好危机沟通能力的领导者，能在危机发生时与员工保持的良好的互动，及时准确地了解员工的心理，激励并凝聚全体成员克服困难，勇往直前。同时，他也会与企业外部利益相关者进行交流，时刻关注他们的心理，随时把握他们的变化及危机动态，通过悉心倾听意见和建议、耐心解释、理性沟通等引导并修正社会公众对此次危机事件的认知，修复企业信任，重塑企业形象，在危机中力挽狂澜、化险为夷。相反，拙劣的危机沟通能力则很可能会加剧事态的严重性，使企业深受其害。

危机领导者在培养和提升危机沟通能的过程中必须重视：①关注沟通对象的信息需求。在危机发生后，有的放矢地向各利益相关者相应的信息，主动听取他们的声音并予以回应。②系统性、结构性了解、掌握将要进行危机沟通的事件信息和资料，以及沟通对象的特点、背景、态度、立场等，并明确此次危机沟通的内容和目标。③有技巧地使用危机沟通手段、危机沟通策略和危机沟通渠道。

4. 危机组织能力

危机组织能力是指根据既定的危机处理方案，对人力、物力、财力等资源进行协调、分配，并控制、协调、激励整体成员，使之相互配合协作、齐心协力摆脱危机的能力。具有创造性、多样性、经验性、随机性等特点。通常认为危机领导者的组织能力包括如下几点。

(1) 动员能力

动员能力是危机领导者把散落在不同角落的企业资源激发和整合起来，发动整个企业的力量来应对危机。动员能力体现了危机领导者组织能力的重要侧面。

(2) 授权能力

危机处理的过程中，领导者不可能以一人之力完成所有工作，这就要求他将部分执行权和决策权及相应的责任和义务交付给下属。在危机情境下，恰当、充分的授权有助于危机领导者与下属相处融洽，获得工作上的支持；有助于团队成员获得更广泛、多样的经验，帮助提高技能使大家更加热情地投入工作并通过群体的努力来完成任务、战胜危机；也有助于危机领导者思考更高层次的问题，从而摆脱具体事务的困扰。

(3) 冲突管理能力

冲突就是人们由于某种抵触或对立状况而感知差异产生的矛盾。危机领导者的冲突管理能力则是指危机情境下，协调管理组织中存在的各种冲突的能力，包括调解内部成员间冲突的能力和安抚组织与外部利益相关者之间冲突的能力。

(4) 激励下属能力

通常情况下，员工积极性就是由领导者激励功能发挥、个体需求得到满足激发出来的。在危机管理过程中，领导者有必要通过各种有效的手段：如充分信任、主动关心、给予帮助等，满足或者限制员工的各种需要，以此来激发员工的动机和欲望，从而使群体保持高昂的情绪、持续的积极状态、强大的凝聚力，尽其所能、发挥所长、齐心协力来完成任务、克服危机。

6.2.3 权变视角下的危机领导力

近年来情境领导越来越受到学术界的关注，它特别强调领导者要因人而异，因时而异，因材施教，因人施政。危机情境中，每一个组织、每一个危机领导者、每一个危机甚至危机的每一个阶段都有着自身独特的内在要素和外在环境条件，在领导实践中，不存在一成不变的、普适的危机领导力，危机领导者需要根据所处的环境和内部条件等因素的发展变化随机应变，发挥适时、适用的领导力。目前学术界对危机情境的研究主要包括：危机的生命周期，危机严重程度以及危机所在的组织层次。本书在此基础上，以权变视角对不同情境下危机领导力的要求进行总结归纳，主要分为：特征型危机领导力、阶段型危机领导力和结构型危机领导力。

1. 特征型危机领导力

在企业经营的过程中，有些危机会给企业带来巨大的商誉、财产等损失，严重影响企业的生存和发展，我们称之为“高危机情境”，比如：2003 年三鹿集团的三聚氰胺危机[①]。而有些危机虽然也会给企业造成一定的损失，但危害不大，领导者甚至在进行危机管理时有章可循、有例可依，我们称之为“低危机常态”，比如：偶尔出现的伤害微小的产品投诉。不同特性的危机，对危机领导力的要求也是不同的。根据危机的严重程度，我们将对危机领导者能力称为“特征型危机领导力”，主要包括：高危机情境下的领导力和低危机常态下的领导力。

在高危机情境下，需要危机领导者具有敢于冒险、独立果断、富于创新等素质特征[②]；这些素质特征有利于提高危机领导绩效，以适应复杂多变的危机环境，快速组织人力、物资，提出危机应急方案，控制危机事态，帮助危机处理。

而在低危机常态下，对领导者的素质需求则更偏重于严谨、世故、自律、精明能干、人情练达等。其中，自律、严谨、世故等素质特征有利于领导者对危机事故的判断，而精明能干、人情练达、知己知彼等素质特征则有助于领导成效。帮助领导者在常态危机中，按部就班、快速有效地解决事故问题。

2. 阶段型危机领导力

不同生命阶段的危机有不同的生命特征，所以对不同阶段危机的领导，所需要的危机领导力的侧重点自然也是因势利导的，在危机的 5 个生命阶段，分别对危机领导者的危机预见能力、危机识别能力、危机反应能力、危机恢复能力、危机学习能力[③]有不同的侧重。

(1) 危机预见能力

危机虽然具有突发性，但是在发生前都是有预兆的，危机预见能力就是指在危机发生前领导者凭借自身的职业敏感、经验技术等对危机进行的预测和预防的能力。成本最低成效最好的危机领导方式就是将危机化解于萌芽状态。有危机预见能力的危机领导者会在危机发生前，建立起危机预警机制，对危机事态以及未来可能遭遇的危机后果如资源等瓶颈进行充分预估，在所及的范围内尽可能消除导致灾难的各种潜在因素。

(2) 危机识别能力

在危机爆发后能快速对危机事件进行全面的调查，了解危机事件的诱因和性质，确定责任归因的能力，这就是危机识别能力，是进行危机领导的关键，有助于领导者进行行之有效的危机决策，使在危机事态扩大之前控制危机，掌握住危机的主动权。危机领导者必须要在危机发生后立即、全面地获取相关信息，深入了解其本质，为危机控制和处理工作提供依据。

(3) 危机反应能力

领导者对危机的反应主要包括危机响应、危机控制和危机解决。所以危机反应能力就是指危机领导者进行危机响应、危机控制和危机解决的综合能力。在危机爆发后，快速反

---

① 《三鹿三聚氰胺奶粉事件全过程回放》百度文库 2011-10-24. http://wenku.baidu.com/view/8034eedbce2f0066f533223f.html

② 于洪生. 危机情境中的领导智慧［J］. 新视野, 2009(05): 84-86.

③ 刘崇瑞. 危机领导力：内涵、要素和模型［J］. 中国商贸, 2013.(5).

应、制定危机响应目标，采取恰当的危机响应战略；对危机影响及事态进展进行最大限度地控制，竭尽所能掌握舆论等危机应对的主动权；果断决策，实现资源分配的利益最大化。从而以最快的速度、最小的成本化解危机，甚至转危为机。

(4) 危机恢复能力

所谓危机恢复能力，顾名思义就是指领导者在危机被有效控制而趋于稳定后，对企业损失进行评估，并尽可能消除危机对企业的影响，使企业尽快恢复正常的能力。只有危机恢复工作处理得当，才会减少危机损失，阻断危机的余波，为企业今后的健康奠定基础。危机领导者在这方面的能力主要包括：在危机处理工作评估的基础上提出整改措施，建立并完善企业危机管理的能力，以及通过危机沟通等手段对企业内外部的利益相关者进行安抚工作，消除他们的焦虑感和紧张感，修复他们对企业的信任，为企业形象的修复和生产、经营常规化奠定基础。

(5) 危机学习能力

危机学习主要包括：预警学习、事中学习和事后学习。危机学习能力是指领导者在危机的整个过程，尤其是在危机结束后，对危机的各阶段各细节进行全面评价和反思，分析此次危机出现的原因、危机管理过程中存在的问题，并总结经验，用于完善企业内部制度，推动企业变革，提升企业应对危机能力的危机领导力。对一个优秀的危机领导者而言，必须具备强大的学习和反思能力，通过对危机管理理论知识的学习，结合危机实战经验，不断提高自身的危机预防能力、危机识别能力、危机应对能力和危机恢复能力。

危机领导者的危机预见能力有助于企业在危机前做好充分的应对，最大限度地减小危机对企业的冲击；危机识别能力是危机反应的基础，领导者对危机充分的认知有助于进行有效的决策来控制和处理危机；危机处理能力，是危机领导力的关键。危机处理直接决定了企业是否能安然渡过危机，也间接影响着企业危机后的修复难易程度。危机学习能力与其他四个危机领导力紧密相连，通过危机学习和反思，使领导者对企业危机有了更深入的了解，有助于提升领导者危机领导力的各个方面。

3. 结构型危机领导力

实质上，危机领导力主要可分为正式的危机领导力和非正式的领导力。正式的领危机导力就是组织赋予领导者的岗位职权，非正式的危机领导力则是领导者自身的影响力，主要是由危机领导者自身的品质、道德、学识、才能等个人魅力对追随者形成的吸引力所决定的，很多时候会比岗位职权更能体现出危机领导者的领导水平，对下属更具影响力。我们可以使用危机领导者技能积木来形象地展示这一概念。

以危机管理所处的企业层次结构为分类标准，我们可以将其划分为企业高层危机、中层危机和基层危机。企业不同层次结构的危机管理对领导者的危机领导的要求也是不同的。在此，我们引入危机领导和危机管理的概念。危机领导与危机管理二者有着对立统一的关系。危机领导是高层次的危机管理，危机管理是危机领导的基础与依托。所以从结构视角看，前者属于高层次，后者属于中、下层次；从功能而论，前者为制定战略、推动"变革"，后者则为管理战略规划、维持稳定。由此可见，对于越高层的危机越需要进行危机领导，而越接近基层的危机则越需要危机管理，如图 6.1 所示。

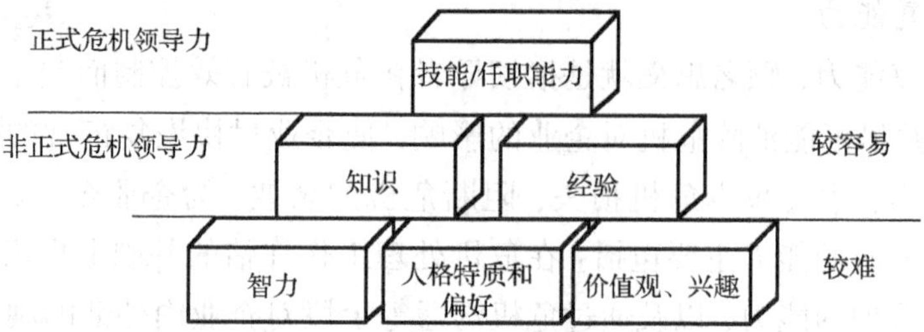

图 6.1　危机领导者技能积木①

(1) 危机领导能力

危机领导关注的是宏观危机决策与危机状态下的政治领导，所以需要的是在复杂多变的危机环境中把控危机发展方向、带领企业走出困境的能力。这需要勇气也需要智慧，更需要观念或思想，需要危机领导者具有敏锐的危机嗅觉、果断的决断力、勇于负责和创新的精神。所以对危机领导者的非正式领导力提出了更高的要求。

(2) 危机管理能力

危机管理主要致力于对危机事件的应对，即对危机领导目标与规划的实施，追求管理的绩效。所以危机管理能力对危机领导者的正式领导力有更高的要求，同时要具备严谨的工作态度，稳定的工作状态、熟练的职业技能和技术。

6.3 危机领导方式

危机领导方式是指危机领导者在危机领导的过程中所使用的个人领导策略和领导类型。本节从危机领导风格和组织文化这两方面来分析危机领导方式及其对危机管理的影响，其原因是，领导风格是领导行为展开过程中具体特征的体现，组织文化是领导者个人领导方式和领导风格的一种映射，他们两者都与领导方式休戚相关。

6.3.1 领导风格与危机管理

不同的领导者往往具有不同的领导风格，同一领导风格展现出的特质也有不同的程度，且在其不同的成长阶段和组织发展的不同阶段也存在差异性。不同的危机领导风格对危机情境下危机方案的实施效率和效果都有着不同的影响。比如，在人心涣散的危急时刻，危机领导者必须起榜样模范作用，并不需要高屋建瓴的决策；但处在分秒必争的情境中，果断决策则是危机领导者的当务之急。所以，没有一种领导风格是万能的；当领导者的风格与危机相匹配时，危机领导的成功率就会大大提升。本书选取了交易型领导、魅力型领

① ［美］哈格斯，吉纳特，柯菲.《领导学：在实践中提升领导力》. 朱舟译. 北京：机械工业出版社，2009：141.

导、变革型领导三种领导风格，分析他们和危机管理的关系，并对比了不同领导风格在危机管理中的特点、领导方式、效用等。

1. 交易型领导与危机管理

交易型领导模式由 Hollander(1978)提出。这种领导方式的实质是一种契约关系，也就是说，在一定的组织结构和组织氛围中，领导者和被领导者进行反复的、持续性的“交换”活动。一方面，领导者将一定的物质和精神让渡给下属，另一方面，下属对领导者采取服从的态度，双方在一种“沉默契约”的约束下完成互惠互利的结果。交易型领导主要通过权变奖赏和介入管理(例外管理)这两个层面，对员工进行领导，因此，在危机情境下，交易型领导的管理方式应该进行微调，以适应危机带来的一系列变化。

(1)权变奖赏

交易型领导鼓励下属表达他们的自我利益，当员工完成交易型领导者所分派的工作任务时，会被给予适当的奖励，以增强其工作积极性。而当企业处于危机情境中时，一方面，交易型领导一系列的正向奖赏机制有利于员工为了自我利益保持对工作的热情，从而使危机处理更加高效；另一方面，当处于危机状态时，没达到既定任务目标成为一种常态，若在危机状态下形成奖励丧失的紧张氛围，有可能降低员工对组织的归属感与组织承诺，不利于组织走出危机。

(2)介入管理

介入管理是指交易型领导者会主动地、随时地观察员工的行为，并对其工作中的失误和问题进行及时的纠正，确保任务的有效完成。当危机发生时，积极的介入有利于员工纠正错误，正确实施危机策略，但消极的介入管理则将会打击员工的积极性，不利于企业快速走出危机。

所以交易型领导中，领导者与下属的交换过程是以下属对领导者的顺从为前提，并没有在下属内心产生内在的归属感，其工作的内在动力也是有限的，对于企业战胜危机的成效不大，甚至在某些情况下还会加剧危机事态。

2. 魅力型领导[①]与危机管理

魅力一词源自希腊，意为不凡的天赋，如过人的智慧、预知的能力等；自20世纪70年代后期开始，被大量学者重新解释、定义和充实。根据德国社会学大师 Max Weber 的定义，魅力型领导就是“基于对一个人的超凡神圣、英雄主义或者模范性品质的热爱以及由他揭示或者颁布的规范性形态或者命令”的权威，即领导者利用其自身魅力鼓励追随者并做出重大组织变革的一种领导方式。

魅力型领导的领导行为可以分为四个阶段：(1)对组织环境做出持续评估，形成愿景；(2)运用动听的、说服性的语言与组织成员进行愿景沟通；(3)构建组织成员的信任和忠诚；(4)实现愿景。同样地，在危机情境中，魅力型领导者也是采取这些行为进行危机领

① 魅力型领导. 参见 http://www.12manage.com/methods_weber_charismatic_leadership_zh.html

导。而他能否成功带领企业走出危机，则取决于与员工互动的好坏，如果形成了良好的互动关系，则有助于激励员工的积极性，增强组织的凝聚力。大量的研究表明，魅力型领导方式主要可分为角色模拟、形象塑造、塑造愿景、员工激励四个维度。无论是日常运营还是危机状态，这些维度的领导行为都有助于成员对领导者的信任与遵从。

（1）角色模拟

很多时候，魅力型领导者会刻意通过自己的行为去塑造价值观和信仰，使员工出于自愿而非被强迫地支持领导者。在企业危机出现时，魅力型领导会通过价值观和信仰、融合追随者认同和组织集体认同来凝聚企业员工，唤醒并转化追随者动机，以使追随者的自我评价在更大程度上以克服危机为基础，增强大家克服困难的决心，从而使组织能尽快摆脱危机。

（2）形象塑造

在进行领导的过程中，魅力型领导往往会在员工面前积极地展现自身魅力，以此在员工心中形成精明能干的形象，成为群体的榜样模仿。这就使得下属以领导者的行为模式为标榜，从而使组织长时间处于一种高效运行的状态，而这种状态有助于组织以最高额效率应对危机，以最快的速度走出危机。

（3）塑造愿景

魅力型领导者还十分强调意识形态和集体的终极价值，注重对企业愿景进行明确、清晰、有吸引力的表述，促使员工以对愿景、使命、共同价值及集体的认知来进行自我价值评价，以此来鼓励追随者从理性取向转为道德取向、从关注个人所得转向关注为集体所做的贡献。由此，当危机发生时，魅力型领导者会根据企业所处的环境做出准确的判断，从而为企业发展制定正确的方向，塑造一个足够吸引员工的企业愿景，让员工明白工作的意义，仍能对工作饱含热忱，努力帮助企业走出危机。

（4）员工激励

员工激励就是指魅力型领导者对追随者表现出充足信心，对其取得优秀业绩的充满期望，以增强他们的自尊和自我价值意识。并将目标及为之进行的努力同追随者自我概念中的积极方面联系起来，利用自我表现、自我肯定的动力，进一步强化追随者的自尊和自我价值。在激发员工积极性的同时，也为他们提出了明确的工作目标。在组织处于逆境，全体成员明确的组织目标和激昂的斗志，有助于组织有效的危机决策、危机处理，并快速走出危机。

林肯被认为是美国历史上最伟大的总统、具有魅力的领袖之一。在其整个4年任期期间都在宣讲他心目中的愿景，内战期间他通过讲故事等手段促使人们忠心耿耿、全心全意，而且热情洋溢①。由此可见，魅力型领导者会在企业危机期间积极地在员工面前展现自信与活力，努力让自己成为员工的榜样，期望员工能主动追随，并听从自己的指示，以此领导企业走出危机。

3. 变革型领导与危机管理

1978年Burns在马斯洛需要层次理论的基础上界定了变革型领导的概念，认为变革型

---

① 《领导者要努力成为魅力型领导》叶建华的博客 2010-09-21 http://blog.sina.com.cn/s/blog_5ef67b7e0100m1ny.html

领导是领导者与成员相互提升道德、动机的领导过程。在这个过程中，领导行为不是简单的控制、协调等管理职能和管理技巧的使用，而是更加注重领导理念的创新以及领导哲学的提升，更加注重个人的转变，以及领导者与成员的互动。通过提升员工需求层次和内在动机水平来激励他们，凭借领导者的个人魅力特质来影响下属。

变革型领导的行为方式主要可以概括为理想化影响力、鼓舞性激励、智力激发和个性化关怀四个维度(Avolio，1944)。这些维度所包含的领导行为有助于提高员工对领导者信任以及对企业的忠诚度，引导员工思考组织战略和企业愿景。当企业危机爆发时，变革型领导下的组织能从全局利益出发应对当下危机所带来的一切不确定性及风险，帮助企业渡过危机。

(1)理想化影响力

理想化影响力是指领导者具备的令员工臣服的特质，包括成为下属行为的典范，得到下属的认同、尊重和信任。由于员工对领导怀有强烈的认同感，平日里维系着深厚的情感关系，认同和支持他所倡导的愿景规划，并对其成就一番事业寄予厚望。所以当企业陷于危机困境时，员工也愿意无条件地追随与服从，这将极大地提升企业战胜危机的信心与决心。

(2)鼓舞性激励

变革性领导者会经常向追随者表达对他们的高期望值，用情感表达诉求，用逻辑演讲凝聚员工，激励他们加入团队，使群体成员忠诚且积极地追随领导者。所以，处于危机情境中的企业，依然可以通过这种积极沟通、传递情感的激励方式，来化解员工消极情绪、调解员工矛盾，增强应对危机的勇气和决心，在构造组织愿景的过程中，使得员工相信企业有走出危机的实力，从而允诺付出最大的努力。

(3)智力激发

变革型领导鼓励下属创新，挑战自我，启发下属发表新见解、用新方法解决工作中遇到的问题。通过智力激发促进使组织成员意识、信念以及价值观的更新，使这个组织一直处于变革的氛围中。这种互动影响有助于组织创新能力的培养，有助于危机意识的形成和危机处理能力的提升。

(4)个性化关怀

个性化关怀是指以员工为中心，关心并重视每一个员工的需求、能力和愿望。对员工施行个性化培养与指导，帮助员工在应付挑战的过程中成长。这种关怀有助于群体在危机环境下，团结一心，众志成城，共渡难关，为了团队的伟大目标而相互合作、共同奋斗。

总的来说，变革型领导者以其独特的人格魅力和行为表率，吸引下属成为其追随者，优化组织内的成员互动，同时他也重视企业战略愿景的制定，注重关注员工的需求和动机，鼓励并帮助他们提高自身能力、发挥自我潜能，实现个人价值。使增强组织成员的危机应对技能，对其产生尊敬感、信任感及忠诚度，对企业产生强烈的认同感和归属感，当企业危机爆发时风雨同舟。

4. 危机情境下三种领导风格的比较

领导者在生活与工作实践中经历多次的反思和改变，逐渐形成自己独特的领导风格。这一成长过程是多个因素综合作用的结果，包括领导者自身的先天禀赋、家庭成长环境、工作历练过程、自我价值取向等主观和客观因素。通过前文对领导风格与危机管理的梳理和分析，表6.1从领导者与员工关系、危机领导方式、领导者是否重视愿景阐述这三方面来对比三种领导风格对危机管理的作用。可以发现，各种领导风格既存在差异又不乏相似之处，对于危机情境下的企业既有一定的帮助作用，也存在一定的阻碍。

表6.1　领导风格对比表

因素 领导风格	领导者与员工关系	危机领导方式	有无愿景
变革型领导	倾向于与员工一起建立愿景，通过激励员工，满足员工的需求和动机尽量使得追随者发挥最大潜能，实现自我价值最大化	侧重于心理的互动，激励下属不断研究新技术，凝聚组织的团队，使得下属和领导同舟共济，能使企业转危为安	注重战略愿景的思考，善于站在组织当前的角度来思考企业未来的发展趋势，有利于组织在未来能够在全局上思考危机和把握危机
魅力型领导	喜欢把自己作为员工的榜样，创造出满足员工的价值观和愿景，使得员工有自己的目标	创造价值观，使追随者能够信任领导者，并使组织在危机状态下能够更高效地转危为安，但如果其利用高超的说服能力误导或操纵下级，则可能产生不良结果	在看待问题上比较富有全局观和辩证思维，除了能够正确认识矛盾、化解矛盾外，把领导和追随者的关系放到了一个非常高的高度，以敏锐的前瞻性和转危为安的思维方式来对待危机
交易型领导	注重权变回报和例外管理，主要侧重的是双方交易的过程，通过契约方式，给予对方特定的回报	通过权变理论和例外管理来约束员工与领导的互动，提高组织凝聚力。	主要讲求的是一种等价的物质交换，缺少辩证思维，不注重组织的未来愿景，没办法在全局上把握危机

注：吴烨等. 危机状态下领导风格的比较研究［J］. 人力资源管理，2015(2)基础上整理所得。

通过前文的分析对比可知，不论是变革型领导，还是魅力型领导，抑或是交易型领导，他们所进行的领导行为虽然大相径庭，但是都在不同程度上有助于企业走出危机。表6.2主要罗列了不同领导风格在危机情境下的有效行为。

表6.2　危机情景下三种领导风格的有效行为比较

危机情境下的有效行为		
变革型领导	魅力型领导	交易型领导
① 拥有独特的人格魅力 ② 关注员工的需求与动机 ③ 思考、规划美好的组织愿景 ④ 建立信任氛围 ⑤ 具备修辞技能和良好形象 ⑥ 与员工情感关系密切 ⑦ 为员工提供思想观念，清晰地阐述目标的意义 ⑧ 起模范表率作用 ⑨ 善用情感与逻辑 ⑩ 融入员工活动 ⑪ 积极沟通、传递情感 ⑫ 个性化培养、智力激发 ⑬ 危机意识强	① 拥有引导员工、吸引员工的品德 ② 展现自信与活力 ③ 塑造价值观和信仰 ④ 成为员工的榜样、表率 ⑤ 制定吸引人的组织愿景 ⑥ 向员工表达较高的期望	① 许诺的薪金 ② 介入管理

注：吴烨等. 危机状态下领导风格的比较研究［J］. 人力资源管理，2015(2)基础上整理所得。

6.3.2 组织文化与危机管理

米特罗夫(Mitroff)通过危机管理“洋葱图”(图6.2)揭示了组织内不同系统之间的互动关系。表明了技术、组织结构、人力因素、组织文化、高层管理心理在危机管理中的具体地位。从图中我们可以发现组织中对危机管理最难达到、最深层的构成部分除了高层管理者(即危机领导者)以外，最重要的就是企业文化。所以组织文化和危机领导者共同构成了决定组织危机管理绩效的重要因素。

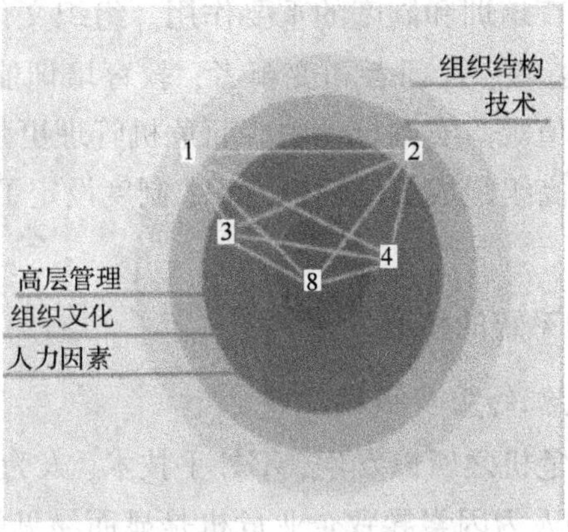

图6.2 洋葱模型

1. 组织文化与危机管理的联系

组织文化指的是一个组织由其价值观、信念、仪式、符号、处事方式等组成的其特有的文化形象。组织文化在组织长期的生产运营实践中逐步形成，为全体员工所认同并遵守，镶嵌该组织的“基因”。而危机管理则是企业为消除或降低危机所带来的威胁和损失进行规划决策、动态调整、化解处理及员工培训等的活动过程。二者既相差甚远又紧密联系。

(1)从目的上看

实际上组织文化是一种追求卓越、追求成功的管理手段；而危机管理从某种程度上说则是一种避免失败的非程序化决策，强调在危机中规避威胁、发掘机遇。组织文化侧重协调内部以促进组织发展；危机管理侧重抵御外来冲击，保证组织的发展。所以两者是从不同角度为企业生存和发展这一目标服务的。

(2)从理念上看

两者都强调组织的信仰、价值观。组织文化强调员工统一核心价值观；危机管理则强调组织群体具备危机意识和危机管理理念；同时，组织文化倡导评估和建立文化，危机管理也十分强调危机评估、反思和学习。

(3)从内容上看

两者都强调建立团队合作，都认为全员的参与才能保证自身的成功。同时，组织文化管理强调宣传自己最精彩的外部形象，而在危急时刻危机管理要向公众解释自己所处的地位，甚至表达自身也是受害者，寻求帮助以扭转局势。

(4)从管理过程上看

组织文化的形成和塑造是一个渐进的过程,涉及物质环境、思维理念、机制和传统等层次的演变;而危机管理重视危机突发时刻的反应,同时认为危机管理包含事前、事中和事后的管理。两者都要针对不断变化的环境及时调整策略。组织文化的变革是对内部的改造,但在改造的过程中组织存在危机;危机管理强调在突发事件面前快速反应,这就需要严密监控组织内部和外部环境的变化,以便及时做出决策。

(5)从实现途径上看

两者都强调领导者、教育培训和制度的重要作用。组织文化的塑造是一个自上而下的过程,领导是组织文化的塑造者、管理者和变革者;教育培训能够加强组织文化内容的传递;制度能够帮助组织将价值观落实到行动中。而危机管理更强调领导的权威作用和快速决策能力;教育培训可以提高组织成员的危机意识;制度设定了一个底线,可以规范成员的行为。

2. 组织文化是危机管理系统的核心

(1)组织文化是组织危机的重要成因

正如前文提到的,企业危机之所以发生,不外乎技术,人为、组织文化以及领导层的态度这四方面的原因。技术和人为因素导致企业危机是显而易见的,然而这往往不是导致危机最深层次的因素。很多时候,技术和人为因素之所以会导致危机,是这些组织文化引起的。

米特罗夫(Mitroff, 1944)通过列表法显示了组织文化的重要组成部分及其与危机管理之间的联系。研究表明,在很多情况下,组织文化会运用多种防范机制否认其具有易被危机攻击的弱点,并因此认为其不需要进行危机管理,这些机制与危机管理互相联系,构成了组织文化,如表6.3所示。而当组织文化忽视危机管理时,随之而来的就是该组织遭遇重大危机的机会增加,组织从危机中恢复所花费的时间和成本将大幅度地提高。

表6.3 组织文化防范机制类型①

组织文化防范机制类型	说明/例子
否认	危机只发生在别人身上,我们是不可能受到伤害的
隐性否认	危机会发生,但是对我们的影响应该很小
粉饰太平	我们强大而有力,不会受到危机的伤害
预测	如果危机发生,一定是我们之外的人引起的
知识化	我们不担心危机,其发生的概率很小
各自为政	危机不会影响我们组织的整体,因为各个部门是独立的

(2)组织文化是危机管理的动力机制

企业危机管理五力模型②的外围表明了组织文化与其他4个因素共同构成了危机管理

① 陈世瑞. 组织文化与危机反应[J],中国应急管理,2008(11).

② 赵定涛,李蓓. 企业危机管理五力模型分析[J]. 科技进步与对策,2005,22(4):126-127.

的动力机制。有什么样的组织文化，就有什么样的危机管理。只有含有组织危机文化、危机管理计划观念、组织沟通观念的组织文化中才能有效帮助应对企业危机，也就是说危机发生后，能否有效控制危机并化险为夷甚至转化危机，重点就在于组织文化中是否包含这种危机管理文化。

① 危机文化

2001 年 3 月，华为创始人任正非在公司内刊上发表了被广为传颂的《华为的冬天》并提出了“第 91 天危机”，大谈：“华为存在的问题不知要多少日日夜夜才数得清楚……华为的冬天正在到来，各种机制、管理等正面临危机，已经到了不得不调整、改革的地步。”这是组织文化中无时不在、无处不在的危机意识，使得整个华为上下时刻保持着活力、战斗力和创造力，在强手林立的通信行业里遥遥领先。由此可见，组织危机文化是提高员工工作积极性、凝聚力和创造力的精神动力①。

② 危机计划管理

1984 年 12 月 3 日，联合碳化公司印度波帕尔市分公司泄漏出致命毒气异氰酸甲酯，造成 2000 多人死亡，该公司负责人接到通知便马上从美国飞往印度，当历经 10 余小时抵达印度时，立即被警方逮捕②。如此严重的危机，企业却浪费了整整 10 个小时在领导人的路途上，没有实施任何的危机补救措施，究其原因就是，组织文化中缺乏危机管理计划意识。健全的危机管理计划意识，有助于企业在危机中快速制定出系统而标准的危机管理计划，从而使整个危机管理系统有效高速地运作起来。有助于企业掌握危机处理的主动权，控制危机事态，将危机损失降到最低，所以组织危机管理计划意识是危机管理的基础。

③ 沟通哲学

有了强烈的危机意识和健全的危机管理计划，并不表示就能进行成功的危机管理。现实中很多危机管理实践都表明没有支持性的组织沟通观念，就不会有良好的危机公共关系。一个企业的组织文化如果存在沟通哲学的缺失，在危机处理的过程中，就会出现信息传递失真、沟通渠道匮乏、执行效率低下等问题，无论危机方案有多么成功，也不可能起作用。所以，组织沟通观念是危机管理的保障。

(3)组织文化是危机管理的战略资源

组织文化是形成企业竞争优势的一项重要战略资源，对组织变革起着无可替代的作用，是变革管理的一项重要内容。组织文化变革的成败关系到整个组织变革的成败与效果。而危机管理工作正是组织变革的一个项目，组织文化及在危机下企业采取的文化管理措施是企业战胜危机的重要战略资源。只有变革和创新企业文化建设模式，构建组织危机管理文化，并通过常规的危机演练不断检验、更新，形成系统的危机管理观，才能有效地应对危机。

如果将危机管理比喻成一项系统工程，那么组织文化就处于这个系统的核心，有效的

---

① 华为：危机意识成为创新动力》来源：深圳商报. 作者：陈姝. 发表时间：2015-08-14

② 《历史上的今天》中华网新闻 http://news.china.com/history/today/1203/index.html 1842-12-3

危机响应不仅是运用可靠、先进的技术和完善的策略来减少人为失误,控制危机，更重要的是要将组织文化融入到危机管理的各个阶段。企业的危机管理策略如果不符合组织价值观、组织态度及其规范，那么其有效性是有限的。企业的组织文化可以帮助企业员工树立上下一致的危机意识，帮助企业树立顾客满意的理念，保证企业在危机处理中时刻以公众利益至上，而不是从企业自身利益出发，从而避免产生新的危机走向错误的极端。其次组织文化有利于促进企业内部建立开放的交流方式，赋予员工尤其是危机管理小组成员高度自治的理念，使人员更机动、反应更灵活、执行更高效。此外组织文化还可以帮助企业在高度不确定的动态环境下不断更新认知方式，从而帮助企业避免危机的产生。所以，危机管理只有在以组织文化为精神导向的基础上才不至于偏离方向。

3. 危机管理重构组织文化

对于现代企业而言，组织文化与危机管理是两项不可或缺的管理工具，是组织健康、持续运转的保障，二者紧密协作。组织文化帮助危机管理的同时，危机管理也会构建组织文化。比如在危机管理的过程中，员工对危机存在的共同意识、行为及危机时相关制度的总和，会成为企业组织文化的重要组成部分。将危机管理过程中形成的组织认同感、危机意识、危机伦理①融入到组织日常管理和行动中,构建适应危机管理能力的组织文化，是组织文化焕发生机的一条有效途径。

(1)组织认同感

在组织危机文化构建的过程中，人的因素始终是最重要最活跃的因素。在危机情境中，组织成员“同仇敌忾”共渡危机的实质就在于组织的内凝聚力，就是成员对组织认同感在危机管理中的体现。在危机管理过程中，组织全体为了同一个目标齐心协力、互相信任、共同奋斗，久而久之成员之间会在行为、观念等诸多方面具有一致性，觉得自己在组织中既有理性的契约和责任感,也有非理性的归属和依赖感，这也就形成了组织文化中的组织认同感。

(2)危机意识

华为的财务曾算过账，华为公司的现金够吃三个月，当第 91 天来临时，华为公司如何渡过危机呢？这是时刻存在的危机，让华为不得不需要警惕危机快于改革的情况发生，任正非也因此提出了“第 91 天危机”，在整个企业上下形成了一种组织危机文化。危机情境中“不确定性就是我们唯一可以确定的东西”，危机管理的过程能帮助企业领导者和全体员工形成“危机是不可避免的”这一意识，在潜移默化的过程中，“居安思危”的危机意识，就会被作为一种文化战略纳入到组织的发展规划中。

(3)危机伦理

危机伦理即危机发生时，组织所秉持的核心价值观，也就是在危机管理过程中，全体成员达成一致的某种社会责任感,这也是危机理念核心内容。而组织在危机中形成的核心

① 陈世瑞. 组织文化与危机反应［J］. 中国应急管理，2008(11).

价值观,会直接影响到下次危机管理理念的形成，并逐渐渗透到组织日常的经营管理过程中，被全体员工肯定和认同，成为组织文化的一个重要组成部分。

企业危机情境下，环境的复杂性、人们对危机认知的主观性、危机计划的高难度性、企业危机意识薄弱等会给危机管理带来挑战。而组织文化与危机管理紧密相连，一方面组织文化是危机管理系统的核心,另一方面危机管理有助于组织文化的优化与发展。所以只有构建健全的组织危机管理文化才能有效应对危机，同时，越是恰当、富有成效的危机管理，越是能构建优秀的组织文化。

本章小结

1. 危机领导者是指在企业危机管理中，身负协调员工意见以争取最多支持和最佳资源、尽快找到危机解决策略、带领企业走出困难责任，以化解危机事件的关键人物。

2. 在企业危机管理的过程中，危机领导者的危机意识有助于对危机的察觉和辨识；愿景激励有助于明晰愿景，指引走出危机之路；个性化关怀有助于凝聚力量，共同应对危机；个人能力和经验有助于做出正确的危机决策，个人魅力有助于内外部利益相关者对企业重构信心。

3. 在企业危机管理的过程中，危机领导者主要扮演：人际角色、信息角色和决策角色。其中人际角色包括代表人、领导者、联络者，信息角色包括监督者、传播者、发言人，决策角色包括企业家、冲突管理者、资源分配者、谈判者。

4. 危机领导力指的是领导者在面临潜在的或者正在发生的危机时,根据现有的条件因势利导,采取一系列控制和处理手段,有效地预防、处理和消除危机的能力。主要包括：危机概念能力、危机决策能力、危机沟通能力、危机恢复能力、危机学习能力和信息素质能力。其中危机决策能力包括：信息提炼能力、危机预测能力和危机决断能力；危机沟通能力包括：答辩能力、倾听能力和设计能力(形象设计、动作设计、环境设计)；危机组织能力包括：组织能力、授权能力、冲突管理能力和激励下属能力；信息素质能力包括：信息意识、信息道德和信息能力。同时，由于不同的危机情境对危机领导力的侧重不同，根据危机的严重程度划分特征型危机领导力、根据危机的生命周期可以划分阶段型危机领导力和根据危机所在的组织层级可以划分结构型危机领导力。

5. 不同的领导风格对企业危机管理有着不同的影响。其中，交易型领导主要通过权变奖赏、介入管理进行危机领导；魅力型领导主要通过角色模拟、形象塑造、塑造愿景、员工激励进行危机领导；而变革型领导则是通过理想化影响力、鼓舞性激励、智力激发、个性化关怀进行危机领导。三种领导风格都具备有效的危机领导行为，也存在一定的局限性。

6. 组织文化与危机管理紧密相连，一方面组织文化是危机管理系统的核心,另一方面危机管理有助于组织文化的优化与发展。

思考题

一、名词解释

危机领导者　危机领导力　危机概念能力　危机领导　个性化关怀

二、简答题

1. 简述危机领导者的作用。
2. 简述危机领导者所扮演的角色。
3. 简述危机领导者个人魅力的内容。
4. 简述危机领导力的构成要素。
5. 简述阶段性危机领导力的构成要素。
6. 简述高危机情境与低危机常态下危机领导力的需求导向。
7. 简述魅力型领导四个危机领导方式维度。
8. 简述变革型领导四个危机领导维度。

三、论述题

1. 请论述危机领导者扮演的三种角色的关系。
2. 如何培养危机领导者的危机领导力。
3. 组织文化与危机管理的关系。
4. 试比较交易型领导、魅力型领导、变革型领导。

案例讨论

2001年9月11日，当两架恐怖分子劫持的飞机撞向美国纽约市世贸大厦时，鲁道夫·朱利安尼正在城市的另一端的半岛饭店参加一个会议，并打算在结束后参加纽约市长初选的投票。听到消息后，他立即取消了所有活动，在第一时间通过助手无线电指挥启动了应急方案，并赶往世贸中心加入临时指挥中心，亲自到现场协助消防人员指挥人群撤离。

在纽约中心，美国港口管理局、美国联邦调查局、中央情报局、美国联邦紧急事务管理局等相互之间都失去了联系，现场一片混乱的情况下，朱利安尼指挥他的部下开始了紧急行动，把临时指挥中心迁到通信系统健全的地区，并要求纽约市警察局长和消防局长也一同前往，以便他们能一起讨论方案并对许多问题达成共识；打电话给总统，联络媒体，在距离第一架飞机撞上世贸中心北塔两个小时六分钟后，通过纽约第一新闻台向纽约市民发表现场讲话，告诉整个城市发生了什么事情。

在临时指挥中心，朱利安尼和幕僚们在就如何保护整个城市，如何往城市运送资源，如何取得联邦政府的资源，试着期望接下来还有什么可以获取，在哪儿设立政府，需要做些什么来保证城市服务设施的运作，如何把信息传递出去，何时、何地对人们说些什么等做出决策。当晚6点，朱利安尼召开记者招待会，向大家通报政府的营救行动，详细讲述整个行动计划，并向所有市民保证：现在整个城市已经安全了。当被问到是否听说阿拉伯国家的人们正在街道上载歌载舞，庆祝这次袭击事件时，朱利安尼明确回答：仇恨、偏见和愤怒造成今天的一切；我们应该勇敢地行动，宽容地对待。他呼吁纽约市民不要参与对阿拉伯人的群体谴责行为。通过记者招待会，朱利安尼把所有人的注意力集中起来，以保证所有人朝着一个方向前进。此后，朱利安尼以身作则，不断出现在城市的各个地方，以呼吁纽约市尽快恢复正常生活。并定时到世贸中心察看，警告投资者不要利用现在的混乱局势抬高商品价格，使城市生活逐渐恢复正常。

在危机事件出现时，领导者要头脑清醒、不乱方寸，危急时刻更显英雄本色；善控局势，指挥若定，任凭风吹浪打，似闲庭信步，永远保持精神抖擞；判准形势，抓住关键，及时披露真相，斩断危机根源，准确定性，合理解决。这就需要领导者有高瞻远瞩的预见力、临危不惧的沉着力、思维敏捷的应变力、有条不紊的组织力、振奋人心的鼓动力、英明果断的决策力、稳控大局的控制力。

——《9·11 中的纽约市长朱利安尼》[①]2009-09-22

讨论题：

1. 朱利安尼在这次 9·11 危机事件中，主要扮演了哪些危机领导的角色。请说明主要作用。

2. 根据案例判断朱利安尼属于哪一种领导风格，并叙述这一领导风格在此次危机处理中的作用。

延伸阅读文献

1. 林晓萌译，葛瑞格·希克斯(Greg Hicks)《危机领导》中国财政经济出版社，2004 年 8 月.

2. 田涛，吴春波.《下一个倒下的会不会是华为》中信出版社，2012.12.01.

3. [美]珀金斯，[美]墨菲，著，邓峰译.《危机领导力：领导团队解决危机的十种方法》中信出版社，2014.1.

4. [美]科蒂茨，路大虎《危机下，领导怎么办》中国青年出版社，2013.3.1.

参考文献

[1] 包俊林. 试论新形势下领导干部危机领导能力的提高 [J]. 广西社会主义学院学报，2003，04：26-29.

[2] 王俊杰. 问责语境下的危机领导研究 [D]. 中南大学，2011.

[3] 刘洪刚. 我国公共领导者危机管理能力提升问题研究 [D]. 中共黑龙江省委党校，2009.

[4] 杨洋. 县级政府领导干部危机管理能力测评研究 [D]. 广西师范大学，2012.

[5] 吴涛. 公共领导者的战略领导力研究 [D]. 华东师范大学，2011.

① 纪阿林的 BLOG 2009-09-22？http://jal0095.blog.sohu.com/132384420.html

[6] 刘文祖.浅析危机领导中的信息素质需求[J].商业文化,2014,32:39-40.
[7] 罗汉帝.政府公共危机管理中的领导行为研究[D].南京航空航天大学,2013.
[8] 鲍殊毅.企业摆脱危机过程中的领导力研究[D].复旦大学,2009.
[9] 许诚.我国公共管理视角下的危机领导研究[D].延安大学,2010.
[10] 李力.新形势下对领导干部危机管理能力的新要求[J].沈阳干部学刊,2013,02:27-29.
[11] 陶淑艳,李天一.对领导干部应对危机能力提高的思考[J].中国浦东干部学院学报,2009,06:34-38.
[12] 陈燕青.新形势下危机领导的路径依赖模型[J].闽江学院学报,2011,01:49-53.
[13] 刘丹.刀尖上的舞蹈:领导干部危机应对意识与能力调查[J].决策,2011,06:48-50.
[14] 李军.党政领导干部提升危机领导力的思考[A].中国领导科学研究会、国家行政学院领导科学研究中心、中共黑龙江省委宣传部、中共黑龙江省委党校(黑龙江省行政学院)、中共黑龙江省伊春市委、黑龙江省领导科学学会."领导科学发展30年"理论研讨会论文集[C].中国领导科学研究会、国家行政学院领导科学研究中心、中共黑龙江省委宣传部、中共黑龙江省委党校(黑龙江省行政学院)、中共黑龙江省伊春市委、黑龙江省领导科学学会,2011:5.
[15] 陈燕青.危机领导的路径依赖模型[J].湖南医科大学学报(社会科学版),2010,04:12-14.
[16] 邱华靓.政府危机管理中领导伦理缺失与救治研究[D].福州大学,2011.
[17] 刘力锐.抗争事件的政府治理转型:从应对到回应[J].中共浙江省委党校学报,2014,03:82-88.
[18] 李秀云.行政危机中的领导力[J].领导科学论坛(理论),2013,04:40-42.
[19] 姜洪武.培养转危为机的领导力[J].经理人,2013,12:50-51.
[20] 罗汉帝.政府公共危机管理中的领导行为研究[D].南京航空航天大学,2013.
[21] 杨柳.危机情境下企业变革型领导行为研究[D].延安大学,2011.
[22] 谭啸,周丹.危机管理中的领导行为探析[J].北方经贸,2005,10:68-70.
[23] 罗玉琳.变革型领导对团队行为表现的影响机理研究[D].电子科技大学,2011.
[24] 于洪生.危机情境中的领导智慧[J].新视野,2009,05:84-86.

第7章 危机决策

本章要点

- 危机决策的内涵及特点
- 危机决策与常规策略的差异性和相互关系
- 常用的危机决策模式及其比较分析
- 危机决策常用的方法及对比说明

引导案例

GHE 公司危机

GHE 集团是世界领先的单一品牌卫浴制造商和供应商，成立于 1936 年。其中 GHE 的龙头系列的产品最为出名，深受五星级酒店和高档住所的青睐。

2008 年 3 月 2 日，GHE 公司的售后服务部接到了一起投诉，一消费者使用淋浴房的恒温龙头而导致烫伤，致电 GHE 公司要求其负责并提出索赔。接到投诉后 GHE 公司的售后服务部把事件汇报给了部门经理，由于部门经理当时正在外地出差，因而只是委托其下属先去了解情况。对于这款恒温龙头的投诉是第一次，谁也没想到这款好评如潮的产品会发生烫伤事件。而受伤的客人索取包括医疗费、误工费、营养费、精神损失费等各项费用，累计高达 50 万的经济补偿。

GHE 公司负责产品质量的经理将此事汇报给了总经理，召开了内部会议进行讨论。最后决定跟消费者方进行交涉，并强调产品本身质量是不存在任何问题。而消费者认为 GHE 公司的产品确有质量问题才会导致恒温状态失控，水温无法调节，将消费者烫伤。双方各执一词，僵持不下。

2008 年 3 月 15 日，在双方各自僵持期间，此次事件的伤者通过消费者保护委员会进行投诉，并向媒体求助。媒体在当天下午赶到现场对伤者以及 GHE 公司的管理人员进行采访，GHE 的管理层对采访非常抗拒，示意前台阻止媒体进行拍照，并拒绝了记者的采访。最后由于记者的坚持，迫于无奈的 GHE 公司派产品的售后经理接待了记者，以这次的事故绝非公司产品的质量问题所造成为由而不对此次事故予以表态。当记者问起将如何对消费者进行补偿或赔付时，公司没有明确的回答。

此番态度使得原本中立的媒体此时纷纷偏向受伤的消费者，在对此事的报道中对GHE高层的处理态度作出了批评。而在此期间，由于此事故传得行业皆知，不少购买过GHE产品的消费者纷纷致电该公司，询问自己购买的产品有没有质量问题，那些刚下了订单的客户则纷纷提出退货。一时间，GHE公司的危机事件闹得沸沸扬扬。

2008年3月20日，GHE公司派了售后部人员以及技术部支持人员一起前往该用户家进行设备的检修，发现此款恒温龙头确实不存在质量问题，但是按照批次显示，这款龙头是2年前的产品，阀芯已经有些老化。并且发现伤者的住宅属于房龄较老的公房，存在水压比较不稳以及自来水管老化的迹象，检查自来水管道，发现其中有些细小的颗粒。这些对于恒温龙头的使用来讲都是不太有利的条件。因为恒温龙头需要定期维护，一旦发生出水不稳定要及时检查、清理阀芯或检查出水口是否畅通。由此，GHE公司认为此次事故责任并不在于自身，在于用户的不正当操作，以及没有定期致电公司的售后人员做上门维护。而消费者则认为GHE公司在安装前后也没有给予必要的指导，坚持GHE赔偿其损失。GHE公司却不打算给予如此高额的赔付，争执不下双方只能对簿公堂。6月10日，接到法院诉状的GHE公司立即展开内部管理层的讨论研究。为了不把影响扩大，高层们决定采取庭外和解。GHE这起恒温龙头的伤人事件闹得沸沸扬扬，最终在7月1日以双方签订庭外和解书，GHE赔付15万元告终。

此次危机事件的发生，使得接下来的几个月里GHE损失的订单额达到2亿欧元，一些豪华酒店也不再与GHE签约，其公众形象大打折扣。GHE在此之后的一年里销售额一直处于低靡状态。市场部策划不断地推出广告，或者各类促销活动来挽救其岌岌可危的品牌形象。而这款恒温龙头持续滞销，最终以停产告终。

资料来源：参考黄静珠《GHE公司恒温龙头卫浴产品危机管理探析》①

思考：在这次GHE公司恒温龙头卫浴产品危机事件中，体现了哪些危机决策的知识？请带着这个问题进入本章的学习。

7.1 危机决策的内涵和特点

7.1.1 危机决策的内涵

1. 决策的内涵

决策的前提是事件的当前状态与期望状态之间存在差距。在决策过程中，个体要从一系列已存在的选项中选择一个最好的可能选项，而这就需要考验决策主体的知识、判断力、能力、经验及智慧。

决策存在于我们的日常生活中，那么什么是决策呢？一般认为，决策指的是当事件

① 黄静珠. GHE公司恒温龙头卫浴产品危机管理探析 [D]. 上海外国语大学,2014:22-25.

的当前状态不符合期望状态时，具备判断能力的主体衡量决策情境等条件，从一系列已存在的备选方案中进行选择的过程。决策的过程是一种信息再生的过程，其效果取决于决策者能否在明确决策目标并收集与问题有关信息的基础上，分析得出实现目标的相关策略。在这一过程中，需要决策主体发挥个人或集体的决策特长，选择一个最好的可能选项。当然，许多研究者也将决策执行和结果评价纳入决策过程中，认为它们也是决策的重要步骤。

2. 危机决策的内涵

全球经济一体化进程的加快和信息技术的逐步发展，导致企业面临的外部环境和内部环境发生急剧变化，信息传播的速度变快、广度拓宽，这就导致企业危机出现得越来越频繁，给企业组织的生存与发展造成了巨大的压力和威胁。危机决策是危机管理的核心。危机管理需要一个既使用权威又使用民主的决策程序，在此环境下激发反应者做出一个富有弹性但又极具力度的决定①。危机决策对于一个组织的暂时稳定与长远发展有着重要的影响。企业危机事件中决策者面临威胁企业经济利益、品牌价值等的高度不确定性情景，且迫于各种约束决策的条件，因此，危机决策实质上是一种非常规状态下的非程序化决策。迫于各种约束条件是指危机决策一般需要决策方在有限的时间、人力、设备、资金等资源制约下实现危机的有效应对。它不是常规例行事件，又不容易重复出现。因此一旦出现紧急的危机情景，需要剥去常规决策中某些条条框框的束缚，尽快作出应激性的决策。从 2010 年 1 月至 11 月，富士康公司先后有 14 人跳楼自杀，其中 11 人死亡，3 人重伤。面对“14 连跳”，在请僧祈福、天罗地网、心理干预等举措皆不见成效之后，富士康开始转变策略并展开了一系列坚定有力的行动。如“13 连跳”之后，富士康在一个月内两度调薪，普通工人薪水从 900 元涨到 1200 元再涨到 2000 元，美国花旗环球证券马上针对郭台铭这一决定发布研究报告并指出富士康调薪幅度“高得令人难以置信”②。事可从经，亦可从权。危机决策讲求事急从权，在危机发生后为了企业能渡过难关、展望未来，酌情违背企业原有的运营习惯是被允许的。

一般而言，危机决策的构成需要具备三个要素。第一，决策问题的发生、发展具有突然性、急剧性，需要决策者当机立断；第二，可供决策者利用的时间和信息等资源非常有限；第三，事态的发展危及决策所涉主体及其根本利益，并且决策的后果很难预料③。在企业生命周期的各个阶段都可能遭遇危机，高效的危机决策是企业摆脱危机，甚至进一步实现转危为机的关键。危机越是普遍或致命，有效的危机决策就越显得重要。目前学界认为，在总结以往危机决策经验的基础上逐步建立一些规范的危机决策流程、机制对于开展有效的危机决策来说是有效的。

---

① 罗伯特·希斯. 危机管理 [M]. 王成等译. 北京：中信出版社，2004.

② 徐清全. 富士康应对跳楼事件危机管理之案例研究 [D]. 华南理工大学，2013.

③ 钟开斌. 认知–心理、官僚–组织与议程–政治——西方危机决策解释视角的构建与发展 [J]. 世界经济与政治，2007，01：38-45 +5.

7.1.2 危机决策的特点

在实际的危机决策过程中，没有绝对奏效的决策程序可供遵循；而常见的、一般的决策程序实质上是一种危机整体决策的简单化思路。危机决策既要按照普遍危机决策程序的逻辑顺序，又要根据具体的危机情景灵活采用恰当的对策，并且一般而言，对于"灵活权变"的要求要高于对标准程序的遵守。"灵活权变"指决策者必须尽快做出相对满意的应激决策以确保组织在危机中得以生存，并将危机所造成的损害控制在最低限度内，即要做到随机应变、迅速调整状态、寻机应对。另外，"万变不离其宗"，通过对以往的危机决策做出归纳也发现其区别于常规决策的普遍特点，需要引起足够的重视。

1. 决策环境复杂多变

决策问题的发生、发展具有突发性且有一定强度。由于危机事态发展的随机性，很多信息是随着事态发展而变化的，再加上人为因素所导致的决策方信息掌握滞后、不充分，决策者无法在有限时间内及时有效地把握危机决策环境。在这种情况下，相较常规决策时更要求决策者当机立断，并且，其决策方式也需要做出相应的改变。危机状态、决策信息、决策认知、决策结果等的不确定性较大，导致决策分析制定、决策效果预测具有模糊性和未知性。面对决策时复杂且不断变动的内外部环境，决策者承受着巨大的心理压力，不稳定的心理状态亦使得决策受到较大影响。

2. 决策约束条件苛刻

面对突发性危机事件，决策者往往面临着决策时间紧迫、信息有限、人才匮乏等资源调动困难的局面。一旦发生危机，决策者的首要目标是在尽量短的时间内遏制危机事态的蔓延，把危机控制在一定的范围内，这就要求危机决策必须快速、高效。2011 年 7 月 10 日，央视系列节目揭露达芬奇家居在家具质量和产地上存在欺诈消费者的行为。其售卖的所谓意大利家具，其实是从东莞一公司秘密订购并通过"一日游"的方式，变成了所谓的意大利进口家具。当天，上海工商部门就开展了紧急检查，对其产品进行调查取证。调查显示，达芬奇家居旗下部分家具确实是从广东东莞加工贴牌生产的，产品涉嫌伪造产地且质量不过关。面对这一突如其来的危机，达芬奇家居方面直到 2011 年 7 月 18 日下午才在微博上发出公开道歉信。该事件使得消费者信任遭受严重打击，对品牌造成的负面影响也始终未能消除。在这次事件中达芬奇公司方面对于危机的反应时间有限，能调用支配的资源也不足——决策约束条件苛刻是危机决策普遍性的一大特点，但是，达芬奇公司缺乏好的危机意识和灵活的危机决策机制是导致危机决策效果不尽如人意的主要因素①。

3. 决策步骤非程序化

危机决策属于典型的非程序化决策，决策模式、流程及方法需要根据情境进行灵活创新。

① 卢丽涛等：盘点达芬奇危机公关的成与败，http://finance.ifeng.com/news/special/dafenqi/20110722/4299280.shtml，2011 年 07 月 22 日."达芬奇"家具事件回顾[J]. 家具，2011，04：21. 本刊编辑部. 郭美美・达芬奇・危机公关[J]. 国际公关，2011，04：1.

但有着强烈的危机意识和良好的危机管理思维的企业，往往会对企业可能遭遇的危机事件预先制定处理方案；当相应危机来临时，立即启动预案。这既可以节省决策成本，又有助于控制危机影响范围。但由于危机情境的复杂性，危机处理预案所假设的危机类型、影响范围、可调配资源等方面难以同假设的情境对应。正因为危机情境的性质独特、发展具有不确定性，使得决策者在确定问题阶段就面临诸多挑战，也使危机决策普遍具备非程序化特点。在这一特点的约束下，固定的决策模式一般只能用作参考，不能完全地、贸然地遵循。

4. 决策直觉化

危机决策是一种就地取材的即兴创作。由于危机决策关注短期结果，决策方的决策制定一般建立在有限的信息和方案基础上，又因为在紧迫环境下没有时间进行充分的分析比较，所以危机决策多属于可提高决策效率的直觉决策。许多危机决策情境要求决策者迅速做出判断，因此决策者的核心价值观、危机态度、系统解决危机的能力也会对危机决策效果产生影响。决策者需要凭借洞察力、智慧和胆量，迅速做出满意的决策方案。由于这一特性，可以说危机决策的水平也是决策者素质的表现。

5. 简洁式方案实施

一般而言，危机决策是一个“情境认知–方案产生–运用–调整–再认知–再产生–再运用”的过程①。危机情境中，只要拥有的资源条件允许，并且预测该方案能对危机情境有所改善，就可以立刻实施。2014 年 2 月 21 日，央视评论人钮文新发文称余额宝是趴在银行身上的吸血鬼，冲击了整个中国的经济安全。支付宝官方随即在 22 日凌晨发表长微博《记一个难忘的周末》进行澄清，并对钮文新主要批评的几点一一加以辩驳，说明事实并且转移主要矛盾，将银行业与互联网金融的矛盾拉入公众视野。此次危机事件结束后人们对于余额宝的支持率不减反增。在这一案例中，余额宝的危机方案简明、易开展，危机主场始终在新媒体平台。因为在突发的危机事件中企业需要更快的反应，在时间资源等条件约束下难以拿出完备的复杂的方案，只能在保证大方向正确的前提下一面实施一面纠正。

6. 决策效果不确定性

由于危机事态的发展危及决策方的根本利益，凭借决策者有限的知识及经验所形成的危机决策方案通常只能达到相对满意，决策效果不可避免地存在不确定性和一定的缺陷②。2014 年 5 月 28 日，山东省招远市一麦当劳内发生命案。直至 5 月 30 日晚间 7 点麦当劳才在官方微博上发表了第一条简短的信息表示遗憾并承诺配合相关部门的调查。据搜狐的网上调查显示，截止到 2014 年 5 月 31 日，在超过 18 万网友参与的投票讨论活动中超过 9 成网友认为，悲剧的发生麦当劳餐厅有一定责任。5 月 31 日，麦当劳又更新了一条微博表示沉痛的哀悼，并对因上前阻止而受伤的员工深表关切。同时向公众说明事件调查进展。麦当劳一开始对事件、死者的零举措，没有让公众看到一个大品牌应有的责任心。引发网友口诛笔伐，但好在后一条微博既委婉地表明公司员工并未失职，也不故意自清自辩，很大

---

① 参考：罗贤春. 危机情境中的决策信息流分析[[J]. 情报理论与实践,2010,(7):86-88,70.

② 王俊,王战平. 危机决策中的信息风险分析及控制研究 [J]. 情报科学,2009,08:1251-1256.

程度上消解了公众的敌意和不满。从这一危机决策案例中可看出，不仅危机决策的决策效果不确定性较大，危机决策的难度更大①。

7.1.3 危机决策和常规决策的关系

从决策的内容划分，企业决策可以分为日常(或常规)决策和危机决策两种，危机决策和常规决策是两个各不相同但又有着紧密联系的概念。

1.危机决策和常规决策差异对比

危机决策是一种特殊类型的非常规、非程序性决策。由于危机的突发性、决策环境的复杂性，危机决策与常规决策存在很大的差异。两者的区别体现在决策目标、约束条件、决策程序、决策效果等多个方面。前文中的危机决策特点阐述实际上也是将其与常规决策做出了区分，通过表7.1将两者的对比情况进行系统的梳理和补充。

表7.1 企业危机决策和常规决策对比②

项目＼分类	危机决策	常规决策
决策目标	● 迅速控制危机事态的蔓延 ● 维护自身经济利益 ● 保护企业声誉、品牌形象 ● 快速高效解决问题	● 企业顺利运作 ● 尽可能实现利益 ● 寻求最优化决策结果 ● 解决一些企业内外部的小问题
约束条件	● 时间紧迫，即时决策 ● 信息有限——信息不完全、信息不及时、信息不准确 ● 决策者自身素质受限 ● 专业技术设备的匮乏 ● 资源阶段性的短缺问题	● 时间充足，反复决策 ● 信息比较完全，经过详细分析获得全面而深入的信息 ● 决策者的素质经由日常培训、训练、教育等技术手段得以提高 ● 专业技术比较成熟，能实现日常工作要求 ● 资源可按照时间规划有计划地供应
决策程序	● 决策权力集中化 ● 危机决策的程序在不损害决策合理性的前提下可以适当简化 ● 要求审时度势、随机应变	● 决策权力分散，经民主协商定夺最后方案 ● 决策过程有特定的行为模式，强调科学化、有效性 ● 遵循特定程序和标准化操作流程
决策效果	● 模糊决策和非预期决策 ● 结果很难预料，风险极大	● 可控、可调、可预期 ● 结果预测有可靠依据，风险相对较小

2.举例分析差异

(1)案例选择

修正药业广告传播常规决策③与“毒胶囊事件”危机决策④。

---

① 赖瑜鸿. 形象修复理论视阈下的危机传播策略探究——以招远虐杀案中麦当劳的危机处理为例[J]. 传播与版权,2015,06:172~173.

② 参考：卢涛《危机管理》；北京：人民出版社，2008：98.

③ 参考：亓雪锋,杨飞. 返璞归真，大道至简——“修正药业”良心药、放心药策略回顾[J]. 广告人,2007,06:43-46.

④ 参考：刘婷. 网络环境中的企业危机形象修护策略研究[D]. 华中科技大学,2013.
刘虹. 从形象修复理论看企业危机传播：以修正药业“毒胶囊事件”为例[J]. 东南传播,2012,(10).

(2) 案例简介

常规决策："做良心药，做放心药"这句话从 1995 年开始，就挂在修正所有生产车间。但就把这句话作为修正的企业形象定位，企业策划小组仍有顾虑。从专业性角度，这句话缺乏必要的文案加工，太直白而缺乏美感和联想；另外这句话可能是整个行业的内部追求，修正将之作为自身的形象定位是否范围过宽，无法有效凸显修正药业的形象？策划小组需要对此进行分析决策。

危机决策：2012 年 4 月 15 日，央视每周质量报告播出《胶囊里的秘密》，曝光河北一些企业用生石灰处理皮革废料，熬制成工业明胶，卖给一些企业制成胶囊，最终流入药品企业。其中，修正药业登上了黑名单，"毒胶囊"事件就此引爆。一直标榜做"良心药，放心药"的修正药业此次被曝生产毒胶囊，这将其推上舆论的风口浪尖，修正药业面临空前的公关危机。

(3) 决策目标

常规决策：确定企业形象定位和广告传播方案，宣传企业以提高企业产品、品牌知名度。

危机决策：摆脱企业形象和产品的双重危机，重获消费者信任。

(4) 约束条件

常规决策：总的来说，决策时间充分、可通过详细分析获得充足的信息。策划组通过多次的讨论和一些实地调研才最终确定决策方案。

危机决策：4 月 16 日，国家食品药品监督管理局发出紧急通知，要求对 13 个药用空心胶囊产品暂停销售和使用。4 月 19 日晚，国家药监局公布抽检名单，羚羊感冒胶囊榜上有名，修正药业的另两款药品批次也出现了铬超标的情况。4 月 21 日，卫生部发布公告，要求召回所有胶囊超标批次的药品。总的来看时间紧迫、决策信息有限，危机情势十分紧张，约束条件较多，决策难度大。

(5) 决策程序

常规决策：针对问题，策划部进行了反复讨论，甚至在东北、山东等地进行了创意调查。项目组终于决定就用这句行业内的大实话，启动修正药业的整体形象定位：修正药，良心药，放心药。2006—2007 年以理性的定位告知为主，强调广告语的传达、记忆；2007—2008 年，深化该定位，以软性、感性的创意为主，强调情感沟通。在媒体推广上，企业原则是少花钱，多办事。既能让"良心药、放心药、管用的药"家喻户晓，又能让企业控制整体预算，实现企业形象宣传和产品广告的五五开。大传播思路上，采用"电视 + 户外 + 网络"的整合应用。而为了实现经济节约策划组做了如下决策：电视广告方面，把产品广告和企业广告糅合到一起；地面户外媒体方面，在全国各地公交站牌投放公益广告；网络应用方面，以软性宣传为主，充分发挥新闻、论坛、博客、专题的网络传播威力。

危机决策：修正药业将官网宣传口号"良心药，放心药，管用的药"改为"修元正本，造福苍生"，并发布声明宣称积极配合相关监管部门进行复查，保留依法追究相关供应商责任的权利。4 月 19 日，修正药业通过官网发布通告，称已召回全部疑似问题胶囊，向公众表示歉意，并将自建胶囊厂。4 月 22 日，修正药业宣布召回所有胶囊剂产品。5 月 2 日，修正药业销毁近 14 万盒不合格胶囊产品，并再次向消费致歉。

(6) 决策效果

常规决策：修正药业总体在形象推广上的费用在 2000 万以内，但是 2006 年“做良心药，做放心药”却成为了辐射全国的流行广告语。企业投放多为同一时段集中轰炸多次，并借助张丰毅的形象记忆，形象广告到达效果非常显著；以极低的费用获得了大量网络曝光，并在网络口碑传播、病毒传播方面作出成功尝试，达到了意想不到的传播扩散效果。

危机决策：“毒胶囊事件”不仅给修正药业的声誉造成致命打击，还给其带来了巨大的经济损失。

3. 危机决策与常规决策紧密关联

危机决策与常规决策不是非此即彼的两种事物，两者相互协调，相互补充。一方面，危机决策和常规决策的区分来自于两者面临不一样的决策情景，一般而言，当常规决策无效时，就需要危机决策了；另一方面，危机决策和常规决策相辅相成，在具体的的系列决策中，两者是交织在一起的。

万科企业股份有限公司是目前中国知名的专业住宅开发企业。2008 年 5 月 12 日四川汶川地震当天，万科曾宣布捐款 200 万元。网民认为地震当天万科捐出的 200 万元太少，与企业实力不相匹配。万科总经理王石在博客中回应：“万科捐出的 200 万元是合适的。这不仅是董事会授权的最大单项捐款数额，即使授权大过这个金额，我仍认为 200 万元是个适当的数额”。接下来他又发表博客说：“中国是个灾害频发的国家，赈灾慈善活动是个常态，企业的捐赠活动应该可持续，而不成为负担。万科对集团内部慈善的募捐活动中，有条提示：每次募捐，普通员工的捐款以 10 元为限。其意就是不要让慈善成为负担。”但许多网民对其说法无法接受，认为此种言论过于冷血①。

原本灾后赈灾决策属于企业的常规决策，有一定的标准且有先前的捐款经验可供借鉴，但因为王石的言论激起舆论的愤怒，而使常规事务变成危机事件、常规决策变成危机决策。

此次危机令万科损失惨重。通过捐款门事件的经验和教训，万科集团在之后的企业预警管理方面更加重视网络舆论的作用，也加强了企业危机预警管理体系的建设，以避免危机再次来临时措手不及。同时万科也对原有的常规决策程序做出了调整和完善，以从根源上杜绝危机事件的发生。

---

① 肖璐，姜鸿远. 企业危机传播的问题与对策——以万科集团的“捐款门”事件处理为例［J］. 东南传播，2009(7)：87-89.
周志坤等：万科员工捐款以 10 元为限 王石遭网友炮轰“抠门”，http://house.people.com.cn/GB/98385/98474/7254121.html.

危机决策与常规决策紧密的内在关联度在现实中是可以观察的。一方面，非常规决策中所涉及的危机性事件很多是由于企业常规决策中的不公正、不民主、不及时等对社会公民的潜在影响所造成的；另一方面，常规决策中的制度构建也必须从危机决策过程中吸取有益经验与教训。因此，形成完备的危机管理体系的同时要优化企业程序性决策，在日常的决策与组织运作中，要采取科学民主的决策方式，以在源头上降低危机事件发生的可能性；要在应急的危机决策中制定行之有效、有的放矢的危机管理计划，并及时总结，以修正调整常规决策，标本兼治。

7.2 危机决策的模式

危机决策的环境往往是瞬息万变的，各种信息、人力等都可能受到危机的威胁和冲击而随时发生量和质的改变。再加上，危机决策受到环境的高度限制和约束，因此探索一种动态的、能够与危机决策的客观环境和约束条件相匹配的决策模式，就成为摆在企业决策者面前的不可回避的一项课题。格雷厄姆·T·阿里森(Graham T. Allison)在1971年写的《决策的本质》一书中，对古巴导弹危机进行研究，建立了三种适用的模式。后来，在过去研究成果的基础上，他又将理性决策模式更加具体化，并且考虑了心理因素和政治因素，又提出组织过程模型和官僚政治模型。本书参考现有的公共危机决策模式分类情况，从理性决策模式、组织过程决策模式、政治决策模式、精英团队决策模式、直觉决策模式这几大类出发对企业危机决策模式展开探讨①②。

7.2.1 理性决策模式

在关于人类行为的理性方面存在两个极端说法。一个是试图把人类的所有认知活动都归于情感的支配；另一个则是“经济人”假设。决策中的理性模式追求最佳决策，这一模式源于传统的经济人假设。该假设认为：人类是理性的动物，而经济行为的目的是追求最大的价值和利益，因此决策者能够依据完整而全面的资料做出合乎理性的决策。

理性决策模式的基本假设有：

① 决策者知道所有同具体问题有关的目标；

② 所有信息都是可以得到的；

③ 所有的事实与结果都是已知的；

④ 决策者的偏好是清楚、一贯的；

⑤ 决策者能够对所有的选择进行对比衡量并进行筛选；

⑥ 最后的选择将使决策者收益最大化

基于这些假设，决策会趋向完美。但在真实的危机情境下，时间有限、信息不完全或不确定、成本不可预测、对资源的需求难以估计、冗杂的方案，这些层出不穷的问题和纷繁

① 参考：肖鹏军. 公共危机管理导论［M］. 北京：中国人民出版社，2006：167-168.

② 参考：张永理，李程伟. 公共危机管理. 武汉：武汉大学出版社，2010：63.

复杂的决策搅合在一起，使得满足上述假设的理性决策模式是无法实现。

在20世纪40年代，以西蒙为首的一批组织学家对该模式进行了批判，认为这样的理性在现实中是不存在的。因为决策者受到信息、时间、技术等外部因素，以及自身的认知、人格、态度等内部因素的影响。决策者的主观作用、获取到的信息实质和获取信息先后顺序都在很大程度上影响决策效果。决策者在进行决策时对其决策状况的信息掌握不完备。行为主体对每个抉择后果的预见总是零碎的和片面的。在批评以及否定完全理性假定的同时，他们提出了自己的模式——有限理性决策模式。有限理性决策模式认为，必须在考虑人的基本生理限制以及由此而引起的认知限制、动机限制及其相互影响的前提下探讨决策过程的合理性。

有限理性决策模式被广泛地运用于企业经营管理的决策中。该理论指出知识的不完备性、结果预测的困难性以及备选范围的有限性，决定了绝对理性在实际行动中是不存在的，人类行为所依赖的是介于理性与非理性之间的有限理性。任何组织和个人都只能被视为一个具有学习及适应能力的体系。西蒙提出了他关于决策准则的看法，即应该用“令人满意”的准则取代“最优化”的准则。在危机决策过程中，人们和企业追求的不是既定目标的最佳化，而是“满意”，人们会根据以往的经验调整期望值。危机决策过程中应注重定量分析，以减少危机决策可能带来的主观盲目性。

理性决策模式以数据和有关资料为基础，充分利用模型和计算机等分析工具，通过因果分析和逻辑推理在危机决策的备择方案中选出最优方案。具有如下优点：

① 理性决策模式一般不会对危机问题存在主观偏见；

② 能使决策者充分考虑危机情景基本信息；

③ 以数据作为决策的基础，不容易出现决策主体疲倦和情绪化而导致决策失误的情况；

④ 理性决策模式能够利用和处理庞大的危机相关数据；

⑤ 借助现代统计技术，能够鉴别庞大数据库中无法直接观察到的危机信息；

⑥ 可以有效节省危机决策者的时间与精力。

但正如一枚硬币有正反两面，理性决策模式同样存在一些缺陷：

① 大部分理性模式只能预测危机后续发展，却不能很好的分析；

② 理性模式只能对所提供的危机相关数据进行操作；

③ 容易对危机事实的评估产生细节错误；

④ 理性模式的一致性很好，但其结果常常是刚性的，不太灵活。

7.2.2 组织过程决策模式

在组织过程的模型中，危机决策是多元的官僚机构通过标准化程序、共同参与决策制定的结果。这一模式假设：决策是基于组织内常规程序的一种机械或半机械化过程，是组织间各种竞争、妥协的产物，也是企业利益、部门利益与决策目标相平衡的结果。其认为决策并不是领导者的慎重选择，而是有已定型的行动类型的大型组织的产物。决策主体实际上是松散的组织集合体，“组织”识别问题、处理信息并执行各种活动；企业决策者居于其上层，并起到辅助决策的作用。

总结组织过程决策模式的前提假设条件如下：

① 如果没有事先确定的程序，企业危机决策者的命令无法奏效；

② 影响企业危机决策的重要因素是决策者整合使用当前可用资源的能力；

③ 组织的政策方案在企业决策者作出危机决策时起到制约作用。

这一决策模式有以下优点：

① 决策时主要依赖标准运行程序或方案目录，决策效率高；

② 该模式下组织为了处理非定型的危机问题，进行探索活动寻找危机解决方案，不断成长优化，对危机问题处理有系统性的思路；

③ 组织过程决策模式中企业决策者可以干涉组织的活动，但不能彻底控制各组织的活动，有助于减少危机决策者权力过大而造成的主观性误差。

同样的，该模式也具有一些缺陷：

① 这一模式下企业较为被动，顾虑官僚机构之间的权衡和危机决策的最终执行问题，决策者难以得出有效的备选方案；

② 组织决策模式中的组织行为不能作为解决危机问题的长期方案，只是临时对策；

③ 危机决策预算在施行的过程中发生渐进的变化，但已经开始的项目因沉没费用往往倾向于继续进行，较为机械僵硬；

④ 企业决策者的期望和实际执行之间具有相当大的距离。

7.2.3 政治决策模式

政治决策模式又被称为政党决策模式，或者官僚政治模式，指政治管理主体对重大问题开展行动方案选择和指定的过程，具有阶级性、权威性和规范性。其认为决策结果是很多政府部门之间讨价还价和妥协的产物。这一模式由公共决策中的政府政治决策模式演化而来，认为决策是企业高管间互相博弈的结果。这一模式强调参与决策的对象。由于面临的问题与各个决策参与者有着不同的利害关系，决策的过程其实也是决策者如何协调相互关系的过程。

政治决策模型建立在以下四个基本的假设基础上①：

① 每个决策都不是由单一决策者独立作出；

② 任何决策者无非是决策成员中的一个，不存在占绝对优势的官僚及其机构；

③ 决策是政治合力的结果；

④ 执行虽然不同于决策，但是执行仍然能够影响政策，使政策产生意想不到的结果。

前两者限定决策的结构，后两者则指明决策的过程。

通常认为有效的政治决策模式应遵循如下四条原则：①系统原则，即将危机事件视为一个系统，确保信息准确全面，以整体最优化为度量标准；②可行原则，即从客观的危机事

① 肖鹏军：公共危机管理导论[M]．北京：中国人民大学出版社，2006：167-168.

实出发，既要考虑到实际资源状况，又要符合需要和客观条件；③重点原则，即决策者要善于抓危机主要矛盾、突出决策重点，提高决策效能；④适时原则，即必须抓住、利用机会，当机立断、适时进行危机决策，避免悬而不决贻误时机[①]。

这一模式有助于整合利益集团的利益诉求，使决策成员调整互相之间的关系，并在确定危机决策期间调整与事件的利害关系，有助于减少危机决策命令下达后阳奉阴违的情况。利益聚合的方式有助于制定决策达到共赢，实现利益共享。但另一方面决策参与者更关心自身的利益和可能受到的影响，因此容易带来决策目标不明确、前后不一致的危害。

在政治决策过程中，可以运用一些技术性方法，如逻辑推理法、实验模拟法、计量作业法等进行辅助。

7.2.4 精英决策模式

这一模式假设决策者在观察问题、评估信息时根据自己的信念体系和行为标准做出判断；由于危机事态的突发性、严峻性及决策要求的高时效性，决策者没有充裕的时间和条件去充分发扬民主观念、广泛征求意见，民主协商很有可能延误决策时机。

危机决策程序与危机的复杂程度和危机的发展速度密切相关，危机越复杂，危机决策的程序越是倾向于使用精英决策模式。由于危机情景的高度不确定性，对时间要求特别高，决策所需的信息丰富，但是各种干扰信息也很多，几乎没有时间来慢慢整理这些海量信息，也很难找到现成的危机决策程序来与之匹配。因为时间紧迫，没有时间来进行民主协商，需要尽量及时地作出决策。

精英决策模式有如下优点：

① 可以做到及时地做出抉择。危机发生后需要决策者根据当时的具体情况作出临机决策，这时起关键作用的就是决策者的应变能力和危机前的准备工作。

② 此时的参与决策的范围较窄，决策权力高度集中。虽然决策权力的集中也可能导致灾难性后果，但客观地说危机决策权力的集中比分散更有希望摆脱危机。

但这一模式也不可避免地存在缺陷：

① 一般情况下，危机决策的程序主要是按非程序化决策方式进行，决策的质量主要取决于少数精英决策者的经验、智慧、魄力等综合素质。但是精英作为个人又会产生一些主观性的决策失误，如持有成见、非此即彼、互相对立等。

② 精英决策论违背了平等原则，主体应享有平等的决策权。使用精英决策模式，可能导致大部分利益相关者的意见没有反映的渠道。

③ “水可载舟，亦可覆舟。”精英决策模式中的精英决策者是由利益相关主体推举的，一旦他们为了个人私利而罔顾企业利益，企业的利益相关者将承担因为其错误的危机决策而造成的巨大损失。

---

① 参考：钟开斌. 认知-心理、官僚-组织与议程-政治——西方危机决策解释视角的构建与发展 [J]. 世界经济与政治，2007，01：38-45 +5.

④ 随着社会、政治、经济、文化的发展，企业利益相关者的个人素质不断提高，其期望参与决策的程度必然提高。所以，精英决策模式不应当被过分鼓吹。

在苹果推出 iPhone 前的几年，诺基亚研究工程师就在开发大尺寸触摸屏上网手机的原型机，他们认为这类手机将使诺基亚在迅速增长的智能手机市场获得强大优势，但管理层担忧该款产品失败，就按照惯例扼杀了这一产品，没有继续开发。智能手机开发团队早在 2004 年就开发出诺基亚网络应用商店的早期设计，他们在诺基亚内部演示了网络应用商店，并试图说服中、高层明白网络应用商店正是顾客所需要的，但管理者凭借自我感觉作出决策，扼杀了他们的建议。不能有效倾听员工的创新想法，精英式的故步自封，这些或许也是导致诺基亚失败的重要原因之一①。

7.2.5 直觉决策模式

危机决策过程中存在着很多非理性因素，如认知、情感、决策风格等；它们是决策过程中的重要因素。直觉决策是认知过程的一个环节，被认为是掺杂着决策者价值取向、主观偏好的复杂认知过程，通常表现为认识的突变、飞跃，类似于所谓的顿悟②。也有学者认为直觉是一种不需要使用逻辑或分析推理就可以本能知道某事的方法③。《追求卓越》一书指出，在美国经营得最好的十家公司鼓励在管理文化中使用和培育直觉技巧④。虽然人们可以轻易地举出生活中运用直觉的例子，但从理论上给出一个恰当的说法证明直觉决策能有效应对危机情景似乎非常困难。具体来讲，直觉决策具有以下特点⑤：

1. 高效性

直觉思维能够快速地对信息进行加工处理，对复杂的环境进行创造性的综合判断，因此在面对复杂多变的危机环境时，直觉决策者能够避开繁琐的程序化决策模式，快速地抓住问题的实质做出决策。

2. 突发性

直觉决策往往依赖于灵感，它常常出其不意地降临。不经意间碰到某些事物或刺激，都有可能产生灵感，这也就决定了直觉决策必然具有一定的突发性。

3. 非程序化

危机事件复杂多变，因此决策主体就无法按照固定的程序，有步骤地处理问题，而只能依靠直觉思维跳跃乃至顿悟性地做出决策。

---

① 宗秀倩：诺基亚缘何失败？谨记这六大教训，http://tech.qq.com/a/20130903/015335.htm
刘方远，张佳鑫. 诺基亚转型方向正确为何结果失败？[J]. 人力资源，2015，(8).
吕光龙，衣冠勇. 诺基亚战略失败原因分析[J]. 经营管理者，2015，(30).

② 柏菊. 企业高管直觉决策与企业知识管理的问题研究 [D]. 南京：南京理工大学，2011.

③ Parikh J., Neubauer, F., Lank, A. G Intuition: The new frontier in management. lnded. Cambridge, MA: Blackwell. 1994.

④ [美]Thomas Peters, Robert H. Waterman. 追求卓越. 第 1 版[M]. 北京：中央编译出版社，2000

⑤ 参考谢梅芳，胡涛，李晖. 直觉决策及其可信度评估方法研究 [J]. 武汉理工大学学报（信息与管理工程版），2006，08：104-106.

4. 整体性

直觉决策是决策主体在一定经验的基础上对复杂环境进行的一种综合性判断，是对决策问题的整体性把握而不是对细枝末节的思考。它是一种关于整体行为的决策，是一种概括性的综合性的决策。

5. 创造性

危机事件常是极少有先例存在的问题，缺乏现成的路径可循，决策者不能单单依靠过去的经验，还要经过思维的自由创造，进行大胆的尝试和探索。

6. 可理解性

直觉决策是个体在先前经验知识基础上再认识某事物的过程，这也就决定了它的可理解性。尽管直觉决策的过程很短很突然，但直觉决策事后经得起一般逻辑方法的分析和检验。

直觉决策模式假设企业高层决策者由于其长期的经历而获得了更准确的直觉能力，这种直觉能力使他们在判断危机严重性、识别危机应对策略等很多方面出类拔萃；而理性分析由于危机出现后的各种约束条件无法开展，不能很好的解决问题。决策者以自己的经验和知识为源泉，在环境、认知的综合影响下通过危机情景评估对决策问题进行整体把握，并通过逐步挖掘的过程来找到满意方案，最终做出决策的模式被称为直觉决策模式①。决策者为了最大限度地控制危机影响自发地对事物做出直接的、迅速的判断。这种判断不是按部就班地进行逻辑推理得出的，而是一种在整体上所作的把握，是对整个形势的一种概括性的认识和决定②。直觉决策与理性决策的比较结果如表 7.2 所示：

表 7.2 理性决策与直觉决策的差异比较③

决策模式 / 差异点	理性决策	直觉决策
决策目标	找到最优方案	寻找满意方案
形成决策时间	分析评比得到最优方案后	发现第一个满意方案后
决策方法	在方案间做比较	对每一方案进行逐一思考
决策效果评估	通过理性分析比较估计方案的效果	通过“推测”来估计方案的效果
决策思考过程	既有对问题的整体把握也强调对细节的关注	整体把握决策问题
相对优势	更全面，考虑更周密	更快捷，时效性更强

当需要从存在的几个危机决策方案中选择一个，而每个方案评价都良好时；危机决策时间相当有限，存在高不确定性，极少有先例存在时；危机发展几乎无法预测、分析性数据用途不大时决策者可能采用直觉决策。直觉决策是个体通过直觉思维对问题的非逻辑性思考，是人们在一定经验的基础上潜移默化所形成的一种无意识的思维过程。直觉决策不需

① 杨光. 直觉决策及其影响因素研究［D］. 东北大学，2006.

② 赵永强. 直觉决策刍议［J］. 科学决策，2006，01：50.

③ 参考：任博. 直觉决策：科学决策的重要方式［J］. 领导科学，2009，01：40-42.

要进行大量的数据搜寻，决策者可以在有限的信息条件下迅速做出决策。总的来说，直觉决策有如下优点：

① 就正确性而言，直觉决策并不亚于程序化决策，甚至失误率要低于程序化决策。实践证明，直觉决策和程序化决策一样能够对事物进行科学准确的把握，是科学决策的重要形式。

② 直觉决策是解决紧急问题的必然选择。对于紧急事件来说，往往由于解决的时间紧迫而无法采取程序化决策方式来进行。而直觉决策可在瞬间或短时间内作出决断，危机发生时，往往没有太多时间可供决策者细细思考，解决危机问题运用直觉决策较具时间优势。

③ 直觉决策是解决模糊问题的客观需要。危机常常是复杂又模糊的，由于对其信息的把握不够充分，因此难以通过程序化决策进行分析决策。而直觉决策根据有限的信息就可以对事物做出直觉判断。因此直觉决策成为人们解决危机问题的惯用方式。

④ 直觉决策是解决相似问题的快捷方法。对相同或类似问题采取相同或类似的对策本身就是一种直觉决策。企业决策者在长期的危机应对中积累了一定实战经验，在一些相似危机发生时即可采用直觉决策；

⑤ 直觉模式知道应该如何对新的情况做出鉴别，确定必须包容到理性模式里的新变量，在适应条件变化时非常灵活，能处理具有高度组织性的、特殊领域内的知识。

企业高层管理者的直觉决策常常建立在一定的参考点基础之上，管理者可以通过训练提高直觉决策能力，如掌握大量的信息、增强创新欲望、提高思维踊跃性。蒙牛老总牛根生认为，所谓高层的决策，就是以已知决未知，已知的部分靠逻辑，未知部分靠直觉。当危机发生时，可利用的信息不充足，又经常没有以往的案例可供参考，处于这种情形下的决策者，大多对自己手上现有的一些信息利用以往积累的经验进行理解糅合，在此基础上凭直觉做出决策。但直觉决策也有一些缺陷：

① 过分依赖直觉容易忽视现实的危机情况，有时候利用直觉决策模式会出现脱离实际的情况；

② 直觉模式虽然不经常产生细节错误，但容易对危机事实的评估产生偏见；

③ 直觉模式可能会由于危机决策者过于自信出现失误，或因为缺乏有力根据受到组织大众的反对而无法施行；

④ 危机决策者有时会出现个人状态疲倦、情绪化等问题，影响决策效果。

深化对直觉决策重要性的认识，把握直觉决策的本质特点，不断提高直觉决策的能力，是保证直觉决策效果、进行科学决策的必然要求。在作危机决策时，理性和直觉需要混合与交替使用，既需要理性的客观分析，又得有直觉的价值判断，理性和直觉所占有的分量与决策情景及决策者的个体差异存在直接关系。

7.2.6 决策模式比较

一种决策模式无法释清复杂的危机决策问题，只有有机地整合和利用这些决策模式，才能在实践中更好地了解危机决策的本质，探索危机决策规律。通过前文对危机决策模式的内容、假设条件、优劣势进行梳理，对这五种决策模式已有了基本的了解。表 7.3 将从决策程序和适用情况两个方面比较分析这五种决策模式，以进一步明确各模式的共性与差异，明确何时使用这些模式。

表 7.3　决策模式对比分析

决 策 模 式	基本决策程序	各模式的程序差异性	适 用 情 况
理性决策模式	● 明确和界定问题 ● 根据目标要求，收集信息并加以分析处理，形成资料和统计报告 ● 寻找所有的可行行动方案 ● 预测和评估每个方案的所有可能结果 ● 在若干个预选方案中择定合适方案 ● 为决策的顺利实施创造条件，根据决策实施过程中的反馈信息，对决策作相应的调整和修正	● 在方案间作比较 ● 理性分析来评估方案的可能结果 ● 择取最优结果	● 不存在太大的时间压力 ● 信息较为完备 ● 有可供参考的先例 ● 事件发展变化有一定规律性 ● 不确定性风险较小
组织过程决策模式		● 决策者的权力相对局限 ● 备选方案的得出艰难 ● 决策实施的协调性欠佳	● 有可供参考的经验 ● 规模较大、根基牢固的企业组织 ● 有系统的可信任的危机应对系统
政治决策模式		● 需要考虑的内容广泛 ● 要对利益诉求进行整合 ● 每个决策都不是由单一决策者独立作出	● 决策主体间存在明显的关系冲突 ● 决策主体与事件存在不同的利益冲突 ● 利益主体分散，利益点零碎
精英决策模式		● 参与决策范围较窄 ● 决策权力高度集中 ● 可以及时决策	● 危机事件复杂程度高 ● 事件突发且严峻，需要尽快解决 ● 精英决策者依据自己的信念体系和行为标准做出判断
直觉决策模式		● 注意思考每一方案 ● 通过"推测"来评估方案的效果 ● 程序更快捷，时效性强	● 存在高不确定性 ● 极少有先例存在 ● 变化难以科学预测 ● 事实不足以指明前进道路 ● 分析性数据用途不大 ● 需要从存在的几个良好可行的方案中选择一个 ● 时间有限且存在决策压力

7.3　危机决策的方法

危机决策涉及的未知、不确定的因素多，决策环境复杂，是一种典型的非结构化的决策问题，很难用一定的模型进行定量分析。在实际的危机决策过程中需要灵活地组合使用各种决策方法，常用的危机决策方法有事前决策法、事中决策法、快速分析法，专家咨询法等。需要注意的是，这里的事前决策法和事中决策法并不是按危机的阶段而划分出的事前、事中和事后，而是一种决策的方法思路。

7.3.1　事前决策法

危机事前决策法需要多方参与，在危机事件不甚复杂、时间允许、信息充分的情况下，应当通过事前集体决策法得到最优结果，事前决策法有 8 个步骤①：

① 参考：[澳]罗伯特・希斯. 危机管理[M]. 王成，等译. 北京：中信出版社，2004：182.

① 确认决策面临的问题。即清楚期望危机发展趋势与危机现状之间的差距，找出需要解决的问题。

② 确认决策标准。明确分析决策的内容、标准及其约束条件，并对其相应的结果进行评估。

③ 决定评估标准、方式、权重。选取可行的危机评估标准，以便对决策内容进行评估。将每一标准的权重和含义应用于所有备选方案以保持系统性和连贯性。

④ 发展备择方案。拟定备选方案时决策者要考虑三个问题以削弱风险：需要考虑某种偶然因素吗？需要根据某种偶然因素进行决策吗？是否有充分理由不进行该决策？带着这三个问题，在这一步决策时要通过头脑风暴法和专家咨询法来形成更多备择方案，寻求更多的选择。

⑤ 分析备择方案。决策者利用所制定的标准对备选方案进行分析评估。

⑥ 选择备择方案。根据分析结果从所有的备选方案中选择一个最优的方案，即选择累积分数最高的一个方案。

⑦ 执行备择方案。公布决策结果并依据所选方案展开行动。

⑧ 评估决策程序以及决策结果的影响。检验并评估决策程序及其影响。进行修正和优化以提高决策水平，要考虑以下四个关键问题：发生了什么？决策是否成功？决策对相关人员产生怎样的影响？决策不如预期是因为什么缘故？

这一方法反映了决策的科学化趋势，它倡导运用数学、统计学、运筹学等科学理论和定量分析的方法来解决危机决策问题，克服了决策人员的直觉和经验决策，有利于决策高效化。但这一方法存在非民主化倾向，有时会表现为精英意识过分旺盛。

7.3.2 事中决策法

由于事前决策法要基于决策者的理性思考，是一个常规化、标准化的程序。但在现实的危机事件中，决策者难免会有失误，因此罗伯特·希斯(Robert Heath)提倡事中决策法，区分于事前决策法。

事中决策法需要避免浪费时间，以便有更多的时间制定决策；帮助评估各种选择；形成令人接受的决定。决策者在面对问题时，需要对问题有一个清晰的认识，按部就班、由小变大在稳定中实现最终决策目标。在实际决策的时候，由于信息的纷繁和方案的复杂，决策者无法做到绝对的理性评估。一般理性思维的使用是跳跃性的，决策者倾向于构建简洁的危机决策程序，比较几种备选方案的得失后，选择其中相对满意或是次优的方案。

事前决策法是“期望做到”，而事中决策法是“可以做到”。一般在危机决策过程中，决策者需要参考借鉴事前决策法的程序，根据危机事件的复杂程度和自身条件决定是否使用事中决策法。在危机情境下有许多的不可预测，决策者容易发生三种错误：目标不确定、以点带面和拒绝现实。罗伯特·希斯(Robert Heath)还介绍了一些研究者提出的最优决策方法，如克莱因(Klein)和弗雷德里克(Frederick)提出识别启动决策法(Recognition Primed

条件的最优选择、提升和改进决策、启动行动是恰当的行动过程的重点，有助于帮助决策者避免错误的决策行为①。

7.3.3 快速决策法

快速决策分析法是在时间和信息不充分的条件下迅速做出决策的分析方法。它从决策问题的整体出发，充分运用决策者的主观认识能力，经验直觉等能力，用认识客观事物的逻辑推理规律指导决策过程。

按照科学决策的一般要求，决策者既要掌握足够的信息，又要有充裕的时间进行较完善的分析、比较，程序较为烦琐。但在实际工作中，大量的危机决策问题，往往是决策者所不熟悉的，也不易收集到有关的充足信息，决策者所拥有的处理危机的时间和掌握的危机信息量都十分有限，从而迫使决策者在较为不利的条件下立即着手处理问题，尽快做出决策。快速决策分析法就是针对实际危机决策时的这种需要而产生的。它符合决策领域的实用化趋势，简便易学。

使用快速决策法进行企业危机决策时首先要明确危机问题的基本结构，抓住关键要素将问题简化。决策者必须花费一定的时间，认真考虑危机的性质，明确问题的结构，才能着手处理危机事件。然后由浅入深、循序渐进地进行多轮分析。将问题分解为若干要素，对这些要素做逐一探究，然后再将这些要素重新组合起来，分析彼此间的相互联系，弄清决策问题的来龙去脉。在快速决策分析过程中，决策者的注意力应始终放在对最重要的危机问题要素的鉴别工作上。这些要素包括：主要的危机决策备选方案、可能的危机决策后果、决策者对不同决策方案可能后果的满意度，等等。

对最重要的备选方案及其可能结果与对决策者的满意度等进行分析、确认和具体化。第一次论证往往只对最简单的情况或最重要的备择方案进行分析，如果危机影响仍无法得到有效控制，需增加备择方案逐步进行二次分析、三次分析。危机决策者应认识到，危机决策过程的各个环节都包括了决策者的主观判断和预测，所以在各轮分析之间和决策结束时，都要不断思考，找出分析过程中不符合逻辑思维规律的环节，根据新的危机信息来修正原来的预测结果，并确定下一步分析的重点。

7.3.4 专家咨询法

危机情境下群体决策压力大，有时会出现群体盲思，严重影响决策效力。为保证决策状况的相关信息能被有效掌握和处理，决策者一般会充分利用专家智囊团以加深对决策问题、备选方案的考察，提高信息收集处理效率，增强决策方案的权变效能。企业一般在危机发生前就会做好专家智囊团的基础建设工作，避免危机发生时猝不及防。

传统意义上的专家咨询法是采用开讨论会的形式，将特定领域一些见识广博、有号召力的权威专家召集起来，向他们提出需要决策的问题，让专家提出各种方案并进行讨论，

① 转引自[澳]罗伯特·希斯.危机管理[M].王成，等译.北京：中信出版社，2004：182.

最终确定最佳方案。这种方法有一定效果，但也存在严重的缺陷，如：与会者可能因为迷信权威而导致“从众”现象，或是因为面子问题而固执己见。美国兰德公司发展出一种专家咨询法——德尔菲法。该方法有匿名性、反馈性、数理性等特点。其一般过程为：先向有关专家说明相关情况和问题，请专家分别写出书面意见。然后主持人再将个人意见交换寄给专家们，专家做出交互的分析意见后再由主持人收集起来，经过综合整理再反馈给每个人。个人对原有意见进行增添、补充后再寄给主持人。这样反复多次，直到各位专家意见大体趋于一致①。德尔菲法无须参与的专家到场，避免了专家群体在集中讨论时可能的相互影响。

专家咨询法的作用主要包括：①丰富决策信息。决策者运用各领域专家学者丰富的知识和经验，对问题进行综合的分析和研究以预测危机可能发展趋势，使企业的危机决策建立在科学化的信息统计基础上；②专家咨询团队可独立开展工作。这一方法使专家们可以自主思考、发声，独立进行危机处理工作，可以独立抉择；③保障了决策者的自主决策权力。基于专家咨询的结果，决策者可以充分发挥积极作用。在利用智囊团进行紧急咨询的过程中，决策者不会失去独立抉择的权力，而是通过加强对智囊团资源的领导提高决策可靠性。

7.3.5 决策方法对比分析

在危机决策情境中，如何做出最佳的决策？如何保证所选择决策方案的民主性和科学性？选择合适的决策方法具有重要意义。

上文介绍了危机事前决策法、事中决策法、快速决策法和专家咨询法，在危机事件过程中，要善于辨别在何种情境使用何种决策方法，如何组合决策方法以得到最佳的决策效果。对各种决策方法的适用条件和各自特点通过表7.4罗列，达到更好地辨别这些决策方法的目的。

表7.4 决策方法对比分析

比较项＼决策方法	事前决策法	事中决策法	快速决策法	专家咨询法
使用目标	使用科学理性的方法做出最优决策	考虑现实条件做出满意决策	在有限时间内做出相对满意的决策	提出尽可能多、尽可能好的决策方案
适用条件	时间允许 信息充分 危机事件不复杂	时间紧张 信息不完备 危机情境复杂	决策时间局限性大 危机事件较严重 决策资源有限	危机事件复杂 企业有“外脑”资源储备 危机事件技术性较强或有较明显的专业领域倾向
方法特点	多方参与 资源齐备 最优决策 标准化决策模式	考虑更真实、更现实的决策环境 倾向于简单的决策模式	决策耗时短 理性和直觉相结合作出判断 方法简易实用	借助外力参与分析决策信息 可加深对决策问题、备选方案的考察

① 参考：薛澜，张强，钟开斌. 危机管理[M]. 北京：清华大学出版社，2003：191-193.

本章小结

诺曼·奥古斯汀(Norman Augustinus)指出:“每一次危机既包括导致失败的根源,又孕育着成功的种子。”危机决策是危机管理工作的核心内容,它贯穿于整个危机管理工作的全过程,危机决策是危机管理的先导,一切危机管理过程和行为都离不开危机决策。危机决策正确与否,直接关系到危机管理的目标能否实现;危机决策水平如何,会影响到危机管理工作是否稳定有序。危机决策是危机管理成败的保证,它不仅能为制定正确的危机管理计划打下坚实的基础,而且对有效地管理危机起决定性的作用。

本章论述了企业危机决策的内涵、特点。危机决策中决策者面临威胁己方社会价值或行为准则的高度不确定性情景,且迫于各种约束条件,实质上是一种非常规状态下的非程序化决策。其具有决策环境复杂多变、决策约束条件苛刻、决策步骤非程序化、决策直觉化、简洁式方案实施、决策效果不确定性等特点。在企业危机决策模式上,有理性决策模式、组织过程决策模式、政治决策模式、精英决策模式、直觉决策模式等,在企业危机应对过程中,需要根据实际的危机情境灵活综合使用这些模式。决策方法上,又有危机事前决策法、危机事中决策法、快速决策法、专家咨询法。

在危机情景下决策者并不具有有关危机的全面信息;可利用的时间和资源有限,难以在短时间内识别危机的根源;信息处理能力有限,危机状态下的特殊环境会施给决策群体更大的压力,影响决策质量。因此,企业管理者要成功应对危机事件,就必须提高识别危机的能力,培育有利于危机决策的环境,积极学习现代化的决策手段、科学化的决策程序,提升危机决策能力和危机管理水平。

思考题

一、名词解释

决策　危机决策　理性决策模式　直觉决策模式　事前决策法　事中决策法

二、选择题

1. 危机决策的构成要素中不包括(　　)。

A. 急剧性　B. 难以预测性　C. 方案直觉化　D. 资源有限性

2. 以下哪一项不属于危机决策和常规决策的区别(　　)。

A. 步骤是否程序化　B. 方法是否灵活多样

C. 决策是否直觉化　D. 结果是否可预期

3. 危机决策的约束条件不包括(　　)。

A. 模糊和非预期　B. 信息有限

C. 时间紧迫　D. 专业设备、技术匮乏

4. 有限理性决策模型理论的主要代表人物是(　　)。

A. 格雷厄姆·阿里森　　B. 斯蒂芬·罗宾斯

C. 罗伯特·希斯　　D. 赫伯特·西蒙

5. 理性决策模式区别于直觉决策的优点不包括(　　)。

A. 可以对事件进行整体把握　　B. 不易产生偏见

C. 决策主体主观影响小　　D. 能够鉴别处理大量危机信息

6. 组织过程决策模式的缺陷为(　　)。

A. 决策效率低　　B. 缺乏系统性思路

C. 决策期望与实际执行差距大　　D. 主观性误差大

7. 有效的政治决策模式应遵循哪些原则(　　)。

A. 系统性、可行性、适时性和重点式　　B. 系统性、阶段性、公开性和及时性

C. 阶段性、公开性、可行性和及时性　　D. 主动性、公开性、适时性和重点式

8. 直觉决策的特点不包括(　　)。

A. 突发性　　B. 整体性　　C. 创造性　　D. 可行性

9. 危机情境下决策者容易发生哪三种错误(　　)。

A. 重点不明确、目标不确定和细节误导　　B. 目标不确定、以点带面和拒绝现实

C. 重点不明确、以点带面和目标不确定　　D. 目标不确定、重点不明确和拒绝现实

10. (　　)强调使用科学的方法做出最优决策。

A. 事前决策法　　B. 事中决策法　　C. 快速决策法　　D. 专家咨询法

三、简答题

1. 请简述构成危机决策需要哪些要素。

2. 请简述危机决策的特点。

3. 试述企业危机决策的约束条件。

4. 试述理性决策模式在危机决策时的优、缺点。

5. 试述组织过程决策模式的前提假设。

6. 请简述有效的政治决策模式应遵循的原则。

7. 请简述事前决策法的八个步骤。

8. 试述专家咨询法的适用条件。

9. 请简述德尔菲法。

四、论述题

1. 危机决策与常规决策的差异体现在哪些方面？试论述。

2. 为什么说危机决策与常规决策是紧密关联的？试论述。

3. 直觉决策模式有哪些优缺点，请详细阐述。

4. 理性决策模式、组织过程决策模式、政治决策模式、精英团队决策模式、直觉决策模式各自适用于怎样的危机情景？试论述。

5. 如何区分事前决策法和事中决策法？试论述。

6. 请详细说明专家咨询法有什么作用？

案例讨论

从2010年1月到11月，富士康先后有14人跳楼自杀，其中11人死亡，3人重伤。并且之后又有1起跳楼自杀事件发生。跳楼事件发生后，富士康面对外界对其血汗工厂及军事化管理模式等方面的质疑，屡次为自己辩解。“第6跳”发生后的第2天深圳市总工会就深入富士康调查。4月1日下午公布的调查结果认为：富士康在管理方面确实存在漏洞和不足，希望企业吸取这次教训，建立人文关怀的管理体制。但富士康工会副主席陈宏方却解释说：“企业这么大，基层的管理上肯定会有些做得不好的地方，但这和自杀肯定是没有直接关系的”。“第7跳”发生后的第2天，富士康将多名心理学专家请到厂区，企图寻求心理学方面的支持，然而遗憾的是效果未能满足公众期待。对于一个个年轻生命的非正常消逝，参与调查研究的专家们不惜用冰冷的统计来概括和解释，称富士康的自杀率低于全国平均自杀率，引起公众的强烈不满。

“第10跳”发生后，总裁郭台铭于5月24日才现身首度回应，声称富士康绝非只要钱不要命的“血汗工厂”，并带百家中外媒体记者两百多人，前往富士康龙华厂区参观。但就在记者们参观厂区后的第2天和第3天又发生了“第11跳”和“第12跳”。郭台铭在5月26日表示针对多起员工跳楼自杀事件，经富士康与心理专家讨论后的初步结论认为“该公司工厂的管理并无问题，而与员工先天个性和情绪管理有关”。而这激起了公众对富士康的进一步讨伐行为，并对富士康在危机事件中的诚意深表怀疑。

面对“13连跳”，在请僧祈福、天罗地网、心理干预等举措皆不见成效之后，富士康开始了转变策略并展开了一系列坚定有力的行动。如“13连跳”之后，富士康在一个月内两度调薪，普通工人薪水从900元涨到1200元再涨到2000元，美国花旗环球证券马上针对郭台铭这一决定发布研究报告并指出富士康调薪幅度“高得令人难以置信”。富士康欲借此大幅度调薪摆脱“劳动力低廉”之嫌，更借此证明郭台铭所说富士康绝非只要钱不要命的“血汗工厂”。二则，调薪迫使其他代工同行跟进，从而搅乱竞争格局，起到沉重打击竞争对手的作用。其“快、狠、准”无与伦比：一个月两度调薪之“快”，不让同行喘息；而调薪远超过基本工资，迫使同行跟进。这些行动使得富士康最终得以摆脱危机。

但直至6月底事件平息，对此事件的报道普遍认为：即使在物质层面，富士康是待遇优渥的公司，但在精神层面，富士康是“血汗工厂”。富士康的等级制度森严。员工——特别是一线技工长期处于一种高度紧张的高强度工作状态，还要忍受管理人员的辱骂甚至体罚。一线管理者，在富士康被称作线长。在富士康线长就是工厂的监视器，只负责督促员工完成工作，甚至还呵斥员工，没有让员工感受到任何以人为本的企业管理理念与文化。同时，在富士康保安拥有的权力相当大，保安频频与员工发生肢体冲撞，有些甚至已构成违法行为。种种这些对员工造成了极大的心理压力，导致了跳楼惨剧的不断发生。

——参考徐清全《富士康应对跳楼事件危机管理之案例研究》①

① 参考：徐清全. 富士康应对跳楼事件危机管理之案例研究［D］. 华南理工大学,2013.

请思考：

1. 富士康的此次危机事件体现了危机决策的哪些特征，请结合案例分析。
2. 此案例中，富士康使用了哪些危机决策方法，请结合案例具体说明。

延伸阅读文献

1. 罗伯特·希斯：《危机管理》王成等译. 北京：中信出版社，2004.
2. 托马斯·彼得斯：《追求卓越》. 北京：中央编译出版社，2000.
3. 薛澜等：《危机管理》. 北京：清华大学出版社，2003.
4. 胡百精：《中国危机管理报告》. 北京：中国人民大学出版社，2014.
5. 闪淳昌等：《应急管理案例集》. 北京：化学工业出版社，2012.

第三篇 网 络 篇

第8章
网络危机

本章要点

- 网络危机的含义及特征
- 网络心理
- 网络行为的定义
- 网络危机的效应和演变规律

引导案例

去哪儿案例

去哪儿网创立于2005年2月，总部位于北京，是一家为旅游者提供国内外机票、酒店、度假和签证服务的深度搜索网站，也是目前全球最大的中文在线旅行网站。在2010年12月27日，“去哪儿网”公布开展一项消费者保障计划——“赔计划”，这是针对2009年10月中旬去哪儿网涉嫌“400电话诈骗”事件所做出赔偿举动之后的升级计划。2009年10月中旬，去哪儿网曾因为谷歌在其网站上投放广告(Google AdSense)、对广告主审查不严而涉嫌“400电话诈骗”事件，不少消费者通过“去哪儿”网站搜索到的以“400”开头的购票电话进行购票，而这些都是山寨或者钓鱼网站，许多消费者因此而无法正常出行。北京市工商局首都机场分局接到多起由于400电话欺诈而发起的投诉后，去哪儿网在第一时间就采取了一系列的行动，在事发后的第三天及时把危机扼杀在摇篮里，在防止危机扩散、弥补消费者损失的同时，又开展了防范危机再次发生的措施。

1. 屏蔽谷歌在去哪儿网上的所有机票类的广告投放，阻止了400电话诈骗的再次发生，并向谷歌发出了严重交涉的书面文件。

2. 去哪儿网在事发的第一时间，就主动联系消费者，协同消费者进行报案。整个事情的投诉、处理、善后等，均备有书面记录及录音材料，可随时供警方调阅。

3. 运行一个类似支付宝的支付流程控制功能——“去哪儿通行证”，去哪儿网注册用户使用通行证预定机票时，资金首先将被冻结，只有机票代理商给出合法的票号后，去哪儿网才会把资金划拨到代理商账号上。

资料来源：http://finance.jrj.com.cn/consumer/2010/12/2009308812730.shtml

8.1 网络危机的含义与特征

8.1.1 网络危机的含义

网络危机是一种全新的企业危机形态；它既是网络技术发展带来的一个全新的危机领域，也是网络媒介发展的必然结果。网络危机有狭义和广义之分。狭义的网络危机指的是产生于网络世界并经其传播或升级的危机；广义的网络危机不一定产生于网络世界，只需要企业的负面信息在网络上传播，并给企业形象、生存和发展带来严重威胁，就可以界定为网络危机。事实上，随着互联网越来越渗入到我们生活的方方面面，特别是，各类移动互联网社交媒体的兴起，使得绝大多数企业危机都带有“网络”的特性。

8.1.2 网络危机产生的背景

网络危机的产生有一定的时代背景，一方面，随着互联网的普及，网络媒体日益成为我国重要的信息发布、传播渠道和舆论监督的工具。据中国 Internet 信息中心（CNNIC）公布的统计报告显示，截至 2015 年 6 月，中国网民规模达 6.68 亿人，互联网普及率为 48.8%；手机网民规模达 5.94 亿人。移动媒体应用发展迅速，互联网应用向提升体验、贴近经济方向靠拢。这些网络媒体数量多，发布消息的门槛低，这直接导致了网络上存在大量不知真伪的信息，企业的负面信息就可能隐藏在这些信息里。

另一方面，互联网“爆炸式”的传播模式大大降低了信息传递的成本，企业的负面消息一旦出现，就以很快的速度传播，从而演化成危机，这对企业应对危机提出了更为严峻的要求。以微博为例，其作为微时代传播媒介的代表，已经成为品牌营销沟通的重要平台；同时，微博又在各类危机的爆发、传播和升级中扮演起更加重要的角色。企业如果对这些网络媒体运用得当，就可成为其走出危机的利器甚至为其带来利益，反之亦可成为杀伤力巨大的武器，对企业的形象造成极大的威胁，甚至带来无法挽回的经济损失。

8.1.3 网络危机的特征

相对于传统的危机事件，网络危机爆发的速度更快，传播更广泛，引起的争议和影响的范围都更大，无论对于组织还是社会来说都具有更大的破坏性和不可控制性。一般而言，网络危机的特征主要可以归纳为以下几个方面。

1. 发生率高

在互联网的背景下，由主流传统媒体占主导的信息发布传播的单一格局被打破，信息传播的权力逐渐呈现分散化的趋势，被大众分享；每个人都可能成为信息的传播者。另外，由于网络主体的匿名性以及自律意识淡薄、网络信息过滤机制缺失等问题，大量不知真伪的信息在网络中传播，从而增加了网络危机发生的可能性，导致网络危机发生率较高。

2. 反应时间短

网络上信息的复制成本极低，传播速度极快，而且网络容易参与和使用，并且带有明显的互动性，这不同于传统媒体对于某一事件的报道需要一个较长的周期。网络危机事件从发生到信息被采集，到信息被传播，再到信息被民众知晓的时间差大大缩短，减少了企业应对危机事件的反应时间，进一步增强了危机的紧迫感。

3. 发生规模扩大

互联网打破了时间和空间的限制，当危机发生的时候，危机事件的传播不再仅仅局限于事发地点，而是通过网络迅速传播到各个角落，并且形成和传统媒体的互动循环。例如，当信息在互联网上传播并形成舆论热点时，传统媒体会介入并进行跟进报道；传统媒体的介入又进一步导致了各个互联网媒体的跟随报道，从而形成了“互联网媒体—传统媒体—互联网媒体……”的传播循环。这种循环逐渐放大企业危机信息的传播广度，从而增加了危机的影响力，也使得危机更加深化。

4. 破坏性极强

网络危机的这一特性是以上多个网络危机特性和网络群体心理所形成的共同结果。在网络参与的群体传播中，某个不实消息经由多人传播后，就形成具有一定规模的谣言。在网络传播的快速性和广泛性作用下，谣言能够形成雪球效应，随着流传范围的扩大以及参与互动人数的增多，不断有个体屈从于群体压力而放弃独立思考，心甘情愿地接受流传的说法，从而导致网络谣言的产生，并使得其传播变得越来越广并越来越具有说服力。这往往造成危机的进一步扩散，大大增强了其破坏性，为危机的控制和解决增加不必要的麻烦。

8.2 典型网络心理和行为

8.2.1 网络心理

网络环境会使得民众的部分群体心理体现得更加明显，与此同时也会出现网络环境所导致的特有心理现象。这些心理现象对网络危机的产生与发展都产生了一定程度的影响。

1. 偷窥心理

群体的偷窥心理是由网络的匿名性引起的。在网络上人们可以抛开现实世界中的伦理道德限制，释放平时存在于潜意识中的、受到社会规范束缚的种种欲望。其表现为，更关注负面消息、对那些不会威胁到自身的危机事件采取看热闹和幸灾乐祸的态度、喜欢点击那些有噱头的标题等。网站的运营模式又会强化这种“喜好”。网站的商业化运营主要靠点击率取胜，因此会将受众感兴趣的话题放在网站的醒目位置，这些话题往往是具有爆点的“坏消息”，正应了那句“好事不出门，坏事传千里”的俗语。受众在阅读此类消息时，往往会产生一种奇妙的心理，就是在得知那些威胁性不是很大或不能威胁到自身现实生活的危机事件发生时，会产生一种兴奋，这种兴奋使他们甚至不希望危机事件能尽快得到解决。

2. 从众心理

从众心理，心理学中又称“趋同”心理。指个人的观念或行为在群体的引导和压力下，产生一种合群倾向，这种心理使得个体产生放弃自己与群体意见或规范相抵触的意识倾向，做出与自己本来意愿相反的行为，向与多数人相一致的方向变化①。群体传播的从众心理在网络上的一个明显表现是网络谣言的传播。网络上谣言的产生与流传很多来源于对内容的转帖以及消息的转发，在转帖或转发过程中，转发者可能会自行对内容进行增修后再转发，这就使得谣言的传播渐为危险且不可控。这种心理增加了网络危机发生的可能性和危机处理的难度。

3. 刻板印象

“刻板印象”亦称为“定型化效应”，指的是社会群体或个体对其他群体或个体由于某种原因形成的一种相对固定的、一成不变的特定社会认知图式。② 在心理学上，刻板印象属于认知范畴，是群体认知偏差的一种表现形式。在网络环境下，公众更容易受到刻板印象的影响，例如自从三聚氰胺事件发生之后，消费者对国内乳品企业留下了非常不利的刻板印象，他们认为企业会为追求自身利益而忽略消费者的生命健康。这一种刻板印象在网络的环境中会体现得更加明显，从而加剧网络危机爆发的程度。

8.2.2 网络行为

从字面上理解，网络行为指的是主体接触网络时所发生的行为。在此一般概念的基础上，网络行为的定义也经历了扩展和补充。主要集中在两个方面：一是强调网络行为是人类具有一定目的的实践，反映出了一定的个性特征；二是强调网络行为是一个互动的过程，这一互动既包括人和技术本身的互动结合，也包括不同网络主体在网络空间里的信息互动、协调或冲突。

网络行为可以从广义与狭义两个方面进行理解。狭义的网络行为，指的是人们在电子网络空间里开展的各种行为活动；广义的网络行为，还应该包括人们在现实世界实施的与电子网络密切相关，或者借助网络设施与网络技术开展的其他行为活动。本书侧重狭义的网络行为及其产生的影响。

1. 网络行为的分类

随着网络的发展和技术的创新，人们可以依靠网络完成的事情越来越多。从最初单纯的传递信息到现在的购物、音乐、游戏、通信等。为了方便研究，学者以及相关机构对其进行了分类。

在《第 27 次中国互联网络发展状况统计报告》中，中国互联网络信息中心从网民的使

---

① 吴国娟，刘瑜. 趋同心理和沉默螺旋下的第三人效应［J］. 新闻世界，2011，8：12-13.

② Gilbert, D. T., Fiske, S. T. & Lindzey, G. (Eds.). The handbook of social psychology(4th ed., Vol. 1). New York:

用目的出发，将网络行为划分为网络信息类、交流沟通类、网络娱乐类、商务交易类四种行为。

但是有的学者认为上述的划分忽视了网络监督行为。所以从行为目的和网络基本活动的内容等综合的角度，又把网络行为划分为信息类行为、交往类行为、休闲类行为、服务类行为和管理类行为五种类型。并把经过法定部门授权或者许可，由负责互联网络经营管理、监管的机构实施的网络行为归于管理类行为。

本书认为该种分类方法模糊界定了休闲类行为和服务类行为，从而将网络行为分成：网络信息行为、网络交际行为、网络休闲行为、网络交易行为、网络管理行为五大类。

其中，前四类的分类标准和中国互联网络信息中心的分类基本一致。网络信息行为侧重于查找浏览信息的网络行为；网络交际行为包括在网上通过各种社交软件或者在论坛贴吧等平台进行沟通互动的网络行为；网络休闲行为的范围较大，无论是在网络上进行游戏等娱乐，还是观看影音视频等，都属于网络休闲行为。网络休闲行为和网络信息行为具有明显的区分，比如：网络使用者是出于学习的目的观看视频，这就属于网络信息行为，因为他通过该行为获得了他所需的信息，但是如果他是出于休闲的目的观看视频，这就属于网络休闲行为。网络交易行为是在网上从事交易活动行为的总称。网络管理行为的主体比较特殊，多是政府工作人员或是各大平台的后台操作人员，他们从事的网络行为区别于一般网民。网络行为分类的类型、内涵和具体行为方式如表8.1所示。

表8.1　网络行为分类

类　型	内　涵	具体行为方式
网络信息行为	是指网络行为主体利用网络技术与网络设施所进行的信息汲取、信息传输、信息表达、信息搜索、信息选择、信息接收、信息利用、信息存储、信息加工的行为	搜索引擎搜索
网络交际行为	行为主体通过网络传播途径所进行的一对一或者一对多的交流沟通行为	网上聊天(QQ、OICQ等即时通信)、网络电话、电子邮件、网络论坛、网上社区、飞信通信、电子公告板(BBS)、博客以及微博
网络交易行为	行为主体通过网络空间开展的实体物品或者虚拟物品交换贸易行为	网上购物、网络销售、网上银行、网上支付、网络期货股票交易和旅行预订
网络休闲行为	网络行为主体利用网络服务商开发提供的软硬件设施进行的以娱悦身心为主要目的的网络行为	网络游戏行为、网络音像作品创作与鉴赏行为。其主要实施途径包括网络音乐、网络游戏、网络视频及网络文学
网络管理行为	网络主体经过法定部门授权或者许可，由负责互联网络经营管理、监管的机构实施的网络行为	审查记录，删除不良信息

2. 网络行为的特征

与现实世界中的行为相比，网络行为有其自身的特征。本书将网络行为特征概括为：隐匿性、间接性、开放性。这三个方面影响网络危机的产生、发展和解决，具体阐述如下。

(1) 隐匿性

人们通过操控鼠标和键盘发出信息，通过屏幕接收信息。而其真实身份往往隐藏在网上构建的虚拟身份之后。由此可见，在网络空间中，网络主体行为表现出了较强的隐匿性。

除非通过特殊的技术手段，人们无法识别实施主体在上网过程中采用的身份以及实施的行为。所以，这个特征可能会导致一些自律意识不强的人胆大妄为，而忽略自己的行为所产生的后果。

(2) 间接性

和人们的现实行为活动不同，任何一个网络行为活动过程，都体现为电子符号的流动或者是物理化的数字形态，而行为活动的主体，则相对独立在网络空间之外。通过电脑等可以连接到网络的工具，导致人们的网络行为活动在展开方式上，具有非直接在场的间接性特点。

(3) 开放性

网络行为的开放性表现在内容的多样性和场所的流动性两个方面。由于网络技术打破了时间和空间的局限，这使人们展开其行为活动的时空范围得到了极大的延展。而由于互联网络的强大功能，人们可以借助网络进行学习研究、娱乐交往、工作贸易等多项活动。而且在行为活动时间、地点、形式、伙伴的选择上，都具有极大的自主性和灵活性。这两者的结合，构成了网络行为的开放性。

8.3 网络危机的效应和演变

8.3.1 网络危机的效应

1. 网络危机传播的正面效应

网络危机传播的正面效应在很大程度上依然是由其自身的传播特点所决定的。如今人们已经生活在一个网络信息飞速传播的时代，各式各样的网络媒体渗透到了生活的方方面面并对公民产生强有力的影响。如果能够正确发挥网络的作用、趋利避害、处理得当，网络危机传播在某种程度上可以对危机的解决起到积极的作用。

(1) 网络危机传播能使消息快速传播

在危机事件中，一旦危机发生，或者是相关部门(如舆论监控部门)预测到危机即将爆发，就可以利用网络危机传播机制，将权威、正面、积极的信息通过网络快速传播出去。在网络中，传播者和受众间的时间间隔非常小，从理论上来说消息发布的时候，受众就可以接收。这使得公众能够快速和积极地了解危机的具体情况，企业也能够尽快使危机的负面作用降低。

(2) 网络危机传播能激发群体正面情感

在危机事件处理过程中，网络传播能够动员公众全体参与危机处理工作，激发群体的正面作用。在群体的正面作用下，人们会表现出正义而又富有同情心的一面。危机企业可以利用该种心理效应，将自己摆在受害者的地位，激发公众的群体正面感情，以促进危机的解决。

2. 网络危机传播的负面效应

如同互联网的“双刃剑”特性一样，网络危机传播同样具有负面影响，而且在现实生活中正面的效果与消极的影响总是错综复杂地交织在一起。和网络危机传播的正面效应一样，网路危机传播的负面效应是基于网络行为和网络危机本身的特征的。

（1）重复传播导致危机处理难度加大

和传统危机不同，网络危机传播的范围和涉及的主体不再局限于某一些人，而转变成了一种全民参与讨论的模式。在危机发生的时候，出现的谣言可能经过了多次重复地传播，危机消退之时也有可能出现新的舆论，从而导致危机重复发生。这两种网络危机传播重复均有可能导致危机加剧。人们本着“宁可信其有，不可信其无”的心理反复传播谣言，大大加剧了网络危机的处理难度。并且，反复传播造成的破坏力极强，可能导致企业之前所做的一系列危机应对办法失效、群众信任透支等问题，具有较强的负面影响。

（2）“意见领袖”影响舆论作用凸显

“意见领袖”是指在人际传播网络中经常为他人提供信息，同时对他人施加影响的“活跃分子”。在网络互动交流中，由于每个人处理信息的能力不同，人们对于某一事件的认知具有惰性。因此，具有强大号召力和说服力的意见领袖往往会成为大众相信、依赖的对象。特别是当网络上出现大量虚假信息和极端言论而受众无所适从时，网民对于意见领袖的依赖就会更加强烈。“意见领袖”的观点甚至能左右网民的最终价值判断。但是“意见领袖”的观点并不完全客观公正，可能会导致网络舆论的偏向。从某种意义上说，使得网络危机的处理变得更加复杂。

（3）线上线下互动可能带来潜在危机

当某一危机发生后，网络危机的扩散和传播会从网络影响到现实生活。公众不仅将网络当作发表意见的场所，不再满足于只是在网上的谈论，而是把网上的言论变成线下的实际行动。某些实际行动均会给企业带来直接的利益损失。如公众不再对于该企业产品进行购买，联合将该企业告上法庭。这时候，传统媒体将和网络媒介结合，线上线下互动造成危机加剧，扭曲事物原本面貌。给危机带来更多的不可控性，也使得处理危机的成本大大增加。

8.3.2 网络危机演变规律

网络危机在演变规律方面和传统危机有着一定区别，区别主要体现在以下两个方面。

1. 从网络危机的生成来看，网络媒体与传统媒体的互动，是网络危机生成、演变的重要环节

网络媒体具有信息众多、传播迅速、互动性强等特点，弥补了传统媒体不能面面俱到的缺陷；而传统媒体具有的权威性与公信力，以及对危机事件的概括与集中报道、深度评论，能够把网上分散的讨论汇集成较为完整的各方看法呈现给受众。由此可见，网络危机的形成、演变和发展，可以说是网络媒体与传统媒体的合力效应[①]：一是传统媒体报道被网

---

① 杨宝琦. 网络危机传播及管理对策研究［M］. 长沙：国防科技大学，2012。

络媒体转载→大量网民跟帖讨论形成热点→网络媒体推波助澜→传统媒体跟进再报道→网络再转载→网民再热议；二是论坛帖文引起网民关注→传统媒体根据网上帖文进行报道→网络媒体转载→网民热议，如图 8.1 所示。

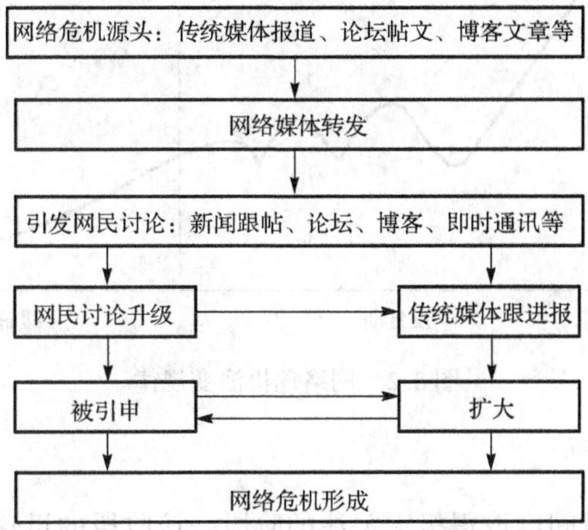

图 8.1　网络危机形成过程

资料来源：杨宝琦，网络危机传播及管理对策研究［M］. 湖南：国防科技大学，2012.

2. 从时间段上分析，网络危机的生成和传播与传统的危机也有很大不同

斯蒂文·芬克在 1986 年提出了危机传播四段论模式。他将危机事件的生命周期分为四个阶段：一是危机潜在期。这个时候危机正处于量变阶段，不易被人察觉。这个时候如果及时防范，就可以将危机的爆发或是危机的影响降到最低。二是危机爆发期。关键性的危机事件突然爆发，而且演变迅速。它在四个阶段中持续时间最短，但是社会冲击、危害最大，会立即引起社会普遍关注，所以该阶段对于企业来说往往感觉最长。三是危机蔓延期。这是四个阶段中时间较长的一个阶段，但是如果危机管理得力，将会大大缩短这一时间。四是危机解决恢复阶段。此时，组织从危机影响中完全解脱出来，但是仍要保持高度警惕，因为危机仍会去而复来。危机突发事件得到初步控制，但没有得到彻底解决。但是网络危机的演变规律应在此基础上又有所不同，本书借用了李彪对于网络事件传播阶段的分期理论①，将网络危机的演变分为六个阶段：潜伏期—爆发期—蔓延期—反复期—缓解期—长尾期，具体如图 8.2 所示。

（1）潜伏期（酝酿期）

潜伏期是危机来临之前的一段时期，也是事件信息从分散、无序、浮动逐渐走向聚集和有序，酝酿爆发能量的一个阶段。在新的互联网背景下，一方面，危机的产生不再由单独事件堆积而成，更多地是由整个社会结构和规则扭曲而形成；另一方面，网络提供了信息快速流通的渠道，最大限度地缩短了危机爆发的时间，使得危机呈现爆炸性和

① 李彪. 网络事件传播阶段及阈值研究［J］. 国际新闻界，2011（10）：22-26.

不可预期性。所以，和传统危机的潜伏期相比，网络危机的潜伏期更短甚至几乎接近于零。

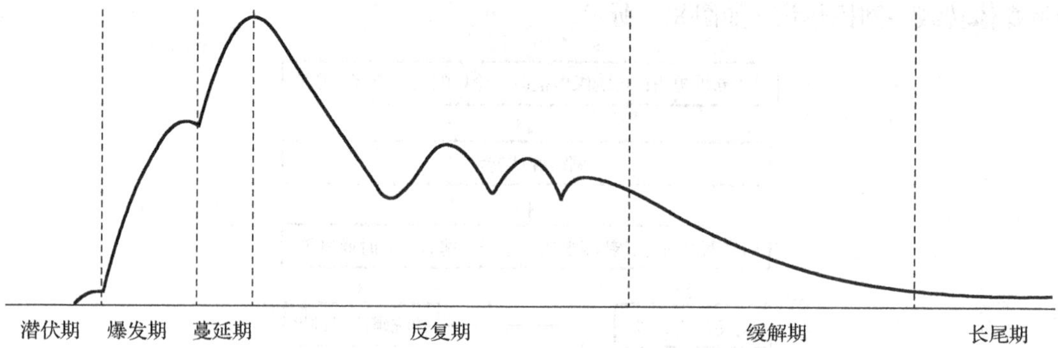

图 8.2　网络危机演变规律

(2)爆发期

爆发期是危机在短时间内取得极大关注的阶段。该阶段的迅速爆发在很大程度上是由网络扁平化传播结构导致的。此外，由于网络行为和媒介的特殊性，网络危机的爆发还会出现跳过潜伏期直接进入爆发期的情况。该阶段和斯蒂文提出的危机爆发期具有相同的特征。即该阶段会给企业带来较大的冲击，而企业如果能在该阶段第一时间做出反应，将事件的来龙去脉、变化情况等信息准确、客观地呈现给社会公众，则能够满足公众的信息需求，在一定程度上消除其对事件认识的偏差，减少危机的破坏力和影响力。

(3)蔓延期

由于网络背景下危机爆发的速度和力度都非常凶猛，所以蔓延期和爆发期的界限不像传统媒体环境下那么清晰，而更像是“火上浇油”阶段。在蔓延期，危机的爆发进一步加剧，这一种加剧可能以网络危机传播范围更广、危机涉及主体更多等形式表现出来，为爆发期的危机再添了一把“火”，使得危机处理局面变得更为复杂。

(4)反复期

反复期是网络危机演变的特有阶段，也是网络危机的主要负面效应之一爆发的阶段。因为传统媒体持有较大的话语和消息垄断权，所以这一阶段在传统媒体环境下表现得不是很明显，但是网络上的众多新媒体使得信息渠道多元化且不可控。所以在该阶段真相和谣言舆论均不断出现，事件传播也不断反复，甚至会引发次生危机。

(5)缓解期(衰减期)

这一阶段是迫于网络民意压力、政府力量或其他社会力量的介入后，危机开始得到解决,民众的好奇度、兴趣点和不满情绪开始转移，不再对这一危机保持较高的关注。这可能表现为该危机在不同网络媒体中所占版面开始缩小，热点搜索的词频关注度不断降低。和传统危机的四阶段模型的最后一个阶段有类似之处，企业仍需要保持较高的警惕，防止危机再次发生。

(6) 长尾期

虽然说随着话题的兴趣衰减和新的兴趣点的出现，网民对于该危机的关注度会下降，舆情所反映的问题和矛盾也得到一定程度的解决或者暂时平息。但是由于网民的多元和利益诉求的不同，网民对该危机事件的关注一般不会终止，还会存在一个很长的消逝期，这一时期通常比较漫长,就像一条长长的尾巴并且会作为“社会集体记忆”而被提起。

本章小结

1. 网络危机是由于企业的负面信息在网络上传播，并给企业形象、生存和发展带来严重威胁的网络事件。与传统危机相比具有发生可能大、反应时间短、发生规模扩大、破坏性极强的特点。

2. 典型的网络心理包括偷窥心理、趋同心理、刻板印象等。

3. 网络行为是人类具有一定目的的实践，是一个互动的过程，具有隐匿性、间接性、开放性的特征。根据公民上网的目的和基本内容，网络行为可分为网络信息行为、网络交际行为、网络休闲行为、网络交易行为、网络管理行为五大类。

4. 网络危机传播是一把双刃剑，其正面效应是网络危机传播能够使消息快速传播，能激发群体正面情感；负面效应是重复性传播导致危机处理难度加大、“意见领袖”影响舆论作用凸显、线上线下互动可能带来潜在危机。

5. 斯蒂文·芬克将危机事件的生命周期分为四个阶段：一是危机潜在期；二是危机爆发期；三是危机蔓延期；四是危机解决恢复期。而网络危机的演变应该分为六个阶段：潜伏期—爆发期—蔓延期—反复期—缓解期—长尾期。

思考题

一、选择题

1. 网络行为具有(　　)的特征。

A. 隐匿性、流动性、间接性　　B. 开放性、间接性、灵活性

C. 间接性、隐匿性、开放性　　D. 隐匿性、自主性、开放性

2. 以下哪一个阶段是网络危机演变和传统危机演变最为不同的阶段(　　)。

A. 潜伏期　　B. 反复期　　C. 蔓延期　　D. 长尾期

3. (　　)在 1986 年提出了危机传播四段论模型。

A. 斯蒂文·芬克　　B. 威廉·班尼特

C. 托马斯·伯克兰　　D. 格鲁尼格

4. 危机传播四段论模型认为任何危机事件的发生、发展过程均可表现为顺序发展的(　　)4 个阶段。

A. 潜在期、突发期、扩散期、衰退期

B. 突发期、爆发期、扩散期、恢复期

C. 潜在期、爆发期、蔓延期、恢复期

D. 突发期、扩散期、爆发期、衰退期

5. 下列不属于网络危机特征和传统危机特征区别的是(　　)。

A. 破坏性变大　　B. 规模变大　　C. 持续时间长　　D. 反应时间短

二、名词解释

网络心理　网络管理行为　隐匿性　意见领袖　危机长尾期

三、简答题

1. 简述网络危机的定义及其和传统危机的区别。
2. 简述典型的网络心理。
3. 试述网络行为的特征。
4. 试述网络危机的正面效应和负面效应。
5. 对比分析传统危机演变规律和网络危机演变规律。

第9章
网络舆论管理

【本章要点】

- 网络舆论的概念、特征及类型
- 网络谣言的主体、危害及传播
- 网络舆论监控、应对原则及引导策略

引导案例

"六六维权"中看人下菜碟的京东

2015年7月11日，作家六六发了一条微博，称自己在京东上购买的天天果园水果是烂的，要求退款却被拒绝。作为一名拥有1000多万粉丝的女作家，这条微博一面世，立刻引来大量关注。一个小时后，天天果园即联系六六提出全额退款。六六拒绝后，京东和天天果园又相继联系商讨退款，天天果园还邀请六六为其质量监督员。7月13日，六六再次在微博上发表名为《我要的是公平》的文章，拒绝和解。7月14日，天天果园在微博上公开道歉，京东进行转发并表示要加强自身服务。

正当舆论趋缓时，王思聪却在7月18日转发六六微博，表示自己也拥有同样的经历。7月19日，京东官方微博向王思聪道歉。然而，事情反而引来了更多的质疑：为什么王思聪就能得到公开道歉？"看人下菜碟"的帽子，就这样戴在了京东的头上。

资料来源：案例来自一夜红传媒：2015十大互联网危机公关事件及对策 http://mt.sohu.com/20151029/n424564825.shtml

9.1 网络舆论

舆论与舆情一字之差，两者之间既有联系，又有区别。随着互联网的出现，舆论依附于网络这个平台，演变成为网络舆论。网络舆论有其独特的含义；网络舆论不仅具有传统舆论的共性，还具有其个性；根据网络舆论发生的顺序、影响的不同和是否有人为因素加入，可将网络舆论分为3种类型。

9.1.1 网络舆论的含义

1.舆论与舆情

沃尔特·李普曼(Walter Lippman)[①]将舆论定义为:“他人脑海中的图像——关于自身、关于别人、关于他们的需求、意图和人际关系的图像。”简单来说,舆论是人们通过语言、文字等工具公开表达情绪、态度等意见的集合,反映了多数人的意见,具有共同性、权威性和持续的影响力。“舆论学”是一门成熟的学科,在这一领域中,不同的学者从自身的角度出发,给“舆论”以定义。陈力丹[②](1999)认为舆论是公众关于现实社会以及社会中的各种现象、问题所表达的信念、态度、意见和情绪表现的总和,具有相对的一致性、强烈程度和持续性,对社会发展及有关事态的进程产生影响,其中混杂着理智和非理智的成分。刘建明[③](1998)认为舆论是显示社会整体知觉和集合意识、具有权威性的多数人的共同意见。秦志希[④](1994)等人认为舆论是社会公众对特定事态的公开评价及其一致性意见。

综上所述,舆论存在以下共性:舆论的主体是表达意见的多数人,具有相对一致性和权威性;舆论的对象是客观世界,具有客观性;舆论的本体是被公众公开表达的意见,具有公开性。

所谓舆情,是指公众针对自己关心或与自身紧密相关的事件所表达的公开态度、情绪等意见的集合。实际上,舆情与舆论既相互联系,又相互区别。在一定程度上,舆情可能会向舆论转化,但这种转化不是必然的。鉴于人们经常将“舆论”与“舆情”相混淆,本书对这两者作一区分。

从一般意义上来说,舆论和舆情是一对从属概念,两者既有共同点又有差异性。舆论包含舆情,舆情具有舆论所有的本质特征和大部分运行特征。舆论和舆情的共同点表现为以下几个方面[⑤]:

(1)本质一致

舆论和舆情都是对民众的公众意识的一种整合,是一种稳定的社会意识表达,是人们社会生活的重要组成部分。舆论和舆情不是简单的公众意见的表达,而是一定程度上的群体性意见,其中夹杂着理性和非理性的成分,这也是两者的本质特点。此外,舆论和舆情是社会民智的集中体现。舆论和舆情表达的是公众对现象和问题的表达,其中包含着他们的利益诉求,因此舆论和舆情的充分表达必然是大多数公众利益诉求得以实现的过程,而且也是预测社会发展水平及民众智慧的指标。

(2)都是公开的言论表达

考察舆论和舆情关键就是把握它们的形态和状态。就舆论和舆情的形态而言,它们都

---

① [美]沃尔特·李普曼.公众舆论[M].阎克文,江红,译.上海:上海世纪出版集团,2006.

② 陈力丹.舆论学——舆论导向研究[M].北京:中国广播电视出版社,1999:11.

③ 刘建明.基础舆论学[M].北京:中国人民大学出版社,1988:11.

④ 秦志希,饶德江.舆论学教程[M].武汉:武汉大学出版社,1994:28.

⑤ 李昌祖,许天.舆论与舆情的关系辨析[J].浙江工业大学学报(社会科学版),2009(4).

是一种言论形态，参与的主体跨越社会各个阶层。就舆论和舆情的状态而言，两者都是公开的状态，这是意见集合的必然要求，只有公开的状态才能集合成舆论和舆情，这种公开状态也是舆论和舆情传播的必要条件。

(3)都必须依附于载体

舆论和舆情不能单独存在，必须依托一定的载体，这种依托载体的选择是一个历史选择的过程，并不容易人为控制。媒体是舆论和舆情最主要的载体，实际上，媒介的发展支撑了舆论和舆情的发展。从报纸、电视等传统媒介到微博、微信等新兴媒体，舆论和舆情演化成为网络舆论和网络舆情。

舆论与舆情有一定的区别，具体差异表现为以下几个方面：

(1)两者客体不同

刺激舆情发生的是公权力运行及其结果的具体事件。非公权力运行主体在具体的工作中所产生的公众意见不属于舆情，是一般的舆论。可见，两者客体不同。舆情的客体是治国理政的国家管理者，具有单一性；舆论的客体包括社会公共领域中的社会管理者和公众关注的人物、事件、现象、问题甚至观点，具有广泛性。

(2)两者产生原因不同

造成舆情产生的原因可能是公权力合法、非法行使的行为，或者说是公权力主体的作为与不作为。而刺激舆论产生的原因范围更广，还包括社会公共领域中的社会管理行为和公众关注的人物、事件、现象、问题甚至观点所引发的言论内容。

(3)“助燃剂”的差异

舆情的产生必然需要特定的、具体的事件的刺激，舆论没有特定的、具体的事件的刺激也能够产生。舆情的“助燃剂”是一种特定的具体事件的刺激反应，具有即时发生、反应针对性强和反应强度大的特点。而舆论产生除了上述特点外，一般性的舆论的“助燃剂”只是民众纯粹出于自我参与社会意见的需求反应，针对性较弱，反应强度也较弱。

(4)引导的差异化

首先，舆情应对是政府部门的职责所在，舆情引导主体主要是政府部门，而舆论的引导主体更宽泛，还包括企业、个人等。其次，舆情应对必须更为专业化。舆论和舆论“助燃剂”的差异化要求舆情引导必须更加专业。最后，舆情应对的强度要求越来越高。随着社会的发展，特别是中国改革开放事业的进一步深入，社会矛盾进一步加剧。舆情的“助燃剂”必然涉及民众公共利益诉求。这要求政府应对舆情时必须加强工作力度。综上所述，本书对舆论和舆情的异同整理如表9.1所示。

表9.1　舆论和舆情异同点

相同点	差异点
● 本质一致 ● 都是公开的言论表达 ● 都必须依附于载体	● 两者客体不同 ● 两者产生原因不同 ● “助燃剂”的差异 ● 引导的差异化

2. 网络舆论

随着互联网的普及，各种舆论更是甚嚣尘上。网络因其具有公开性、自由性、交互性和匿名性等天然优势，满足了公众参与事件和表达意见的渴望和追求。网络逐渐成为新闻、民生意见的集散地，具有强大的舆论力量。2003 年之后，“网络舆论”作为一个固定概念被提及，并被大众广泛认知。但至今网络舆论还未有明确的定义，本书结合众多学者的观点定义网络舆论，认为网络舆论是公众通过互联网这个媒介进行传播的舆论，是公众有声和无声意见的表达，具有一定的倾向性。如马航 MH370 失联事件一经爆出，引发了众多网友转发、评论及点赞，其中有人在评论里表达对马航的谴责，这是有声意见的表达；更多的人则是对该事件中的相关评论进行转发、点赞，这就是无声意见的表达①。

网络舆论由四大要素构成，分别是网络舆论主体、网络舆论客体、网络舆论载体和网络舆论本体②。舆论主体是在网络上表达情绪、态度、意见的网友或组织；舆论客体是网民情绪、态度、意见表达的对象，这对象可能是社会焦点事件或社会现象；舆论载体是互联网这个传播媒介，在我国主要有微博、微信、贴吧、论坛、QQ 等平台；舆论本体是网民表达的态度、情绪、观点和意见的集合。这些要素令网络舆论具有极强的生命力，能够突破时空的限制，广泛、快速地传播。例如 2012 年西门子冰箱“质量门”事件，表达言论的网友是网络舆论主体；西门子冰箱的质量问题是舆论客体；此次事件的主要舆论载体是微博；网友针对此次事件的各种观点、情绪的表达就是舆论本体。由此可见，这种网络舆论的分析可以从本质上解读其内容和运行机制，便于广大公众对网络舆论的理解和分析③。

9.1.2 网络舆论的特征

与传统媒介相比，网络具有更强的实时交互性、发言自由性和身份隐蔽性。因此，在互联网这个平台上，传统媒体的权威性和垄断地位被打破，每个人都有可能成为媒体，每个人都可以对事件品头论足。这使得网络舆论除了具有传统舆论的共性以外，还有其独有的个性，如表 9.2 所示。

表 9.2 网络舆论的共性和个性

共 性	个 性
● 公开性与隐蔽性共存 ● 自发性与引导性共存 ● 理性与冲动并存	● 广泛参与性 ● 实时互动性 ● 非理性被放大 ● 议题多样性

具体而言，传统舆论的特征表现为如下几个方面。

(1) 公开性与隐蔽性共存

舆论的公开性是舆论的重要特征之一。舆论作为公众对舆论客体情绪、态度、意见的表达，必须是公开的；不公开表达的情绪、态度、意见，不能称之为舆论。如果对某个社会焦点事件的意见放在心里不说，那只能称之为腹议，不能构成舆论；如果这种意见仅在小范围内传播，没有得到广泛的认同，不是大多数人的共同意见，那么也构不成舆论。舆论的传播正是借助于舆论的公开性才能得以广泛传播，舆论的巨大影响力在很大程度上也是依赖其公开性。与此同时，舆论的主体具有

① 对微博上马航失联事件的表达观察所得。

② 柳卫民. 网络舆论特征新解及发展趋势剖析 [J]. 云南行政学院学报. 2015(2).

③ http://baike.baidu.com/link? url = bx-cigHDop91em4nVUs0qeXyFwMzI19bgw-MHnkZk4a7Xg9xMTHS0J7h8jjNpFI79RatrUNwUIgR3rAz2ER-hK 对西门子质量门事件新闻报道、微博舆论观察所得。

广泛性和分散性的特征，因此，要指明某个舆论主体很困难，也就是说，舆论具有天然的隐蔽性特征。

(2)自发性与引导性共存

很多社会意识都是经过时间的积淀和人们的加工整理而成的，体现了自发性和引导性共存的特征，而舆论在一定意义上也属于社会意识，也具有自发性和引导性共存的特征。有时候，政府、企业等有意地制造或引导舆论并没有改变舆论的自发性特征，事实上是对舆论自发性和引导性的运用。企业、政府可以有组织、有计划地引导舆论，但能否被大多数人接受，还是要依靠舆论本身自发进行。

(3)理性与冲动并存

在互联网发展兴盛之前，意见表达的渠道主要是报纸、电视、广播为主的传统媒介；在传统媒体阶段，表达意见的通常是一个领域内的权威、专家，至少是“业内人士”。他们根据自身的专业学识，做出理性判断。但是他们在对事件表达的意见时，受到周围舆论氛围和情绪的影响，可能考虑不周或出于报复，冲动发表言论，从而误导公众。因此，传统舆论理性和冲动并存，既有专业化、理性的一面，也有冲动、非理性的一面。

网络舆论除了具有“舆论”所具有的一般特征之外，也具有一些独有的特征，这些特征在很大程度上和“网络”这一新兴媒体所具有的特质相关。

1. 广泛参与性

所谓网络舆论的广泛参与性是较传统舆论而言的。传统舆论通常是权威或专家发表言论，发表言论的主体范围小、人数少，大多数人只能听从、接受，方向上是自上而下的，地位上是不平等的。但是由于网络门槛低、进出自由，无论什么阶层、地位、专业的人，都能够在网络这个平台上自由地发表言论。在网络中，传播者和接受者的地位是平等的，方向在大多数情况下是自下而上的，而且两者之间可以相互转化。

2. 实时互动性

实时互动性是网络舆论独有的特征之一。即时性表现为世界各地的奇闻趣事、新闻要事能够通过微博、Facebook、微信等社交平台进行实时、快速发表。传统舆论是在事情发生一段时间后才发布出来，公众看到后再进行表态，时间上具有后滞性。因为网络不同于传统媒介的单线性，它是双向实时传播的，它的交互性赋予了网络舆论互动性这一特征。如自2008年之后，国家总理每年和网友在强国论坛上互动交流。现在社交媒体上，都可以对事件随时随地地进行评价和提出看法，其他人也可以对你的观点进行反驳，实现线上的实时交流互动。

3. 非理性被放大

网民对一个话题的看法和态度具有多样性和多元性。在各种信息充斥的网络环境里，经常有未经证实的小道消息广泛流传。由于网民学识和素质的参差不齐，且存在普遍偏低龄化的情况，谣言往往为众多不明真相的网民盲目接受、信任。互联网时代，人人皆可发言，新闻一出，立即引发网民的关注和讨论，极少数人会质疑事件的真实性。有些新闻或事件到最后被辟谣为假消息，网友才恍然大悟。即使有人辟谣，公众也大多秉持怀疑的态度。由此可见，网络舆论中非理性的一面被放大，想要改变这种情况，不仅需要加大对网络舆论的监管，同时也需要提升公众的辨别能力。

4. 议题多样性

议题多样性作为网络舆论的个性之一，是指网民讨论的内容包罗万象，既包括明星八卦这类的娱乐话题，也包括关乎民生大计的社会热点事件这类严肃议题。议题多样性是新兴媒体和网络舆论发展的产物。互联网将世界各地连成一个整体，各地的新闻和趣事等方方面面的事情都能够快速传播，同时网络的自由性和匿名性使舆论客体的覆盖面更加宽广。

9.1.3 网络舆论的类型

根据网络舆论发生顺序、影响的不同和是否有人为因素加入，网络舆论分为以下 3 种类型①。

1. 原生性网络舆论和衍生性网络舆论

根据网络舆论的先后顺序，将网络舆论分为原生性网络舆论和衍生性网络舆论两类。原生性网络舆论是指最初对舆论客体的态度、情绪、观点的表达；衍生性网络舆论是指由最初的网络舆论诱发出来的二次网络舆论；两者不仅有先后关系，还有因果关系。

危机事件爆发之初，网民对该事件有不同的态度、看法，随后形成较为一致的网络舆论，这就是原生性网络舆论。但是随着时间、公众态度的变化等不确定因素的加入，极有可能引发新一轮的网络舆论，即所谓的衍生性网络舆论。因此，原生性网络舆论发生在先，衍生性网络舆论发生在后。网络舆论的舆论客体可能是原本的危机事件，也有可能是网民态度引起的其他危机事件，但是不能否认的是，原生性网络舆论是衍生性网络舆论的衍生点。换而言之，原生性网络舆论为因，衍生性网络舆论为果；原生性网络舆论可能导致衍生性网络舆论，但是衍生性网络舆论不可能引发原生性网络舆论。如 2008 年的三聚氰胺事件，最初是仅针对三鹿奶粉的热议和讨伐，此时，网络舆论还是针对三鹿奶粉的原生性网络舆论。随着相关部门对各大奶业的抽样调查，立即在网络上引发了新一轮的网络舆论，不仅只针对三鹿奶粉，还针对蒙牛、伊利等其他奶业。此时，衍生性网络舆论产生了②。

2. 正面网络舆论和负面网络舆论

网络舆论往往依附于某一事件或某一话题等客体，不免对这些事情的发展产生影响。

---

① 参考：张玉强. 网络舆情危机引导策略研究 [J]. 理论导刊，2012(01).

② 中国奶制品污染事件_百度百科 http://baike. baidu. com/link? url = jzs70IdSOVsElHZNZyvGpH6xbI4fg_p - g0xLg0LdZQk - L3aT3gsXe9N3LW74HsJzIgcP52yrBy1wdcSqV82rAK.

网络舆论是一把双刃剑，对企业而言，有可能给企业带来好处，也有可能给企业带来灭顶之灾。因此，根据对事件的影响结果的不同，可以将网络舆论分为正面网络舆论和负面网络舆论。

作为判定影响好坏的依据也不尽相同，如公众信任感知、舆论"意见气候"等都可作为判断标准。以公众信任感知为例，当网络舆论为企业树立良好的企业形象、提升公众对企业的信任感有利时，说明网络舆论对企业有积极影响，此为正面网络舆论；当网络舆论引起消费者、媒体等不满，导致公众对企业不信任时，说明网络舆论对企业有消极影响，这种网络舆论即为负面网络舆论。当网络舆论产生负面影响的时候，网络舆论危机也就爆发了。可以说，网络舆论危机是网络舆论发展到某种程度的产物。

3. 自发型网络舆论和操控型网络舆论

根据是否有人为因素的加入，将网络舆论分为自发型网络舆论和操控型网络舆论。自发型网络舆论是指因为某些突发情况自发引起的网络舆论，具有自发性和不可控性。操控型网络舆论是指在个人、组织的人为操作下引起的网络舆论，具有人为性和刻意性。

自发型网络舆论和操控型网络舆论两者之间在某些情况下可以转化。某些突发危机的发生极有可能引起网友热议，这种非人为情况下网络舆论很有可能被不法分子利用，制造舆论，变成操控型网络舆论。随着行业竞争的加剧，为了更大市场份额，不少企业利用"水军"企图操控网络舆论来达到中伤竞争对手、美化自己的目的。因此企业在引导舆论时要小心应对，避免被竞争对手恶意中伤。

9.2 网络谣言

网络谣言作为信息异化的产物，是网络舆论的一部分。谣言、谎言和流言经常容易混淆。实际上，三者在概念上有相同之处，在动机上存在细微区别。网络谣言的参与主体有造谣者、信谣者、传谣者、辟谣者四类。四类主体出于不同的目的制造、传播、消退网络谣言，贯穿网络谣言的始终。

9.2.1 网络谣言的主体

1. 网络谣言的概念

"谣言"有非常久远的研究历史；社会学、传播学、人类学等学科的诸多学者都对谣言进行了探讨。波普洛(Popenoe)[①]认为谣言是人与人之间非正式的、通常是口头传播的未经证实的消息；罗斯诺等(Rosenau)[②]认为谣言是指没有得到证实而又无法反驳的信息；卡普·费雷(Kapp Ferre)[③]认为谣言是在社会中出现并流传的未经官方公开证实或者已经被官方所

---

① 戴维·波普洛. 社会学［M］. 第10版. 北京：中国人民大学出版社，1989：605.

② 罗斯诺，费恩. 流言［M］. 北京：国际文化出版公司，1990：4.

③ 卡普费雷. 谣言［M］. 上海：上海人民出版社，1991：18.

辟谣的信息；刘建明①(2000)认为谣言是众人无根之言的传播，只有传播虚构事件的人鱼贯而动，达到舆论量，才称为谣言；斯特曼(Sterman)②认为谣言是一种通常以口头形式在人群中传播，目前没有可靠证明标准的特殊陈述。

综上所述，本书认为，所谓网络谣言，指的是以网络为媒介出现的、未经证实但无法反驳的、后被辟谣为虚假且对社会有害的信息。随着互联网的发展，网络成为了网络谣言的温床，各色网络谣言层出不穷。网络谣言在被辟谣时，公众才明白事实真相。换而言之，网络谣言必然是虚假的。网络谣言的虚假一般有两种情况：无中生有和事件衍生。虽然网络谣言是虚假的，但是在谣言爆发之初，被害人或其他利益相关者没有证据反驳，无法还原事情真相；而尽管造谣者也无法给出证据，只凭借捕风捉影造谣生事，但是公众为了自保，都会下意识地选择相信。

人们通常会将"谣言"、"谎言"、"流言"三个概念相混淆。事实上，三者既有相同的地方，也有区别。从概念上来看，"谎言"的最大特征是没有事实依据。那么，"谣言"是否等同于"谎言"呢？但事实上，谣言不等于谎言。因为谣言不一定是虚假的，答案是否定的，一定是虚假的。说谎时，人们明白自己说的是假话，而传谣者有可能并不认为所传播的信息是虚假的。也就是说，谎言和谣言的主要区别在于信息真实性的差异：在谎言中，参与者的动机占据主要的位置，人们说谎总是有自己明确的目的，且一定是虚假的；但在谣言里，参与者的动机不再占据主要的地位，因为接收的主体不是"个人"，而是"有人"。"有人说"通常就成为人们传播谣言时的开场白，人们不需要为此背上任何的心理包袱和社会责任，不需要去证实这种说法的真实性。③

此外，人们通常还会比较"谣言"与"流言"。从社会心理学角度来看，流言是指拿不出任何信得过的确切证据，而人们相互传播的一种特定的信息。它与谣言的细微区别在于动机不同。谣言更倾向于有意识地攻击，具有人为性、倾向性和破坏力；而流言可能只是一种无意识的以讹传讹，是一个较为中性的概念④。如罗斯诺(Rosenau)指出"流言不仅出自恶意动机，也来自善意动机，而且也不是所有流言都有计划扩散的"⑤。本书对这三者的整理如表 9.3 所示。

表 9.3　谣言、谎言、流言比较

概　　念	定　　义	相　同　处	区　　别
谣言	未经证实的、被辟谣为虚假的且对社会有害的信息	未经证实信息传递	1. 真实性不同：谎言肯定不真实，流言和谣言真假难辨。 2. 动机不同：谣言和谎言偏向于人为有意识地传播，流言偏向于无意识
谎言	明知不正确而传播的信息		
流言	无意识的以讹传讹		

① 转引自：刘建明．舆论传播［M］．北京：清华大学出版社，2000．

② 转引自：奥尔波特等．谣言心理学［M］．沈阳：辽宁教育出版社，2003：2．

③ 转引自：徐锦江．流言导读［M］．上海：上海文化出版社，2004(4)．

④ 转引自：徐锦江．流言导读［M］．上海：上海文化出版社，2004(4)．

⑤ 转引自：徐锦江．流言导读［M］．上海：上海文化出版社，2004(4)．

2. 网络谣言的主体

信息的传播过程中有5个构成要素，分别是传播者、受传者、信息、媒介和反馈[①]。网络谣言作为信息的一种表现形式，也适用于信息的传播过程的分析框架。造谣者出于某种动机，通过网络这个媒介传播谣言，在这个过程中有人相信这个谣言，有人将这个谣言广而告之，也有人或组织出来进行辟谣。本书认为，在网络谣言的传播过程中，参与的主体有造谣者、信谣者、传谣者和辟谣者这4类[②]。

(1) 造谣者

造谣者造谣一般有两种情况，出于某种动机而进行造谣，或出于误解，无意识造谣。如“美的惊动了党！”事件就是微博“大V”名为“互联网那点事儿”出于误会，放出的信息令公众相信，从而酿成了美的电器谣言风波。这就是属于误解性无意识造谣。在网络谣言危机中，对企业进行刻意造谣的动机一般有以下几种情况：

① 竞争企业为了打击对手，取得商业利益。随着企业竞争的日益白热化，为了占有更多的市场份额，获取更大利益，就有部分不择手段的企业通过散布不实的、对竞争对手有害的谣言企图中伤对方。如圣元“激素门”事件中，有消息称蒙牛诽谤圣元奶粉含激素造成婴幼儿性早熟。这有可能是竞争对手对圣元、蒙牛的打击，企图谋求利益。

② 媒体为博取公众眼球。新闻媒体对信息不经过考据，为了获取点击率，转载网络上的不实谣言或自行报道不实消息。有些不良媒体，为了获得点击率，也不考究信息的真实性就报道出来，从而造成谣言满天飞的现象。

③ 个人出于报复或者发泄情绪。互联网时代，有些人由于个人情感、罔顾法律、事情真相，恶意散布不实谣言打击报复他人。如2012年的中石化“非洲牛郎门”事件中，就是傅某为了中伤中石化张某，刻意在网上散布恶意信息，企图抹黑张某达到报复、发泄情绪的目的。

(2) 信谣者

信谣者，顾名思义就是相信谣言的公众。信谣者听信谣言，有以下几种情况：

① 对“意见领袖”轻信或者盲从。由于互联网时代“意见领袖”不仅限于一个领域的专家，还包括明星、草根“大V”等。他们粉丝众多，具有较强的话语权和舆论引导力，但他们可能因为考虑不周全、专业知识不过关而散布谣言。出于对“意见领袖”的相信，公众对于“意见领袖”发布或转发的信息深信不疑。

② 本能自发反应。在谣言散布之初，在没有证据证明真假的情况，出于自保，每个人面对谣言都很难保持绝对的冷静，“宁可信其有，不可信其无”，很多人都会下意识地选择相信谣言。谣言面前人人自危，不怕一万，就怕万一。

(3) 传谣者

对谣言进行传播的人都称为传谣者，但他们不一定是信谣者。他们传谣的原因有以下几种：

---

① 张丽红. 试析网络谣言传播的主体及其作用与应对［J］. 前沿，2013(9).

② 参考：张丽红. 试析网络谣言传播的主体及其作用与应对［J］. 前沿，2013(9).

① 下意识行为。在谣言传播的过程中，有些人出于利益的考虑或其他目的对谣言信息进行转发、发布，也有些人只是下意识或习惯性地进行转发。尽管是习惯性行为，但这种行为客观上对谣言的传播起到了推波助澜的作用，在一定程度上扩大了谣言的散布范围。如果少一些"习惯性"，多一些理性，很多人必不会被谣言所惑，更不会用谣言惑人。

② 跟风。"沉默的螺旋"理论认为在相对一致的优势意见的影响下，因为害怕被孤立，会选择采取和多数人一致的行为。在网络谣言的传播中，人云亦云，跟风传播谣言都是出于这个原因。跟风心理是网络传谣者的一种非常普遍的心理，他们的言行未必是恶意的，只是缺乏甄别信息真伪的能力。当某个网络谣言消息甚嚣尘上的时候，他们不愿意游离于主流观点之外，害怕被边缘化而失去某种归属感，所以他们倾向于认同，或主动或被动地转发这些消息，从而成为网络谣言泛滥的帮凶。

③ 谋取利益。在这个竞争激烈的时代，衍生出一批为了牟利而恶意传播谣言的人群——"水军"。各大论坛都不乏"水军"群体，他们传播不实谣言，中伤他人。这类传谣者受雇于一些网络公关公司或企业。他们处于网络公关利益链条中的底层，却也是最关键的一层，主要的任务就是按照雇主的要求去各个论坛发帖、顶帖，传播谣言。他们发帖、顶帖的内容、时间、方式完全由网络公关公司或企业决定，他们只是出于利益驱动，因而他们属于被动的传谣者。

(4)*辟谣者*

谣言之所以称之为谣言，是因为它是未经证实的信息。在谣言散布一段时间后，就会有辟谣者出来进行辟谣，还原事情真相。谣言的当事人、受害者、专家、政府等都有可能成为辟谣者。辟谣的具体原因不尽相同，但根本目的都是为了减轻谣言的危害，还原事情的真相。辟谣者辟谣的结果两极分化，大致可以分为以下两种：

① 终止谣言。都说"谣言止于公开"，一旦辟谣者及时拿出证据，用事实说话，谣言会不攻自破。在证据面前，一切的谣言都会站不住脚，辟谣信息经过发布、转发，使无中生有的谣言偃旗息鼓。

② 成为谣言的"助燃剂"。在面对公众的质疑时，如果辟谣者态度高高在上，辟谣的内容过于简单形式化，缺乏说服力，不仅不能达到制止谣言的目的，反而会造成谣言愈演愈烈的恶果。所以辟谣者辟谣不能只是单方面的否认和辩解，更要拿出有说服力的证据取信于民，采取特定的辟谣策略，避免引起社会公众和媒体的反驳。

9.2.2 网络谣言的危害

波斯特曼(Postman)[①]等人认为谣言的产生和事件的重要性与模糊性成正比关系，因此提出了谣言公式为"谣言 =（事件的）重要性 ×（事件的）模糊性"。克罗斯(Cross)[②]认为如果公众具有一定水平的辨别能力和比较强的批判能力，谣言就不会产生，在此基础上他将

① 转引自：王宏伟. 舆情信息工作策略与方法［M］. 北京：中国人事出版社，2010：21.

② 转引自：王宏伟. 舆情信息工作策略与方法［M］. 北京：中国人事出版社，2010：21.

谣言的公式修正为“谣言 =（事件的）重要性 ×（事件的）模糊性/公众的批判能力”。这个公式说明谣言的破坏力有多大，不仅取决于事件的重要性、模糊性，而且还取决于公众的批判能力。一般而言，网络谣言的危害体现在如下几个方面。

1. 对企业的危害

网络谣言的散布，对企业的经营活动和企业形象等方面都产生了几乎不可磨灭的负面影响，进而威胁整个行业、国家的政治经济安全。具体而言，网络谣言对企业的危害有以下几个方面：

（1）破坏企业形象

在某些不择手段或别有用心的人恶意造谣的情况下，一些破坏企业形象、中伤企业产品、服务的谣言甚嚣尘上。比如肯德基的鸡是畸形鸡，有“三对翅膀”这种耸人听闻的标题新闻，吸引公众的关注，传播不利于企业的一些不实、夸张的谣言，进而影响企业的形象。

（2）引发信任危机

我国正处于社会转型阶段，各种矛盾高频爆发，人与人、人与企业、人与社会之间的关系十分紧张。这个时期，一些谣言尽管明显不具有信服力，但还是有人相信，导致消费者、媒体、公众更加不信任企业，两者之间的信任关系越发薄弱，从而引发信任危机。

（3）经济利益的损失

网络谣言一旦爆发很容易造成企业经济利益的损失。一方面表现为企业产品销售受阻，容易被竞争对手趁虚而入，占领原本企业的市场份额，导致企业利润下降；另一方面表现为企业股票下跌，企业的资金链遭到破坏。如 2008 年，标题为“今天联通跌停！绝对真实，再融资 600 亿!!! 完了!”的网络帖子使中国联通市值三天内蒸发 156.68 亿元，总市值损失 353 亿元①。此外，为了终止谣言，企业不得不花费大量的人力、物力、财力去辟清谣言，企业的损失进一步加剧。

2. 对行业、社会的危害

网络谣言不仅会对企业造成巨大的伤害，而且会影响到行业、国家、社会的安全和稳定。网络谣言对社会的负面影响具体而言有以下几个方面：

（1）引起社会恐慌

互联网时代的到来，使得信息得到广泛而快速的传播，三人成虎的事件不断上演。由于谣言信息的真实性有待考据，公众难以对信息进行甄别，随着信息传播过程中的“加工”和“夸张”，难免造成谣言越发耸人听闻，危害加剧，引发社会恐慌情绪。如 2005 年中国酿酒工业协会啤酒分会副理事长、国家啤酒绿色标准课题组负责人顾国贤教授认为中国 95% 的啤酒都含有甲醛，会危害人体健康②。随后这则消息被《环球时报》刊登，引起社会恐慌和消费者对啤酒企业的质疑。

---

① 一则传闻引发的跌停 http://newpaper.dahe.cn/hnsb/html/2008-02/26/content_39194.htm.

② 95% 啤酒含有甲醛？——搜狐财经 http://business.sohu.com/s2005/pj.shtml 整理所得.

(2)扰乱行业秩序

原本针对某个企业的网络谣言，进过二次传播或者谣言的发酵升级后，可能会波及整个行业，扰乱行业秩序。如2011年霸王致癌门事件中，香港媒体爆料霸王洗发水含有二恶烷，能够致癌。“霸王”一下子陷入是非当中，后来召开新闻发布会，曝光所有洗发水皆含有二恶烷，更是将整个洗发水行业拖入泥潭，扰乱整个行业的秩序①。

9.2.3 网络谣言的传播

网络谣言的生命周期通常有三个阶段，分为酝酿期、爆发期和消解期，其中酝酿期属于潜伏阶段，爆发期和消解期都属于传播阶段。经过造谣者、信谣者、传谣者和辟谣者的参与，网络谣言得以出现、传播。在不同的传播渠道上，网络谣言有不同的传播特点以及不同的传播模式。

1. 网络谣言传播的生命周期②

信息异化是指信息在生成、传播和利用过程中，由于受到各种因素的影响干扰，导致了信息生产与信息消费之间的矛盾，信息的主体即民众对信息过分相信，在信息面前丧失了主动性，反而被信息支配、奴隶。网络谣言作为信息的表现形式之一，是信息异化的产物，其传播依旧符合信息的传播运动规律，具有一定的生命周期，一般会经过酝酿期、爆发期和消解期三个阶段，其中爆发期和消解期都属于传播阶段。

(1)网络谣言酝酿期：蝴蝶扇动羽翼

在网络谣言的酝酿期，网络谣言尚未浮出水面，造谣者出于某种目的或由于误解，根据在现实社会中发生的事件或者虚假事件，然后将其扭曲，使其成为具有破坏力的网络谣言。网络谣言编造完成后，等待被投放网络。这个阶段的网络谣言主体主要是造谣者；造谣者像一只蝴蝶在扇动羽翼，企图在网络上掀起轩然大波。

要掀起轩然大波，谣言信息、事件都是关键。从谣言公式中可得出事件的重要性和公众的批判能力都对谣言的破坏力都有影响。根据心理学的研究表明：人们对负面信息比正面信息的敏感性更大；事件的信息越是负面，越是容易引起公众的关注，公众传播的意愿也会更强烈。换句话说，也就是造谣者造谣所涉及的事件的重要性、敏感性以及公众的批判能力决定了网络谣言的舆论热度。

(2)网络谣言爆发期：引起舆论龙卷风

网络是谣言滋生的温床。网络谣言被投放进网络环境里，网民必然受其影响，有所反应。但网民的经验素质、专业学识不同，反应也就不同。根据网民的行为将公众分为4类：围观者、信谣者、传谣者和辟谣者。如果事件越重要、越敏感，围观者、信谣者和传谣者越

---

① 霸王致癌门_百度百科 http://baike.baidu.com/link? url=_Ryb-AIjnR5GynyFRbBOG7J9oHfdvOxw0hKfJ2Ct62HT3rC6Mxbywrqr_rk6d04OGMPl07uEvniGut1I9j-51a.

② 参考：匡文波. 论新媒体舆论的生命周期理论模型［J］. 杭州师范大学学报(社会科学版). 2014(2).

多，必然令谣言得到广泛传播，一传十，十传百，不断扩散。而且在传播过程中，网友对谣言信息进行增加修改，使网络谣言的破坏力更大。

随着网络谣言的爆发，有网友对谣言深信不疑，也有网友质疑。此时，掌握事件真相，具有强批判力的人或组织就会化身成为辟谣者，站出来澄清谣言。

(3) 网络谣言的消解期：或平静退去或暗流涌动

网络谣言消解期的主体是辟谣者。辟谣者辟谣也有两面性，有可能令谣言就此消解，但也有可能加剧谣言破坏力。在证据面前，一切的谣言都会站不住脚，辟谣信息经过发布转发，使无中生有的谣言偃旗息鼓。在辟谣者的努力下，谣言消息逐渐减少，平静退去。如 2005 年的高露洁致癌风波，在相关专家的辟谣下，牙膏致癌谣言逐渐散去。

辟谣者辟谣也有可能对谣言的消散产生不利影响，加剧谣言的危害。在这种情况下，尽管有人站出来辟谣，但是由于辟谣的方法、态度的问题，没有平民愤反而使得谣言愈演愈烈，暗流涌动，酝酿出新的危机。如 2009 年农夫山泉、统一“砒霜门”事件，虽然经过工商局的辟谣道歉，但是并没有令事件平息，反而引发了怀疑政府威信的舆论危机①。网络谣言的生命周期如图 9.1 所示。

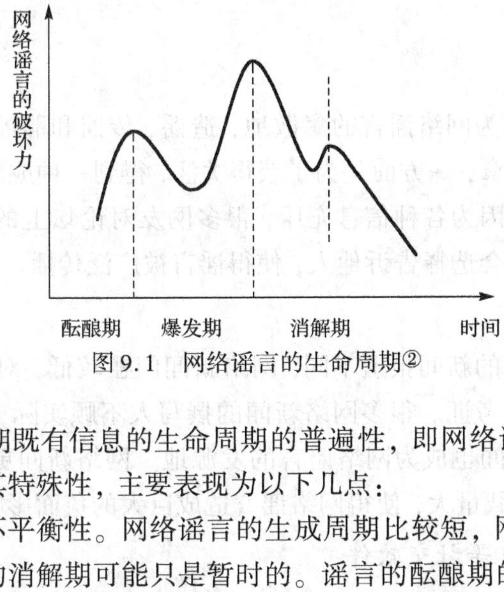

图 9.1　网络谣言的生命周期②

网络谣言的生命周期既有信息的生命周期的普遍性，即网络谣言的生成、演化和消退都具有周期性，但也有其特殊性，主要表现为以下几点：

首先，各类阶段的不平衡性。网络谣言的生成周期比较短，网络谣言的爆发期持续时间比较长，而网络谣言的消解期可能只是暂时的。谣言的酝酿期的主体是造谣者。造谣者造谣不管是无中生有还是事件衍生所花时间周期都不长，因此网络谣言的生成之初，谣言可能是仅仅数语且还存在漏洞，对企业的破坏力不强。但是信谣者、传谣者的进入使谣言信息不断被补充完善，网络谣言的受众越来越广，使得网络谣言的传播达到峰值，随后又会慢慢衰退。谣言的爆发期由于事件的敏感性、重要性等原因，往往持续时间较长。而网络谣言虽然随着时间的消逝慢慢淡出人们的视线，但并不是完全消失。网络谣言往往因为某个契机死灰复燃，从而再次引发谣言危机。

---

① 统一农夫山泉“砒霜门”追踪 http://money.163.com/special/00253VUF/tongyinfsq.html 整理所得。

② 参考：匡文波．论新媒体舆论的生命周期理论模型［J］．杭州师范大学学报(社会科学版)，2014(2)．

其次，新旧谣言之间的竞争性。互联网时代，信息丰富多样，呈现爆发式增长，使网络谣言层出不穷，新的网络谣言的出现必然会转移公众的视线，减少对旧的网络谣言的关注度。新的网络谣言不断出现，必然会和旧的网络谣言产生竞争，新的网络谣言的出现可能会造成旧的网络谣言的消解衰退。因此，新谣言的出现会促成旧谣言的衰变。新旧谣言的竞争贯穿网络谣言生命周期的始终。公众的焦点受到公众判断能力、事件重要性、事件敏感性等影响，有可能仍是旧谣言占据公众视线，新谣言没有掀起任何水花，反而先于旧谣言消解。因此有些谣言现在还是甚嚣尘上，而有些谣言已经烟消云散了。

最后，网络谣言具有反复性。很多谣言随着时间的淡化或辟谣者的辟谣慢慢消失了，但是经过一段时间发现该谣言突然之间再次进入公众视线，引得大众议论纷纷。由此可见，网络谣言存在反复性，网络谣言可能从消解期反弹至爆发期，引发新一轮的危机。但并不是所有的网络谣言都存在反复性。具有反复性的网络谣言必然是公众关注的热点问题，公众对此网络谣言暗示的问题存在较多不满、质疑，希望能够得到解答。如果辟谣者的辟谣没有得到公众的广泛认同，那么当这个谣言再次被提及时，公众仍会深信不疑，直至得到他们想要的答案。

2. 传播渠道

（1）各类论坛

各个论坛几乎已经成为网络谣言的集散地，造谣、传谣和辟谣的比比皆是。很多人喜欢在论坛上灌水、发表文章，一方面是为了获得关注，得到一种成就感，另一方面可能是被利益所驱使，趋利而为。因为各种信息充斥，很多网友对论坛上的信息都半信半疑。但是为了以防万一，很多人都会选择告诉他人，使得谣言被广泛传播。

（2）网络新闻

网络新闻和传统媒体的新闻报道不同，网络新闻门槛较低，对新闻的“把关”较弱，使得网络新闻的真实性有待考证。很多网络新闻的撰写人不顾实际，怎么夸张怎么写，怎么吸引人怎么写，令网络新闻也成为网络谣言的发源地。网络新闻更新快，大多掌握第一手新闻，阅读量大，关注转载量大，使得网络谣言造成巨大的负面影响。

（3）微博、微信、QQ等社交软件

微博、微信、QQ等社交软件令每个人都能成为媒体。社交媒体上是一对一或一对多的活动，相互之间有一定的熟悉度，在聊天、发布信息的过程中，会增强谣言的真实色彩，使谣言被误信为真相。此外，社交软件具有模拟真实社会人际交往的特点，接近口头传播，这也大大增强了所传信息在人们心目中的可信度。

3. 传播模式

网络谣言在不同的时间段、不同传播渠道上，有不同的传播模式、传播特点。本书认为网络谣言的传播模式有以下几种，如表9.4所示。

表 9.4　危机传播模式

传播模式	传播渠道	传播特点
金字塔型传播	微信、微博、QQ 等社交软件	谣言可信度较高、速度较慢、范围窄
放射状传播	网络新闻、各大论坛	范围广、速度快
旋涡型传播	—	破坏力强，影响广

(1) 金字塔型传播

网络谣言一传十，十传百，像金字塔一样传播下去，为金字塔型传播模式。这种传播模式，速度较慢、范围窄，但可信度较高。在微信、微博、QQ 等传播渠道的传播都具有这样的特点。但是这种传播模式受限于造谣者和传谣者的朋友圈或粉丝圈的大小，造谣者或传谣者在微信、微博、QQ 等渠道传播谣言信息，关注谣言信息的人只有可能是他的朋友、粉丝，经过朋友、粉丝的转发再次传播才有机会令谣言被更多的人接收。不过由于关注、转发的人之间关系较为熟悉、亲近，使谣言更为令人信服。

(2) 放射状传播

放射状传播是指从一个点向周围无数个点发送信息，即网络谣言从信息源向无数接收者发送。这种传播模式范围广、速度快。在网络新闻、各大论坛的传播具有这样的特点。贴吧、论坛、网络新闻将千千万万的陌生人聚集在一起。通过贴吧、论坛、网络新闻平台散布网络谣言信息，网络谣言的受众就不仅仅是周围的人，而是全世界的人。全球的人都有可能通过这些平台看到谣言信息，使网络谣言不受时间、空间的局限，快速、广泛地得到传播，从而对企业造成极大的损失。

(3) 旋涡型传播

这是非常时期的一种传播模式。在互联网超链接的作用下，网络谣言从信息源向四周扩散，在各个信息板块之间快速流动，呈现旋涡式席卷各地。这种传播模式破坏力强，影响广，但是需要天时、地利、人和的配合。

9.3　网络舆论应对

除了做好网络舆论引导、网络舆论应对，首先要做好网络舆论监控。没有完备的网络舆论监控，就没有成功的网络舆论引导。引导网络舆论的过程中要遵守网络舆论应对的相应原则，并且从网络舆论的实际情况出发，灵活运用网络舆论引导策略。

9.3.1　网络舆论监控

网络舆论应对的第一步是做好网络舆论监控。完善的网络舆论监控是做好网络舆论应对的牢固基石。网络舆论监控的含义有广义和狭义之分。广义的网络舆论监控是指通过网络进行的监控行为，是公众利用网络对表达的意见、行为等所实施的检查、监督和控制①。

① 李俊彦. 网络媒体的有效舆论监督 [J]. 新闻知识，2005(3).

狭义的网络舆论监控是指对网络意见的监控，是公众对在互联网上表达的倾向性的意见进行监控控制。本书中的网络舆论监控是狭义的网络舆论监控。

1. 网络舆论监控的特点

传统媒体具有对信息审核、把关、过滤的机制，在很大程度上能够降低舆论的数量，但是网络因其自由、开放，匿名性等特点，丧失“把关、审核、过滤”的功能，使网络环境各类信息层出不穷，网络舆论此起彼伏。再加上网络言论上的情绪化和非理性，令网络舆论常常处于失控状态，网民的“群极化”效应更是令网友受到煽动，形成群氓。网络舆论不管是对个人还是企业、政府都有可能造成极大的破坏。

此外，网络水军、网络推手的出现更是将网络搅得天翻地覆。他们通过海量的转帖、发表言论。制造话题、抹黑对手，形成虚假的网络民意。往往到舆论后期，官方澄清之后，网友才会意识到自己被误导了。所以在这个真假难辨的环境里，网络舆论监控刻不容缓，势在必行。

网络舆论监控和传统媒体监控相比，在监控方式、监控影响、监控力量等方面都有所突破，网络舆论监控范围更广，效率更快，效果更明显，方式更为灵活。

(1) 范围广和难度大

传统媒体监控主要是对新闻报道的监控，是对在报纸、电视等传统媒介上的报道进行监控，监控的范围较小。而网络舆论的监控不仅仅是对新闻报道的监控，还包括对各个论坛上的帖子、微信、微博等社交软件上发言的监控，监控范围更广。可见，由于网络环境中各种信息充斥，信息呈现爆炸式增长，对纷繁复杂的信息进行筛选分析，比传统媒体监控更耗时间，难度更大。

(2) 更灵活、高效率和反馈快

传统媒体监控在时间上具有滞后性，由于传统媒体在信息采集和信息分析效率低，需要一定时间，反馈又需要一段时间，等监控到什么信息不利于企业时，可能已经错过了最佳时间。互联网时代，网络数字技术的发展，令监控技术更加灵活多样。网络监控虽然面对的信息量大，但可以借助网络信息技术对信息进行筛选，提高对信息监控的效率，通过网络也可将监控到的信息及时反馈给相关部门。

2. 网络舆论监控的举措

做好网络舆论监控需要构建网络舆论监测机制，成立专门的网络舆论监控小组，为之后的舆论引导工作打下基础。网络舆论监控要“三步”走，争取把网络舆论掐灭于火苗之中。

第一步，构建网络舆论监测领导机制，成立监测领导小组。成立网络舆论监控领导小组，能有针对性、有组织地开展工作。

第二步，与媒体联合，构建“大监控”工作机制。网络舆论监控小组对网络信息进行实时监控，发现危机信号后，判断严重程度，快速反应，及时上报相关部门，确保有关部门能够第一时间做出恰当的回应。加强与新闻媒体、网站的联系沟通，借助它们的力量帮助企业监控舆论信息，力求减少负面新闻的报道或者有足够的时间做出处理。

第三步，提高对突发事件的监控能力，建立应对工作机制。近年来，突发事件频发，这些事件在极短的时间内快速而广泛地传播，影响范围广，破坏力度大。网络舆论监控小组也要加强对突发事件的监控，在最短的时间内理清楚事件的前因后果，争取遏制事态扩大，将事件对企业的危害降到最低。

9.3.2 网络舆论应对原则

现阶段，在业界被奉为经典以及被广泛应用的网络舆论应对原则主要有 3 种：里杰斯特的 3T 原则、游昌乔的 5S 原则以及曹劲松的“五宜五不宜”原则。

1.3T 原则

网络舆论应对是指针对网络舆论事件，建立舆论监控体系，发现危机信号，分析舆论发展态势，掌握舆论主动权，利用媒体或者采取面对面的方式，引导网络舆论，降低网络舆论的负面影响，形成积极的主流舆论。

里杰斯特(Regester)[①]强调危机处理时把握信息发布的重要性，提出了危机处理著名的 3T 原则，这 3T 原则同样适用于网络舆论危机应对，至今被众多企业奉为经典。3T 原则分别是：

(1)Tell You Own Tale(以我为主提供情况)。强调要牢牢掌握信息发布的主动权。

(2)Tell It Fast(尽快提供情况)。强调危机处理时应该尽快地发布信息。

(3)Tell It All (提供全部情况)。强调信息发布要全面、真实，而且必须实言相告。

2.5S 原则

除了 3T 原则之外，游昌乔[②]提出 5S 原则，是当今危机处理时的主流原则。5S 原则是指：

(1)承担责任原则(Shoulder The Matter)

危机爆发后，公众最关心两个问题：一是情感问题；二是利益问题。不管是出于利益还是出于情感，公众都希望企业主动承担责任。利益问题是公众关注的重点，不管危机原本的责任应该由谁来承担，企业都应该先主动在消费者和媒体面前承担责任，树立起负责的形象，否则会引起公众和媒体的不满，加剧危机。情感问题是公众对企业存在心理预期，而且公众和媒体往往不管对错，希望企业担起责任。

(2)真诚沟通原则(Sincerity)

企业应对舆论危机应该真诚沟通，主动与公众和媒体沟通。真诚沟通要有诚意，态度要诚恳，诚实面对。危机爆发后，企业在与公众和媒体沟通时要有诚意，切不可顾左右而言他，争取赢得他们的同情和理解；面对公众和媒体一定要诚恳，诚实回答，不回避问题和错误。

---

① 迈克尔·里杰斯特. 危机公关［M］. 上海：复旦大学出版社，1995.

② 游昌乔. 危机公关：中国危机公关典型案例回放及点评［M］. 北京：北京大学出版社，2006.

(3)速度第一原则(Speed)

人民网舆情监测室认为随着新兴媒体的崛起，加快了危机的传播，传统的“黄金24小时法则”已经不适应当今社会，提出了“黄金4小时法则”。企业应对网络舆论危机必须快速反应，果断行动，争取在最短的时间内将危机的损失降到最低。

(4)系统运行原则(System)

企业应对危机不能等危机爆发后才手忙脚乱地进行，要事先组建危机应对小组，专门负责；面对危机要冷静面对，临危不乱，与媒体沟通更是要统一口径。关键是时间不等人，应对危机要果断决策，迅速出击，但不可操之过急，要循序渐进，治标更要治本。

(5)权威证实原则(Standard)

在危机爆发后，企业自己站出来自证清白还不够，还需要权威站出来帮助企业证明。因为自证清白容易令公众和媒体认为企业是不想承担责任才故意为之，但是有权威证实就不一样了，权威证实提高企业证明的可信度，降低消费者的警戒心。

3.“五宜五不宜”原则①

在舆论引导时，曹劲松提出企业要掌握“五宜五不宜”原则。

(1)宜疏不宜堵，保证沟通顺畅

网络舆论危机中包含各种声音，其中大部分都是偏激地讨伐企业的声音。在这种情况下，企业应该疏导舆论，而不是堵塞舆论。堵塞舆论只会适得其反，引起公众和媒体的反弹。疏导舆论，加强与媒体和公众的沟通，保证沟通顺畅，才有可能在最大程度上消弭负面舆论的影响。

(2)宜解不宜避，真诚面对，承担责任

网络舆论危机应对宜解不宜避，应当真诚面对，主动承担责任。在与媒体和公众沟通时，面对问责，企业应该真诚沟通，不回避、不回绝问题，主动解答疑问。

(3)宜软不宜硬，态度要温和

在应对网络舆论危机时，企业的态度宜软不宜硬，要温和，不能强硬处理。强硬容易给公众和媒体留下不近人情、高高在上的形象，造成负面舆论愈演愈烈，令企业蒙受更大的损失。态度温和地引导舆论，春风化雨般地让公众和媒体接受观点。

(4)宜缓不宜急，循序渐进

在应对网络舆论危机时，舆论应对不会一蹴而就，要循序渐进，徐徐图之。企业应该根据舆论的发展态势，制定阶段性的策略，一步步引导舆论，使舆论朝着有利于企业的方向发展。

(5)宜全不宜偏，标本兼治

要真正地消除负面舆论，要考虑周全，不得顾此失彼。企业在基本控制舆论发展方向后，要抓住危机的真正原因，对症下药，从源头上解决危机。如果仅仅停留在治标阶段，容易引发新的危机。

---

① 曹劲松. 政府网络传播［M］. 南京：江苏人民出版社，2010：114-117.

不管是3T原则还是5S原则、“五宜五不宜”原则，它们都在危机应对时强调了时间、态度、责任等的重要性。不管是网络舆论危机还是其他危机应对时，都应该遵循以上原则，根据危机事件的实际情况，积极引导舆论，减少对企业不利的负面舆论。

9.3.3 网络舆论引导策略

网络舆论引导具有沟通协调、抑制和引导的作用。在进行网络舆论引导时充分发挥其功能，灵活应用网络舆论的应对策略。

1. 舆论引导的功能

梁启超在评价现代舆论的社会作用时说“舆论者，天地间最大之势力也，未有能御者也”。由此可见，舆论有着巨大的作用，企业在应对网络舆论危机时充分发挥其作用。一般来说，舆论引导有引导功能、协调沟通功能、抑制功能。

(1) 引导功能

舆论引导过程中有三个参与者：一是网络舆论的针对对象，也是舆论引导的策划人、主导人，也就是身处舆论漩涡的企业；二是作为舆论引导的实际操作方的各个媒介；三是作为网络舆论的接收方——公众。企业要利用媒体发挥其“扩音器”、“放大镜”的作用，引导积极正确的舆论。

(2) 协调沟通功能

舆论引导具有协调沟通的作用。舆论引导者在引导舆论的同时也是在与被引导者沟通。企业作为引导者及公众作为被引导者的身份不是固定的，事实上，这两者在一定情况下可以相互转化。企业在引导公众的想法、意见，公众也在影响企业的应对策略。舆论引导搭建起了企业和公众之间的沟通桥梁。

(3) 抑制功能

在倡导正确的、积极的网络舆论的同时，也要发挥其抑制作用，抑制负面、错误舆论对企业的影响。例如每次有错误的负面舆论出现，都会有专家或者知道真相的人出来科普知识，还原真相。

2. 舆论引导的策略

企业舆论引导实质是企业通过大众传媒来对有关信息加以判断、选择、解释、加工和制作，从而影响公众舆论的耗散状态，并促使其向自己希望的方向发展变化①。公众作为舆论引导的对象，企业在进行舆论引导时要充分考虑公众的群体心理。

(1) 运用“沉默的螺旋”创造“优势意见”氛围

20世纪80年代，诺依曼(Neumann)②提出了“沉默的螺旋”理论，该理论强调了沉默在

① 陈莉. 企业危机公关中的舆论引导策略研究 [J]. 中国期刊网.

② Noelle-Neumann. “The Theory of Public Opinion The Spiral of Silence”, in J. A. Anderson(ed), Communication year 14Sage Publication, 1991.

避免危机扩大和舆论引导中的价值。“沉默的螺旋”强调由于个人害怕被孤立，不会真实地表达自己的看法和意见，受制于“意见环境”的强大压力，人们对“优势”意见会采取相对一致的行动。企业可以运用“沉默的螺旋”创造“优势意见”氛围，充分把握主动权，占据舆论引导的优势地位。

(2)发挥“议程设置”功能

M. E. 麦库姆斯(M. E. McCombs)①等人认为大众媒介能够促使公众将注意力转向某些特定的话题。大众媒介可能无法影响人们怎么想，但可以影响人们去想什么。企业可以利用大众媒介设置议题创造一个“虚拟环境”来引导舆论。

企业在应对网络舆论危机时，要根据企业的实际情况，充分发挥大众媒介的“议程设置”功能，避开不利于企业的舆论方向，找到公众希望看到的关键点。由于公众对新闻报道是有选择的，不是所有媒体的“议程设置”都能发挥功效。所以，媒介在面对网络舆论尤其是负面网络舆论时，应该主动承担“议程设置”的任务，引导正确的、积极的舆论，扭转不利于企业的局面，形成有利于企业的舆论。

(3)培养意见领袖，掌握舆论主动权

与传统媒介相比，网络给公众提供了一个发表自己观点的自由空间，因此互联网时代的意见领袖范围更广、更草根化。他们在现实中可能只是普普通通的上班族，但在网络上拥有大批的追随者、崇拜者，影响力巨大。他们不经意的一言一语就有可能扭转网络舆论的走向。例如2012年央视3·15晚会曝光麦当劳食品安全问题，在这种情况下，麦当劳本应该成为万夫所指的征讨对象②。但是众多微博“大V”站出来力挺麦当劳，相信麦当劳是个负责任的企业，不会存在如此严重的安全问题。在微博“大V”的引导下，舆论偏向麦当劳，网友纷纷站在麦当劳一方，反而质疑央视。因此，企业应该培养或者借助“意见领袖”的力量，掌握舆论的主动权，引导舆论方向。

互联网的发展日新月异，网络舆论更是层出不穷。不管是什么类型的网络舆论，企业引导舆论既要掌握舆论引导的普遍原则、方法，又要根据网络舆论的具体情况具体分析，调整舆论引导策略，令其符合企业的实际情况。

本章小结

1. 网络舆论是公众通过网络这个平台公开表达情绪、态度、观点等意见的集合，由网络舆论主体、网络舆论客体、网络舆论载体和网络舆论本体4大构成要素组成，具有广泛参与性、实时互动性、非理性被放大和议题多样性等特点。

2. 网络谣言作为信息异化的产物，是网络舆论的一种，有4大参与主体：造谣者、信谣者、传谣者和辟谣者。

---

① M. E. 麦库姆斯，唐纳德·肖. 大众传播的议程设置功能[J]. 舆论季刊，1972.

② 央视3·15曝光麦当劳食品过期照卖 回应称是个别事件 http://news.xinhuanet.com/yuqing/2012-03/16/c_122842066.htm.

3. 网络谣言的生命周期有酝酿期、爆发期和消解期三个阶段，通过生成、演化传播，对企业、公众甚至社会造成了巨大的危害。

4. 网络舆论应对的第一步是做好网络舆论监控。和传统媒介监控相比，网络舆论监控具有监控方式更灵活、范围更广、效率更高、反馈更快等优点，也存在难度大的缺陷。

5. 3T 原则、5S 原则以及“五宜五不宜”原则不仅适用于普通危机处理，而且也适用于网络舆论应对。在引导网络舆论时，企业要遵循舆论应对的原则，审时度势，引导网络舆论。

6. 企业在引导网络舆论时，可以通过培养意见领袖，与媒介合作设置议程，运用“沉默的螺旋”创造“优势意见”氛围，掌握舆论的主动权，令舆论偏向企业。

思考题

一、不定项选择题

1. 网络舆论的概念在(　　)年被正式提及和被作为固定概念使用。

A. 2001　　B. 2002　　C. 2003　　D. 2004

2. 网络舆论的构成要素有网络舆论主体、网络舆论客体、网络舆论载体和(　　)。

A. 网络舆论信息　　B. 网络舆论热度　　C. 网络舆论本体　　D. 网络舆论反馈

3. 以下选项可以作为网络舆论载体的有(　　)。

A. 论坛　　B. 微博　　C. 电视　　D. 报纸

4. 下列不属于网络舆论的独有特征的是(　　)。

A. 公开性　　B. 议题多样性　　C. 广泛参与性　　D. 交互性

5. 造谣者进行网络造谣的动机有(　　)。

A. 从众　　B. 出于报复　　C. 利益驱使　　D. 无意识

6. 舆论引导的 5S 原则有(　　)。

A. 真诚沟通　　B. 宜快不宜慢　　C. 态度温和　　D. 宜软不宜硬

7. 以下(　　)有可能是网络时代的“意见领袖”。

A. 网络红人　　B. 企业家　　C. 明星　　D. 老师

8. 下列不属于网络舆论引导策略的是(　　)。

A. 培养“意见领袖”

B. 道歉策略

C. 运用“沉默的螺旋”创造“优势意见”氛围

D. 发挥“议程设置”功能

二、名词解释

舆情　网络舆论　网络谣言　造谣者　网络舆论监控

三、简答题

1. 简述网络舆论的构成要素。

2. 简述网络舆论的类型。

3. 简述造谣的动机。

4. 简述网络谣言的危害。

5. 简述网络舆论监控的突破。

6. 简述5S原则。

四、论述题

1. 论述舆论和网络舆论的特征。

2. 论述网络谣言的生命周期的特点。

3. 如果你是某公司的危机负责人，正面临一场舆论危机，试论述舆论引导策略。

案例讨论

在硅谷闯了祸的伴米[1]

9月1日，硅谷某著名华人论坛爆料称，Facebook的一名华人员工通过境外旅游服务平台“伴米”提供的一项服务，带旅行者来公司游览、吃饭，被发现后当场解雇。随即，Facebook开始对员工进行调查，将被发现提供过伴米服务的员工解雇、停职。随即，包括苹果、Uber、Airbnb等硅谷企业纷纷开始了针对华人员工的调查。

事件曝出的次日，伴米创始人刘畅做出了回应，内容包括承认Facebook的做法是正确的，并承诺伴米会“尽我们一切所能帮他们解决工作问题”。但怎么解决并没有具体提出，还表示“大不了我们回国发展，回到那个Facebook暂时还去不了的地方”，“给小扎带个话呗”。

该言论被转发后，网上一片议论纷纷。第二天，伴米网官方平台上发布公开信致歉。但就在这之后不久，刘畅在朋友圈里发布一条信息表示“这几天的UV、PV和注册用户都到历史新高!”舆论再次爆发。9月8日，伴米官方微信再次发布《给伴米们的致歉信》，表示已经下架公司游项目，对业务进行整改，对CEO的不当言论表示歉意，并对部分关注比较高的问题，如伴米收费、遭到离职处分的硅谷公司员工数量、如何帮助他们等做出回复。

讨论题：

1. 根据网络舆论引导的某一原则、引导策略评价伴米的做法。

2. 如果你是伴米的舆论引导负责人，你会如何引导舆论？

延伸阅读文献

1. 沃尔特·李普曼. 公众舆论. 阎克文，江红译. 上海：上海人民出版社，2011.

2. 果壳网. 谣言粉碎机. 新星出版社，2012.

[1] 案例来源于一夜红传媒：2015十大互联网危机公关事件及对策 http://mt.sohu.com/20151029/n424564825.shtml。

3. 党生翠. 网络舆论蝴蝶效应研究：从“微内容”到舆论风暴. 北京：中国人民大学出版社，2013.

4. 诺尔·诺依曼. 沉默的螺旋：舆论——我们的社会皮肤. 董璐译. 北京大学出版社，2013.

参考文献

[1] 沃尔特·李普曼. 公众舆论 [M]. 阎克文，江红，译. 上海：上海世纪出版集团，2006.

[2] 陈力丹. 舆论学——舆论导向研究 [M]. 北京：中国广播电视出版社，1999:11.

[3] 刘建明. 基础舆论学 [M]. 北京：中国人民大学出版社，1988：11.

[4] 秦志希，饶德江. 舆论学教程 [M]. 武汉：武汉大学出版社，1994：28.

[5] 纪红，马小洁. 论网络舆情的搜集、分析和引导 [J]. 华中科技大学学报(社会科学版)，2007(6).

[6] 李昌祖，许天. 舆论与舆情的关系辨析 [J]. 浙江工业大学学报(社会科学版)，2009(4).

[7] 李昌祖，许天. 舆论与舆情的关系辨析 [J]. 浙江工业大学学报(社会科学版)，2009(4).

[8] 柳卫民. 网络舆论特征新解及发展趋势剖析 [J]. 云南行政学院学报，2015(2).

[9] 张玉强. 网络舆情危机引导策略研究 [J]. 理论导刊，2012(01).

[10] 戴维·波普洛. 社会学 [M]. 第10版. 北京：中国人民大学出版社，1989:605.

[11] 罗斯诺，费恩. 流言 [M]. 北京：国际文化出版公司，1990:4.

[12] 卡普费雷. 谣言 [M]. 上海：上海人民出版社，1991:18.

[13] 刘建明. 舆论传播 [M]. 北京：清华大学出版社，2000.

[14] 奥尔波特等. 谣言心理学 [M]. 沈阳：辽宁教育出版社，2003:2.

[15] 徐锦江. 流言导读 [M]. 上海：上海文化出版社，2004(4).

[16] 张丽红. 试析网络谣言传播的主体及其作用与应对 [J]. 前沿，2013(9).

[17] 王宏伟. 舆情信息工作策略与方法 [M]. 北京：中国人事出版社，2010：21.

[18] 匡文波. 论新媒体舆论的生命周期理论模型 [J]. 杭州师范大学学报(社会科学版)，2014(2).

[19] 李昊青. 基于信息异化理论的网络衍生舆情演化规律及对策研究——以网络谣言治理为例 [J]. 2015(5).

[20] 黄爱萍. 网络谣言的传播特点与传播形态初探 [ED/OL]. http://www.studa.net/2005/12-12/20051212445.html，2005/2015.

[21] 李俊彦. 网络媒体的有效舆论监督 [J]. 新闻知识，2005(3).

[22] 张帅. 论网络舆论监督与社会主义和谐社会构建 [D]. 济南：山东大学，2008.

[23] 迈克尔·里杰斯特. 危机公关 [M]. 上海：复旦大学出版社，1995.

[24] 游昌乔. 危机公关：中国危机公关典型案例回放及点评 [M]. 北京：北京大学出版社，2006.

[25] 曹劲松. 政府网络传播 [M]. 南京：江苏人民出版社，2010：114-117.

[26] 李林霞. 党和政府的舆论引导 [J]. 重庆科技学院学报(社会科学版)，2013(11).

[27] 陈莉. 企业危机公关中的舆论引导策略研究 [J]. 中国期刊网，2015.

[28] Noelle-Neumann. “The Theory of Public Opinion The Spiral of Silence”, in J. A. Anderson [ED/OL]. Communication year 14Sage Publication, 1991.

[29] M. E. 麦库姆斯，唐纳德·肖. 大众传播的议程设置功能 [J]. 舆论季刊，1972.